管流程
就是
管业务

深入浅出实践流程管理

曹灿武　著

中国法制出版社
CHINA LEGAL PUBLISHING HOUSE

从业务视角构建流程

本书的价值定位，是如何从业务的视角构建流程。当组织的规模变大，内耗也变大。尤其在业务运作过程中，沟通、协调、决策产生的管理成本非常高，其实这都是流程缺乏协同设计及业务内涵所带来的后果。

不少企业都会编制大量的流程，但是流程没有匹配业务目标，没有反映业务本质，甚至连分工与协同都没有说清楚。多数流程仅仅为了管控而建立，而不是面向客户、基于商业成功构建。

流程的空心化和行政化，会让组织变得低效和僵化。企业近几年越来越重视流程管理，也开始理解流程建设不仅仅是流程管理部门的责任，而是管理者必备的管理责任，是实现业务目标的能力保障。但是管理者如何履行流程管理的责任，这就需要进行必要的赋能，本书可以为企业的流程管理工作提供理论和实践指引。

本书作者的工作阅历是先从业务岗位再到流程管理岗位，有过华为产品研发的一线业务经验，也在研发质量部门参与过流程建设和遵从检查，对流程的业务本质有深刻的洞察。后来又在三一重工、科大讯飞等知名企业负责流程管理工作，参与过大型的流程与信息化变革项目，对企业流程管理的痛点以及如何应对非常清楚，也为本书提供了不少有应用价值的实践案例。

本书包含了流程的定义和认知、流程设计和优化、流程管理体系建立等内容，对如何通过流程管理实现业务的高效、管控、连通、一致，进行了系统性的论述，对企业的各级管理者、流程管理专业人员开展流程管理工作，有很好的指导意义。

流程管理专家、杰成合力科技董事长

陈志强博士

让流程管理推动企业数字化发展

作为企业数字化建设和运维工作的负责人，我发现数字化技术的发展日新月异，比如5G、云计算、大数据、物联网、区块链、人工智能等。数字化系统和平台的种类也非常丰富，从传统的ERP、PLM、MES、CRM、SRM、OA到现在的各种中台，但是这些平台和工具都不能很好地融合到企业的生产经营业务当中发挥出应有的价值。因此在生产经营业务和数字化技术之间需要一座桥梁，把两者有机地连接成一个整体。

回到对企业生产经营的分析中来，企业向社会输出产品和服务需要企业内部各种要素的有机协同。这些要素包括不同专业分工的人和各种设备，他们按照既定的顺序和活动规范对原材料、半成品或者是服务对象展开活动，从而让客户获得满足他们需要的东西。这个既定的顺序和规范最终决定所提供产品的成本、质量及效率。研究这些既定顺序和规范并且将先进的数字化技术运用到其中，可能就是通向企业数字化转型升级、提升企业效益的成功之路。

研究既定顺序和规范需要有专业的方法和理论体系，这就是专业的流程管理方法论和体系。我看到很多企业的管理者对流程管理的认识比较肤浅，完全按照最原始朴素的想法来进行流程管理。首先，完全依赖人来治理，企业出现问题时，处理方法仅仅是组织机构调整，换掉业务模块负责人；其次，流程出现很多漏点和断点，导致业务经常堵塞，需要高层不断开会协调疏通；还有，觉得业务流程越灵活越好，总是觉得数字化系统过于僵化，无法适应业务的灵活需求。这些误区导致企业数字化建设和运维很难有效开展或取得成效。企业各级人员迫切需要系统地学习流程管理的理论体系和方法并将其运用到实践中去。因此，需要一本有趣、有内容、有深度的书籍作为流程管理从业者的指导和参考。

《道德经》中说："合抱之木，生于毫末；九层之台，起于累土；千里之行，始于足下。"任何领域之中，如果想要取得一定的成绩，就要在其中经过长久的沉淀并且一点点地去积累和感悟。本书作者长期在大型企业从事流程管理工作。这次他把自己十多年来在流程管理领域辛勤耕耘的心血结晶与大家分享，实在是行业之幸！本书以深入浅出的语句、生动有趣的文字，为我们打开流程管理理论体系的大门。首先使读者在潜移默化中提高了对流程管理的理解和认知；其次结合业务实践提出了全新的流程设计和优化方法；同时也从实践出发阐述如何建立完整的流程管理体系框架。

随着社会经济的高度发展，社会竞争持续加强，行业内部优化竞争成为所有企业必须面对的挑战。企业通过新技术和新模式带来突破性发展的外部机会越来越难，只有提升内部的管理能力才能建立自己的护城河。流程作为企业内部运作最基础的构建单元，其重要性必定会越来越明显。流程管理是企业提高创新能力、降低成本、提高效率的源泉。简单粗放的流程管理方式一定会被系统、规范、科学的体系所替代。因此本书对协助企业完成这一转变具有非常重要的意义。建议大家能够读一读这本书，共同推动中国企业流程管理水平的提升。

浙江省 CIO 协会副会长、华立科技 CIO

庄清龙

为什么会有《华为基本法》

我常问一个问题，为什么会有《华为基本法》？很多人会根据《华为基本法》的内容，分析其对于华为发展的价值，诸如明确方向、统一思想、指导行动……这些只是华为的发展客观上需要一部《华为基本法》，但主观上的原因，却在于企业领导人任正非先生的使命感。

每个人都有自己的使命，这是一个寻找和实现的过程。

自然科学家探寻真理，研发工程师开发新产品，这是人所共知的使命。

企业家也有自己的使命。使企业走在正确的发展路径上，在行业内成为领军企业，这是企业家的追求。但是，企业的成功是偶然还是必然，外部机遇占比较大，还是企业本身优秀，这是企业家应该思考的。优秀企业家追求的不是偶然成功，其对管理的理解和实践，足以让他在任何一个领域成功。他们选择领域，只是实践其管理思想，他们选择领域，在实践中应用和沉淀自己的思想。

企业家作为社会工作者，掌握着权力和资源，每天从复杂的信息中作出判断和决策，决定人员、资金等生产要素的分配流向。这些宝贵的实践，是其独占的社会经验。企业家的使命不应该是单个产品的成功、不应该是企业当下的地位、不应该是个人财富的增加，而应该是致力于建立一种管理机制，塑造一种企业文化，并经过实践检验，最终成为社会财富。在这个过程中，赚钱只是副产品，只是一个水到渠成的结果，而不是企业的目标，更不是企业家的目标。

所以，任正非先生说："资源是会枯竭的，唯有文化生生不息。"

流程管理正是华为管理实践的产出之一，并随着思想交融、人员流动逐渐成为各企业的共同认知。很多管理者掌握了流程管理的方法后，逐渐将业务工作例行化，将自己从具体的事务中解放出来，去思考、探寻大环境下、行业内、本企业的经营方式和优秀实践。这便是各级管理者的使命。

但是，有些企业流程管理做得颇为成功，有些企业却迟迟没有取得预期效果。笔者作为在流程管理领域实践多年的工作者，看到诸多案例，不由得去思考、去尝试，然后再总结，逐渐形成系统的方法论。这便是我的使命，是我写作本书的初衷。

是为序。

曹灿武

十几年前，我大学毕业后进入华为公司工作，成为一名软件开发工程师。当时，产品线给每个新入职的软件工程师提供了为期一周的“IPD-CMM Mini Project”培训[①]。通过一个小项目的演练，让员工了解和熟悉 IPD 软件开发的全过程。工作 8 个月以后，我开始担任小项目经理，带领团队在 QAE（Quality Assurance Engineer，质量保证工程师）的引导下完整地实践 IPD 软件开发流程。但很不幸，仅仅做了两个项目，项目过程就被质量部审计为不合格，我被派去质量部学习半年。华为的流程规定得非常完善，但是，理论和实践的差距非常大。

在质量部学习期间，我更加系统地学习了 IPD 流程知识，换了一个身份和视角去跟踪和管理研发项目，同时开始担任“IPD-CMM Mini Project”讲师。

半年后，我带着全新的理解回到研发部继续带项目。后来我形容这个

① IPD，Integrated Product Development，集成产品开发；CMM，Capability Maturity Model，软件能力成熟度模型；IPD-CMM Mini Project 培训是华为的一个培训课程，通过 7 天时间，进行一个虚拟的软件开发项目，让所有的学员以演练的方式，严格遵守流程、工程方法及模板等要求，进行端到端的实战开发。

过程是“培训—实践—再学习—再实践”的过程，每一步，对流程的理解都会不一样。

我想，很多人，特别是管理经验有限的人，在看到华为某个领域的流程时，都会有一种这个流程很完善甚至很完美的错觉。

带着这种“完美的错觉”，我去了三一重工工作。那个时候，三一重工并没有开展全面的流程管理建设工作。我根据自己的经验，在小范围内设计了应用软件开发流程，指导软件产品开发。当时取得了不错的成绩，一方面显著规范了开发过程和交付产物的标准，另一方面有效改进了产品需求缺乏统一规划、各模块开发接口反复调整、测试缺陷重复出现等“恶疾”。但是，在流程推行过程中还是出现了很多问题，如交付产物过重、部分关键活动质量不高、评审流于形式等。现在回想起来，当时我对 IPD-CMM 流程的应用颇有点“照猫画虎”，对 IPD 本质理解不够深入，对业务实际现状也没有研究透彻。

2013 年，三一重工启动全面的流程管理建设并和多家咨询公司开展了合作。其中最核心的是由华为和埃森哲提供联合咨询服务的流程信息化总体规划项目。这个项目意义非常重大，既对当时的状况进行了全面梳理诊断，也对后续几年重点变革项目进行了规划。更重要的是，这个项目为三一重工培养了一大批流程管理人才，他们既对流程有深刻的理解，也有丰富的变革经验，后续在各个岗位上都能够独当一面，并推动总体规划项目成果落地。

总体规划项目也刷新了我对流程的认知，使我对 IPD 的理解从单一的软件产品开发扩展到通用的产品开发，也使我对流程管理的理解从研发领域扩展到其他各个领域。在此基础上，通过和多家咨询公司交流学习，结合三一重工的应用案例，我搭建了流程管理能力体系，开发了一系列培训课程，实现了知识和方法的固化和升级。

随着对流程管理认知的加深，我产生了一个疑惑：企业里很多岗位都能成为一门专业，有统一的知识和方法，有通用的技能要求和持续发展的专业岗位，为什么流程管理很难成为一门专业？从那时开始，我便筹划本书的写作，希望为流程管理的专业化作一点贡献。

再后来，我又去了不同行业的企业，实践了更多流程管理场景，参与了更多流程变革项目过程。在不同行业的对比中，更加深刻地理解了流程的本质；在不同企业、不同项目的实践过程中，发现了流程管理认知和实践之间的差距，总结了很多有针对性的方法和举措。

在不同的企业实践以及和同人广泛的交流中，我认识到，流程管理没能成为一门专业，并非流程管理本身不具有专业性，也非流程管理不够重要。

事实上，流程管理的专业性非常强。但是，流程管理的专业性不仅仅体现在知识层面，更多的是经验和认知，是行动和实践。同样的知识，不同经历的人会有不同的理解，也就产生了不同的认知和行动。

同时，越来越多的企业认识到流程管理的重要性，逐步开展流程建设工作。很多企业以此获得了巨大、持久的收益。但是，也有很多企业在流程管理方面进展不大，很多同人在推进流程管理的道路上遇到了各种各样的问题。比如，有些企业对流程管理部门的定位一直不清晰，在摸索和犹豫中徘徊；有些企业业务部门不愿意开展流程建设，和流程管理部门的配合仅停留在表面；有些企业高层领导更愿意在分管业务上投入精力，认为流程不能带来业绩。

在这种情况下，企业的流程管理会陷入一个恶性循环：流程的产出是一堆文档，仅能公式化地描述业务过程，像精巧的玩具，实用价值不大，得不到业务部门认可；业务部门不认可流程的价值，不投入精力理解和建设流程，产出的流程方案更是流于表面……

究其原因，最根本的是大家对流程的认知出现了偏差。长期以来，大家对流程的定义是从流程的结构及组成要素来看的，这就很容易把流程做成一道单纯的数学题目。所以，流程管理很难和业务真正结合在一起，流程管理围绕如何更精巧地解答数学题来设计方法和机制。本书从流程的起源出发，指出流程的本质即业务的分工与协作，并从管理的角度重新定义了流程。基于此，管理流程就是管理业务，流程管理是业务管理者的基本工作，是各级管理者必须要投入精力去做的事。

随后，本书在深刻解读流程内涵的基础上，从业务管理出发，提出了全新的流程设计和优化方法。流程设计和优化不再局限于活动的测量、分析和操作，而是在于业务分工与协作，在于业务的高效、管控、连通、一致。

正确的认知和方法，是能够为业务改进服务的，为业务改进服务也是流程管理的目的和评价标准。如何通过流程管理改进业务呢？本书阐述了业务改进的一般过程和项目化运作的组织方式，并在此基础上设计了系统的流程管理机制。

如何管理流程已经有了很多通用的方法，但仍然有很多企业没能建立起行之有效的体系。因为流程管理是一门实践性非常强的学科。理论再完整、严密，终究要结合企业具体情况来落地。由于流程管理认知、定位、组织、产出等方面的特殊性，其在每个企业的应用都有一定区别。本书既阐述了完整的流程管理体系框架，又从实践出发，总结了流程管理落地过程中的各种问题，针对不同的情形给出了相应的建议和对策。

从实践中来，是本书内容最大的特点。流程的定义和优化方法来源于实践，流程管理更是对实践的总结。比如，本书的第七章谈到了访谈，并没有谈访谈的一般步骤和方法——这是大家都了解的——而是谈了访谈的陷阱及注意事项，在实践中我们发现访谈不当，可能会产生片面的甚至偏离业务现实的结果。同样在第七章，我们也总结了流程变革项目的八大陷阱，这些内容都是来源于实践中的真知灼见，能够对工作产生立竿见影的指导作用。

在理解本书及应用的过程中，切忌脱离实践空谈概念。比如，本书在讲解流程和组织的关系时，以客户服务流程为例，阐述了端到端流程和传统流程的差异，进而对职能式组织有所改变。如果据此认为端到端流程就一定更好，那便是脱离业务实际的空谈了。流程本身没有好坏之分，只有符合当前企业发展阶段的流程才是好流程。

本书的很多观点只有放到实践中才能真正被理解；本书的很多方法只

有结合实践情况才知道如何选择；本书的很多注意事项看似只是正确的废话，但只有在实践中碰壁后反思，才明白如何操作。本书来源于实践，也将在实践中得到验证。全书数十个大小案例，在加深读者理解的同时，也可以为现实工作提供参考。但正因为流程管理具有实践性的特点，所有案例都不可以直接原样照搬使用，只有在理解了案例背后的原理，结合企业实际情况，才能有选择的借鉴案例并改进。

流程管理是实践性的工作，“纸上得来终觉浅，绝知此事要躬行”。流程管理人员，无论做过多少项目，拥有多少经验，都要保持空杯心态。因为我们每天面对的都是新情况，只有保持空杯心态，才会去认真观察业务的现实，倾听客户的需求，发现存在的问题，然后再充分运用方法论和经验知识，分析问题，给出解决方案。

写书有两种方式。第一种方式是从某一个观点出发，通过科学推导逐步建立起完备的框架体系；第二种方式是在实践中不断总结每一个小点，逐步汇集成一套体系，体系中的每一环都来源于实践的经验。本书属于后一种写作方式。本书的观点，都是我在长期工作实践中，在一个个坑里踩进去又爬出来然后经过一番思索得出来的结论，并经过了我和同人们的反复验证和锤炼。就像每踩一个坑就种下一棵小树苗，直到有一天发现，终于长成了一小片树林，足以让过路客人歇歇脚。

本书在写作过程中，得到了诸多同行朋友的支持、帮助和鼓励，这些同行朋友包括宋显娟、童宝芳、赵持源、李帅、张永辉、张凯、宋异、付仪伟、张晓敏、杨海凤等，在此，我表示衷心的感谢！是大家的共同努力才能最终成书。

我也深知，由于每个企业实际情况不一样，企业实践和个人经验之间存在巨大的差异。所以，这片“小林子”仍然有很多欠缺甚至错误的地方。读者朋友们在实践过程中，如有所发现，希望不吝赐教，让我们共同把流程管理这门功课做好！

愿本书能够带给你一些思考和启发！

目录 PROCESS MANAGEMENT & BUSINESS

第一部分　重新定义流程

第二部分　设计和优化流程

第三部分 建立流程管理体系

PROCESS MANAGEMENT & BUSINESS

第一部分　重新定义流程

第 1 章 | 什么是流程

1.1 流程的困惑

随着业务的发展，公司领导决定设立流程管理部，统筹公司的流程管理工作，并任命有八年司龄的老王为流程管理部部门经理。老王虽然有多年管理经验，但还是第一次发现不知道自己的管理对象是什么。老王上任伊始，思索半天，做的第一件事情是请各部门整理自己有哪些流程，把清单收集上来。

一个星期后，各部门纷纷把流程清单报了上来。老王拿过来一看，总感觉有点不对，原来各个部门反馈的内容都不一样。有些部门反馈的是管理规定、管理办法，有些部门反馈的是制度、方案，还有些部门反馈的是流程；而就文件管辖幅度来说，有些内容幅度较广、粒度很大，有些则非常细致，也有一些是年度性的规定。且看，研发管理部反馈的有研发部文件编写与编号管理规定、研发部原料供应商技术服务评价管理办法、研发部现场管理办法等；制造部反馈的有生产计划管理流程、生产线大修及技改规划管理办法、生产厂原辅料调拨管理办法等；销售部反馈的有销售部营销费用管理制度、2018年直营市场业务管理实施细则、销售部经销商管理办法等（如图 1–1 所示）。

望着文件清单上一百多个文件名称，老王又抽取了几份文件，看了文件的具体内容，发现各个部门文件的写法也不一样。不仅格式迥异，内容也各有千秋，有些表达较为书面化和较为严谨，有些则较口语化如同讲稿。

仔细思考后，老王觉得有必要在公司内部统一对流程的认识，只有在

市场管理（共28份）

- 包装变更及促销活动信息报备的管理规定
- 市场部关于对设计类广告公司使用的管理办法
- 市场部关于TVC以及平面拍摄的管理规定
- 市场部品牌主视觉及物料设计审核管理流程
- 广促品管理规范
- 线下推广活动管理规定
- 年度媒介策略管理流程
- 媒介波次投放管理流程
- 媒介投放监测管理流程
- ……

销售管理（共22份）

- 销售部营销费用管理制度
- 2018年直营市场业务管理实施细则
- 销售部经销商管理办法
- 销售部客服中心窜货管理办法
- 销售部客服中心危机事件管理办法
- 销售部客服中心投诉处理管理办法
- 销售部客服中心抽检信息管理办法
- 销售部客服中心成品报废补货申请管理办法
- 销售部客服中心投诉费用申请管理办法
- ……

研发管理（共36份）

- 研发部文件编写与编号管理规定
- 研发部原料供应商技术服务评价管理办法
- 研发部现场管理办法
- 研发部实验记录本管理办法
- 研发部会议管理办法
- 研发部成本优化激励办法
- 研发创意信息收集及策划管理流程
- 研发工艺技术开发流程
- 研发技术支持服务管理流程
- ……

采购管理（共17份）

- 供应商准入及评价管理办法
- 物流服务商准入管理办法
- 物资定价管理办法
- 自行采购物资及服务管理办法
- 废旧物资销售管理办法
- 采购供应类专业评审方案
- 采购管理推进实施方案
- 备品备件采购管理办法
- 原料寄售操作管控办法
- ……

制造管理（共43份）

- 生产计划管理流程
- 生产线大修及技改规划管理办法
- 生产厂原辅料调拨管理办法
- 生产厂临期或积压原辅料管理办法
- 生产成本管理流程
- 生产安全管理规定
- 安全管理责任制管理规定
- 安全生产检查管理规定
- 消防安全管理规定
- ……

质量管理（共26份）

- 质量文件和记录管理规定
- 工厂质量管理考评办法
- 重大质量问题考评办法
- 产品召回管理办法
- 流通环节有害生物防治管理规定
- 物流环节质量管控办法
- 销售环节质量管控办法
- 广促物料质量管控办法
- 质量缺陷产品处理办法
- ……

图 1-1　各部门收集的流程清单

统一认识的基础上，才能逐步统一表达方式和文件格式，并逐步建立起流程相关的文件体系，才能为流程管理体系打下基础。那到底什么是流程呢？

1.2　流程管理的发展历史

在说到什么是流程之前，我们有必要了解一下流程管理的发展历史[①]。从流程管理的发展历史可以更深刻地理解到，**流程管理本质是一种管理，是为管理服务的，而不是为流程服务的。这看似很简单的道理，在实践过程中却常常被人遗忘。**

流程管理的起源可以上溯到二十世纪初。1911 年，“科学管理之父”泰勒出版了《科学管理原理》一书。在该书中，泰勒提出了“方法和过程分析”的概念。对流程管理有一定了解的同学，肯定很熟悉过程管理，也很熟悉其相关的方法。对，过程管理和相关方法就是流程管理的前身。通过对过程进行分析，将动作标准化，并用作业图固化下来，就是流程管理，而作业图就是流程图的前身。

泰勒的方式主要是对单工序过程活动的研究和改进，如果进行大批量应用，也就是对多工序活动依次进行标准化改造，流水线便诞生了。这就是福特汽车的“流水线”生产方式。通过对汽车制造过程进行拆解，将其分成一个个标准工序，再将这些标准工序依次衔接，同时又可以规模化地并行开展，大大降低了工人的生产复杂度，提高了生产效率，也提升了产品质量。

无论是泰勒的科学管理，还是福特的流水线生产，都是为了解决企业内部较低层次的生产车间操作控制流程问题。这一阶段流程管理的特点是对某一活动的某一个小的阶段进行流程分析和流程优化，属于阶段性的流程管理技术，但其中心思想是对工作流的分析和管理，并且是用主动改进的方式来代替被动式的经验管理。其主要方法有：合理安排生产进度，优化生产过程；减少产品类型，实现大规模生产；标准化零部件，降低管理复杂度；专业化分工，固化流程内专业知识；简化作业工序，实现自动化流程等。

进入二十世纪四十年代后，流程管理的焦虑从制造过程的改善，逐步

① 关于流程管理发展历史的内容，参考了井辉：《流程管理思想的演进发展历程探析》，载《商丘职业技术学院学报》2009 年第 6 期。

扩展到产生质量的所有过程，出现了全面质量管理的概念。除了制造过程，全面质量管理更注重顾客需要，强调团队参与，并促进所有员工设法持续改进。同时，随着信息技术的发展，很多企业把信息技术引入流程管理之中，出现了 MRP（物资需求计划）、JIT（实时生产系统）、FMS（柔性制造系统）等代表性的信息系统。信息技术的引入，一方面实现了对业务流程的自动化改造，另一方面促进了跨部门信息共享，产生了“价值链”“为制造而设计”“并行工程”等跨职能思想。

到二十世纪九十年代，迈克尔·哈默提出了“流程再造”的思想，即对企业的业务流程进行根本性的再思考和彻底的再设计，从而在成本、质量、服务和速度等方面获得显著的改善。“再造”意味着“根本性”的改变，是一种比较激进的变革，在很多企业收获了成功，但也有很多企业付出了沉重的代价，却没有达到期望的效果。“流程再造”的思想第一次提出了以流程导向替代职能导向，并开启了全面流程管理的时代。在这以后，很多公司加大了流程管理尝试的力度，沉淀出 DSTE（从战略到执行）、IPD（集成产品开发）、ISC（集成供应链）等各个领域的优秀实践。同时，信息化和流程的融合也更加紧密，不仅出现 PLM（产品生命周期管理）、ERP（企业资源计划）、CRM（客户关系管理）等大型业务软件系统，也出现了专门的流程管理平台（BPM）（如图 1–2 所示）。

上述流程发展历史可以概括为三个阶段：萌芽期、成长期、全面发展期。从上述三个阶段可以看出，**流程起源于业务分工，为业务服务的核心思想贯穿了流程全部发展历史**。流程是为业务而生的，是为了提升业务效率、为了改善产品质量、为了降低服务成本……围绕业务目标而不断优化管理过程，这才是流程管理的目的，这是每一个流程管理人员应该牢记的。

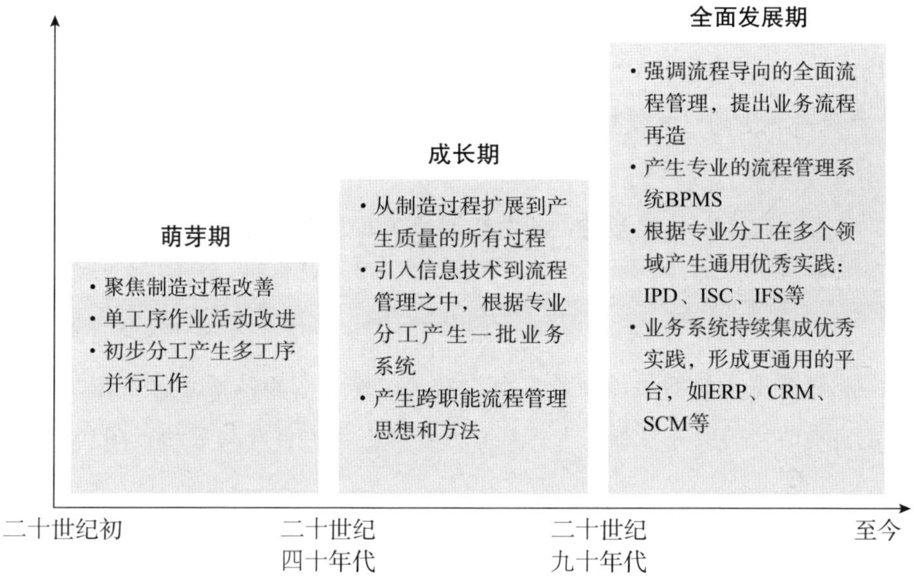

图 1-2 为业务服务贯穿流程发展历史 ①

1.3 流程的传统定义

在流程发展历史上，有很多专家给出了流程的定义，ISO9000 也给出了流程的定义。

业务流程是把一个或多个输入转化为对顾客有价值的输出活动。

——迈克尔·哈默 ②

业务流程是一系列结构化的可测量的活动集合，并为特定的市场或特定的顾客产生特定的输出。

——T.H. 达文波特 ③

---

① BPMS，Business Process Management System，业务流程管理系统；IFS，Integrated Financial Service，集成财经服务；ISC，Integrated Supply Chain，集成供应链；SCM，Supply Chain Management，供应链管理。

② 见王玉荣、葛新红：《流程管理（第 5 版）》，北京大学出版社 2016 年版。

③ 见王玉荣、葛新红：《流程管理（第 5 版）》，北京大学出版社 2016 年版。

业务流程是公司以产出产品和服务为目标的一系列连贯的、有序的活动的组合，业务流程的输出结果是为内部或外部的“客户”所需的，并为“客户”所接受的产品或服务。

——A.W. 谢尔[①]

业务流程是一组完整的、动态协调的活动，它们相互协同、相互作用，共同为客户交付价值。

——彼特·芬加[②]

流程是重复的增值活动的集合，它由组织的人和技术资源实施，其目的是实现共同的业务目标，生产出客户愿意也能够付费购买的产品和服务。

——马文·M. 沃泽尔[③]

业务流程是一组将输入转化为输出的相互关联或相互作用的活动。

——ISO9000

我们从上述定义可以发现一些共同的关键词：客户、价值、输入、输出、活动……正是这些关键词，构成了我们对流程的基本认识。这些关键词也是组成流程的要素。这些要素是从技术上对流程进行了解构。在理解流程的技术定义之前，让我们先从管理的角度来看如何定义流程。

1.4 流程的管理定义

流程产生于业务，并承载着业务的运行。业务流是天然存在的，任何一家公司，只要开门做生意，业务流就存在了，流程也就产生了。一家从事最简单的买进卖出业务的公司，虽然不需要研发，不需要制造，但肯定

① 见王玉荣、葛新红:《流程管理（第 5 版）》，北京大学出版社 2016 年版。

② 见马文·M. 沃泽尔:《什么是业务流程管理》，电子工业出版社 2021 年版。

③ 见马文·M. 沃泽尔:《什么是业务流程管理》，电子工业出版社 2021 年版。

需要采购，需要销售。这就是天然存在的业务，这些业务都会通过采购流程、销售流程来承载。

业务发展决定了流程改变，流程优化体现了业务改进。每家公司的采购管理都不一样，因此，每家公司的采购流程也会不一样。随着业务的发展，同一家公司在不同时期，采购流程也会不一样（如图 1–3 所示）。

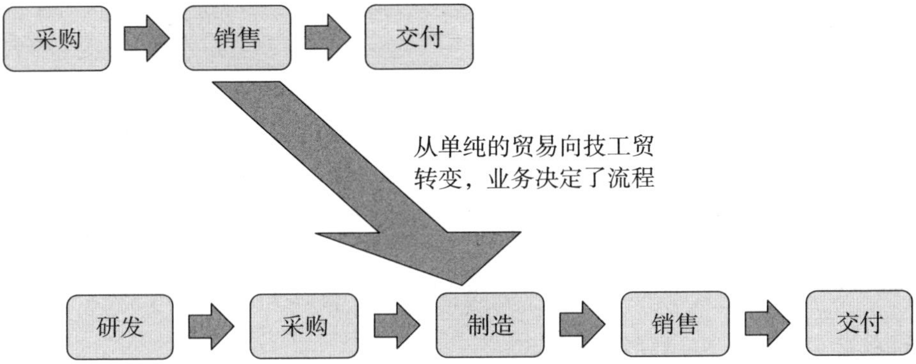

图 1–3　业务决定流程，流程承载业务

流程承载业务，其本质是专业分工并相互协作。

回到流程管理的起源——福特汽车的“流水线”生产，将汽车制造过程拆解成一个个标准工序，便是最初的专业分工。因为将工序分解了，所以走向了专业化的发展方向。如果不专业分工，就代表要把每个人做成全才，这是成本最高、效率最低的方式。

比如，产品交付给用户后，用户在使用过程中出现了问题，这时候找到了客户服务部。这些问题可能分很多种，包括咨询怎么使用产品、产品损坏需召请维修、产品存在缺陷希望改进或者希望增加新的功能……这些问题如果都由客户服务部来解决，将会要求服务工程师的技能非常全面，甚至和研发工程师差不多。而通过专业分工，我们会将产品使用咨询及维修换件和产品缺陷修复等问题进行区分，因为两者对专业技能的要求是不一样的。区分后，我们将前者留在客户服务部，将后者放到研发部（如图 1–4 所示）。

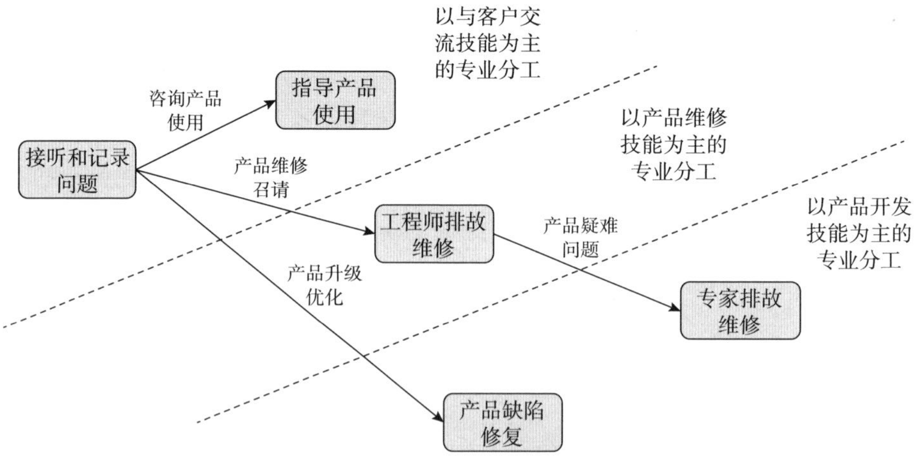

图 1-4　将客户服务流程按不同技能要求进行专业分工

这个例子是从比较大的分工角度来讲的，具体到客户服务部或者研发部内部更细致的分工同样如此。

今天各行业产出方式的复杂度远远超过了最初的汽车"流水线"，这就更要求专业分工。一方面，很多工作已经超过了个人能力的上限，通过分工可以集合更多工种产出更好的产品和服务；另一方面，通过分工，将使每一个专业做得更好，同时也将剥离部分成熟、简单的工种，使其用工成本更低，流程性价比更高。

专业分工，并不仅指狭义的技术上的分解，也包括管理的分工，对应着不同岗位的职责设计，如会计和出纳的分离、第三方独立审计等。

专业分工使得复杂的工作由不同的岗位分别完成，由此需要各岗位相互协作。只有相互协作，才能打破因为专业分工带来的部门墙，只有相互协作，才能设计出跨越专业的端到端流程。专业分工和相互协作相辅相成、相互促进，更好的专业分工要求更好的相互协作，更好的相互协作促进专业分工进一步发展。**如何将业务分解成不同的专业降低工作的复杂度，又如何让不同的专业相互协作形成合力，是设计流程管理各项工作的根本出发点**（如图 1–5 所示）。

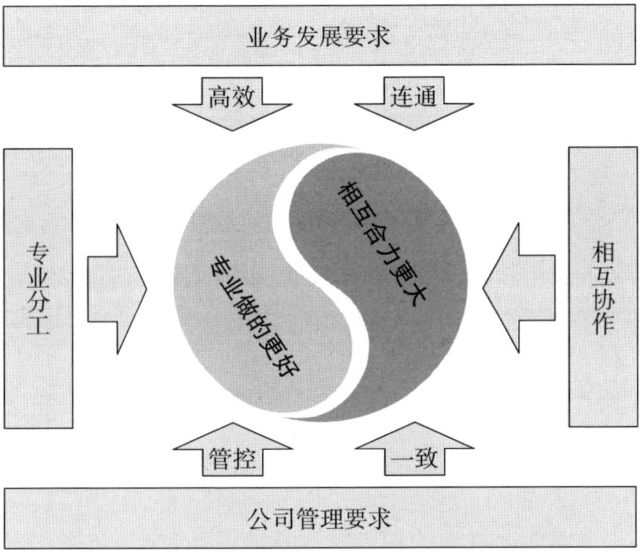

图 1–5　专业分工和相互协作相辅相成、相互促进

流程承载业务，其目标是业务绩效持续达成并不断提升，其基本要求是高效与管控、连通与一致。

首先，流程要求高效达成业务目标，并持续改进，这是专业分工的必然结果。对业务进行专业分工后，就会产生和沉淀专业的优秀实践经验，把这些优秀实践经验固化下来，形成工具和方法，将会使流程越来越高效。

分工有大小，优秀实践经验也有多个层次。第一层，先进的管理框架和思想，一般来说是跨行业的、通用的整体性框架，并已经得到了广泛验证，如 IPD 流程。第二层，优秀的方法论或工具，一般是针对某一活动的方法，在特定行业内有通用性，如用于市场需求分析的 $APPEALS 模型。第三层，企业历史经验积累，企业各岗位优秀人才在长期实践中针对某一业务过程总结的行之有效的具体做法，一般以工具、模板、指导书或样例的形式呈现。比如，某企业结合自身产品特点，有针对性地设计 $APPEALS 模型每个维度的关注点，输出了评价模板，并根据产品后续市场表现不断地进行调整和优化。如图 1–6 所示，即某企业某产品 $APPEALS 模型的应用模板。

三个层次的优秀业务实践是层层递进和不断细化的。IPD 流程并不一定

序号	维度	维度说明	要素说明	产品有效需求	权重	我司	竞品 1	竞品 2
1	$- 价格	价格比较	技术、原材料、生产、人力成本、管理成本、库存、废料等					
2	A- 可获得性	购买过程	分销、销售、分配、渠道、交货期、广告、订购等					
3	P- 包装	视觉评估	销售界面、布局、风格、颜色、结构等					
4	P- 性能	规格比较	速度、功能、规格、容量、精确度、多功能性、多产性等					
5	E- 易用性	感觉的比较	安装、可用性、升级、图形化、显示、人类工程学、文档等					
6	A- 保证	顾虑和响应	可靠性、可用性、可维修性、保证、质量、安全性、稳定性、完整性等					
7	L- 生命周期成本	真实成本比较	寿命、正常运作 / 停工时间、磨损、服务、备件、能源、操作成本等					
8	S- 社会可接受性	其他方面的影响	顾问、团体、环境影响、法律关系、安全、保密、责任等					

图 1–6　$APPEALS 模型具体应用模板

要求用$APPEALS模型进行市场需求分析，$APPEALS模型也不一定要求将“$-价格”维度分解为“技术、原材料、生产、人力成本、管理成本、库存、废料”等要素。当细化到第三个层次时，优秀业务实践常常是专业技能，而流程就是把专业问题变为管理问题，这正是流程管理的重点，也是流程管理的难点。

三个层次的优秀实践，将在流程架构、流程要素的逐级展开中承载，也会体现在流程优化框架模型中，这在本书后续内容中将有具体体现。

其次，流程上对承载公司的管控要求。管控也是专业发展的必然结果，专业分工并非单指技术上的专业，也包括管理职责的分工。很多管控要求都会以专业的形式体现在流程活动中。管控要求既包括法律、法规、外部标准的要求，也包括公司的战略以及方针、政策、企业标准等要求。对于一家公司来说，如果当前面对的是爆发式增长的市场，产品供不应求，那流程设计上应该倾向于供应链的完善和生产制造的效率的提升，公司政策会决定以效率优先还是质量优先，流程则会承载这种政策。

管控要求通常是公司战略要求和外部合规要求相结合的选择。《企业会计准则》规定，企业内部研究开发项目发生的支出，在满足一定条件时，可以被确认为无形资产。也就是说，企业花了1000万元开发一款产品，这1000万元的支出可以作为无形资产，在未来三年逐年摊销。显然，增厚无形资产，相当于增厚当期利润，有利于财务报表的数据呈现。对于上市企业来说，如果面临实现对股东的盈利承诺或者有较迫切的融资需求，可能会选择将符合条件的研发支出转为无形资产。但为了防止企业弄虚作假，虚增无形资产从而虚增利润，会计事务所会依据《企业会计准则》对相关支出材料进行审计。因此，如何做到既将合理的支出确认为无形资产，又能够满足会计准则审计要求，就是研发管理流程或者财务管理流程要承载的管控要求。

再次，流程的上下游以及前后活动之间必须是连通的。什么是连通？我们常常用“握手”的概念来描述活动和活动之间的关系，也用来描述流程和流程之间的关系。握手代表信任，代表上下游之间是可信的。什么才叫可信呢？那就是上一个活动的输出，下一个活动是认可的；或者上一个流程的输出，下一个流程是认可的。

连通是专业分工后对于相互协作的基本要求，代表流程前后接通，相互信任。流程中没有孤立的活动，每个活动都会和其他活动发生关系。活动和活动之间进行顺序衔接时，往往会出现问题。当下游环节对上游环节的输出不满意，甚至拒绝接受上游环节的输出时，就形成了流程中的断点。我们常说的部门墙通常就是指这种情况。

流程连通，就是要求流程中没有断点，要求流程上下游环节是握手的信任关系，也就是要求流程上下游环节对交付物的要求是一致的。所以，明确的阶段交付物是流程的必备要求。

最后，流程要求各方目标和思想是一致的。经过专业分工，各方在各自专业领域不断深耕细作，若没有统一的目标牵引，没有一致的管理思想指导，就不会产生一致的行动。目标一致，是指流程各方都以客户价值为目标，以客户价值为指导来设计流程指标。业务分工后，各方都会有自己的考核指标，但各自的考核指标应支撑客户价值、服务客户价值，至少不能与客户价值相冲突。思想一致，是指各方要在企业总的管理思想下进行分工和协作，形成相互配合的合力（如图 1–7 所示）。

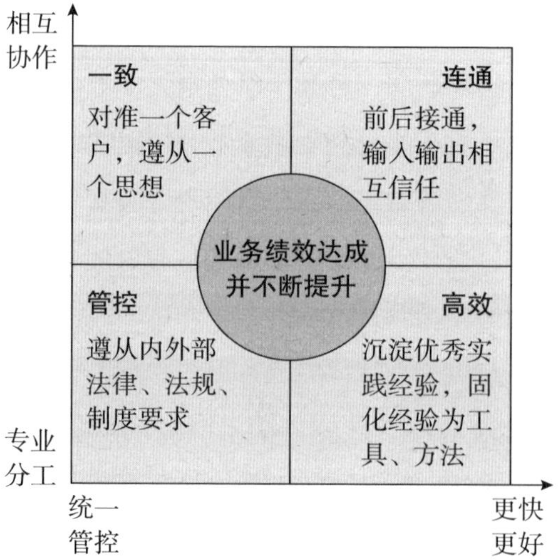

图 1–7　流程的四大基本要求

流程的本质和基本要求在各个管理领域都有非常广泛的实践。下面我们通过不同领域的例子来深入理解这一点。

一个技术专家独自创业的时候，不需要流程。但随着公司的发展，技术人员达到几百人甚至几千人的时候，他就要考虑研发工作如何分工。于是，出现了设计和开发分离。因为设计对技术的要求比开发更高，由集中技术水平更高的工程师承担产品设计工作，把开发工作交给一般的工程师。再往后，又产生了开发和测试分离，因为测试对技术要求比开发要低。这样，就逐渐产生三个专业分工。

专业分工后，各专业就会向精深发展，逐步积累经验和吸收优秀实践成果，提高质量和效率，同时也有利于整体成本的降低。

专业分工后，产生了设计、开发、测试三个阶段，阶段之间的协作就要求相互连通和一致。毫无疑问，设计和开发如果不能连通，产品就会和需求产生偏差；开发和测试如果不以客户需求为一致目标，则可能走向对立（如图 1–8 所示）。

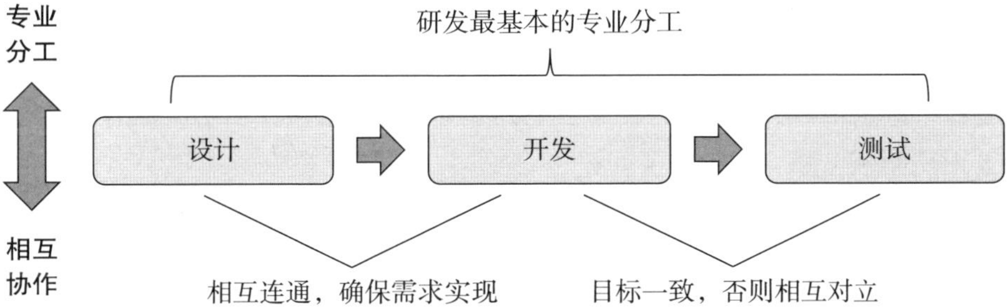

图 1–8 研发的专业分工与相互协作

研发什么样的产品，必然来源于市场需求。从用户提出的需求，到产品开发人员理解和实现的需求，中间需经过不同专业角度的分析和转化。从较大颗粒度来讲，至少包括两个环节，首先要将用户视角的使用需求转化为产品视角的卖点需求，其次要将产品视角的卖点需求转化为开发视角的系统需求。前者一般由市场经理或产品经理完成，后者一般由系统工程师完成。两个岗位代表两种不同的专业视角。怎样确保产品能准确匹配用户需求，并把握住市场机会？这就要求通过流程设计确保两件事情：通过专业积累，两个环节可以高效高质量的完成；需求信息在两个环节之间实现无损流转。这正是流程专业分工和相互协作的体现（如图 1–9 所示）。

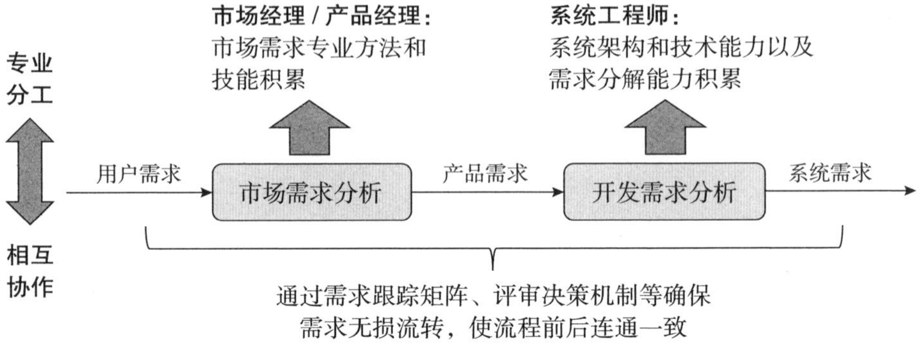

图 1–9　需求分析过程专业分工与相互协作

企业发现商机时，会分析和验证机会点，这不仅是销售人员的事情。财务应为商机验证提供专业的分析，如融资可行性分析、项目概算分析等。只有结合各专业分工的分析，才能决定是否立项。如果后续中标，和客户签订合同的时候，合同还要经过法务岗和质量岗审核，以避免法律风险和常规的履约风险，这便是流程对管控要求的承载。

在企业最高一级分工里，采购和客户服务属于不同的专业。两者看上去并无直接关联，但仍然有着相互协作的要求。对于采购来说，考核指标往往是采购成本和采购周期。在指标的牵引下，采购往往只聚焦于直接购买成本，这就可能带来一种后果：虽然零部件采购成本较低，但售后服务成本很高，采购节约的成本是以牺牲服务成本为代价的，最终侵蚀的是产品的利润。在相互协作一致性的要求下，采购和售后服务应该有共同的目标，将直接购买成本和售后服务成本统筹考虑，以决定供应商选型（如图 1–10 所示）。

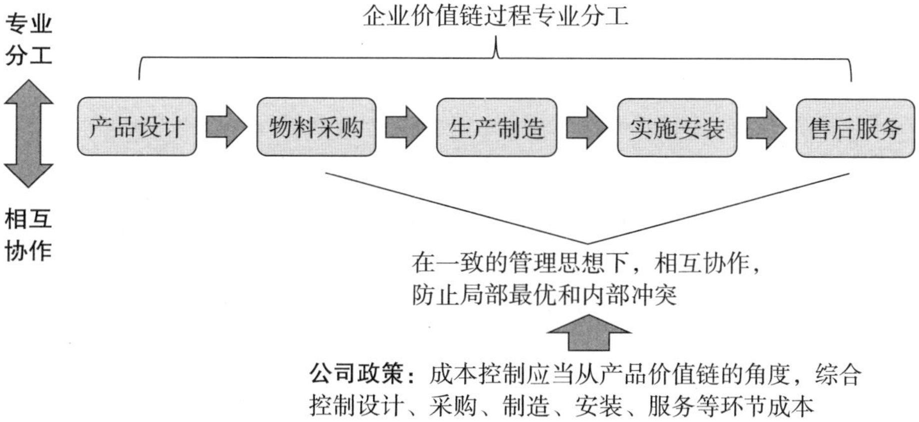

图 1-10　采购和服务基于一致要求的相互协作

员工为企业服务，企业给员工以报酬，这是企业最基本的业务。这个过程至少可以分为两个环节，第一个是分钱，第二个是发钱。这两个环节看似分工非常清楚，但很多企业并没有处理好两者的关系。业务分工以后的相互协作，要做到彼此一致，能支撑统一的管理思想，就要去思考一个问题：企业为什么给员工发放报酬？这决定了企业薪资分配的指导思想。从最低处说，发放报酬是为了维持员工基本的再生产能力；从最高处说，是为了保持员工良好的工作状态，实现更高的产出效果。为了做到这一点，在分钱环节，既要以贡献为导向激励优秀员工持续奋斗，也要兼顾灰度下的平衡，消除普通员工的抱怨；在发钱环节，要做到确定、直接和及时，让员工有获得感。很多企业都认可这个思想，但是在设计流程的时候却与之背道而驰。很多企业分钱规则没设计好，问题遗留其到发钱环节，指望通过设计发钱规则来解决分钱的问题。从发钱的效果来看，企业流程的好坏有三个层次，最好的是一块钱发出了两块钱的效果，员工充满奋斗的激情；其次是一块钱发出了一块钱的效果，员工没有抱怨；最末是一块钱发出了五毛钱的效果，员工心生不满。对于最末的层次，企业付出了金钱，却没有得到与之匹配的效果，这是因为发钱流程偏离了企业发放报酬的根本目的，违背了流程的一致性原则（如图 1-11 所示）。

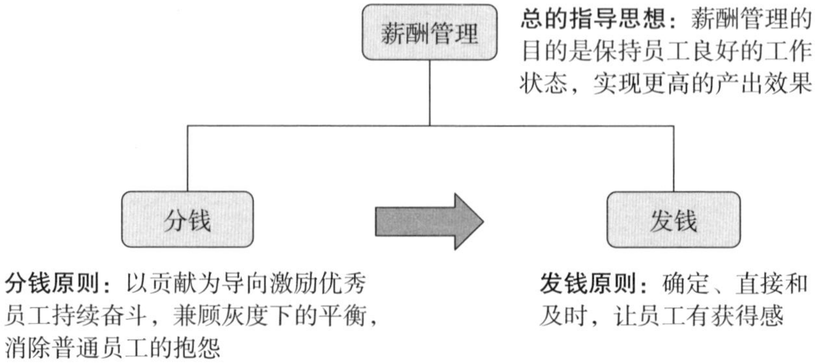

图 1–11　薪酬管理分工后通过总指导思想保持目标一致

预算是企业很常见的流程，对业务发展非常重要。但是，很多企业将预算当成风险管控型流程，这也是分工和协作过程中出现了不一致所导致的。无论是财务管理部门、战略管理部门还是经营计划部门，在对预算进行管控的时候，都要遵从统一的思想：预算是风险管控，更是业务机会分析与把握，风险管控为业务机会服务。在此基础上，归口管理部门才能和作为预算主体的业务部门保持一致，预算流程才能在业务部门和归口管理部门之间形成良好的协作关系。很多企业以上下对齐为目标，把预算做成财务统计工作，最终把业务管理方法弄成了算账的工作。没有一致的经营管理思想，就无法设计出相互协作的流程，就会出现分工后各部门相互掣肘和扯皮的现象。而如果统一了对预算的认识，在把这种认识设计到流程中去的时候，便会产生相应的专业和方法，如如何分析和判断业务机会，如何评估业务机会的投入产出等。

高效与管控、连通与一致，与其说是流程的基本要求，不如说是业务的基本要求。流程只是承载业务的基本要求，这是流程设计和优化方法的来源。

高效引导专业的人做专业的事，管控落实合规，连通产生信任、减少内耗，一致统一思想形成合力。高效体现于流程的各个层级，管控通常在流程活动，连通面向较低层级流程，一致用于较高层级流程设计。

高效与管控、连通与一致，四大要求是相互关联和促进的。管控是为了更高效地服务，在高效中可以更好地实现管控，连通遵从一致的要求，一致促使相互连通更顺利。

同时，四大要求并非相互独立、互斥的。一个优秀实践案例，既可以实现高效，也可以实现管控；既可以做到连通，也可以做到一致。四大要求是流程设计和优化的方向和思路，是判定流程优劣的标准。

为了更好地理解流程的四大基本要求，我们通过 IPD 流程进一步阐述。

如图 1-12 所示：IPD 流程分为六个阶段，包括概念、计划、开发、验证、发布和生命周期管理。首先，产品开发流程应有统一的指导思想，如“开发和测试共同对质量负责”，基于此思想，开发应该设计质量活动，尽量减少缺陷遗留；而测试也应协助开发提前发现缺陷，而不应因追求局部绩效将缺陷延后暴露。其次，每个阶段都会有交付物作为下一阶段的输入，如计划阶段输出产品的规格、总体方案等，这些交付物必须得到开发阶段的认可，这是流程的连通要求。再次，在产品开发完成后准备上市前，须结合前期的法律法规分析进行回顾审查，这也是流程中具体活动对管控要求的承载。最后，在计划阶段，对产品质量属性需求进行分析，通过可靠性、可服务性、可安装性等需求构建产品竞争力；在开发阶段，采用缺陷排查表对历史上常出现的缺陷进行跟踪排查，提高开发质量和效率，这些都是流程通过积累优秀实践案例以实现高效的要求。

四大要求也可以在一个流程活动里体现，如概念决策评审。首先，根据研发统一的指导思想“产品开发是一项投资行为”，概念决策应设计符合当前阶段的评审要素，以决策是否继续投资。其次，概念决策时应对本阶段输出产物进行评审，确保符合计划阶段的要求，这是流程的连通要求。再次，在概念决策时，应评审本产品是否符合《企业会计准则》对于无形资产的要求，这是对流程的管控要求。最后，概念决策应根据经验积累对决策内容模板化、对决策评审维度表格化，以实现流程的高效要求。

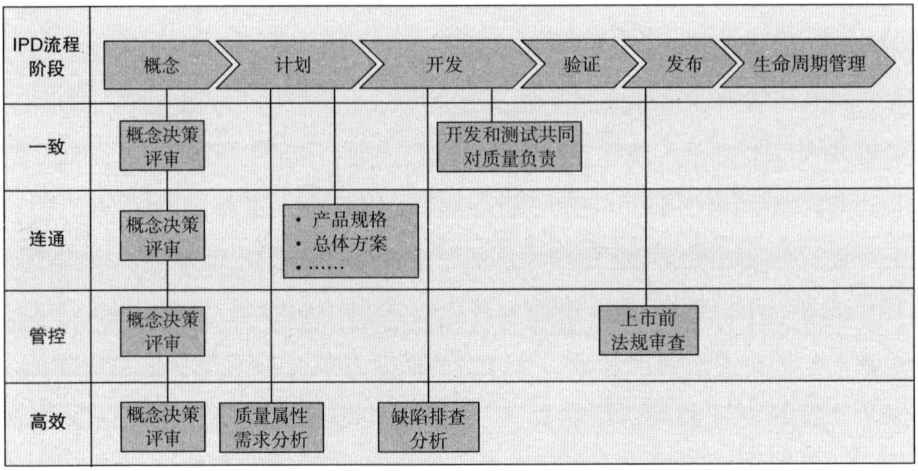

图 1-12 IPD 流程体现流程四大要求示例

在四大要求中，高效是最为核心的要求。高效代表高效率、低成本地为客户交付符合要求的产品和服务。管控、连通、一致都要为高效服务。所以，综上所述，我们从管理角度给出如下的流程定义：

流程是对业务工作开展过程中分工与协作的设计——分工促进专业积累，协作确保目标及行动一致——最终实现企业内部高效率、低成本地为客户交付符合要求的产品和服务。

从上述定义出发，**流程建设过程应当由管理者设计业务过程并和相关方达成共识、由业务专家沉淀内外部优秀实践、由上下游各岗位相互确认一致**。本书后续章节也将不断印证这个定义。

流程的管理定义，既可指导较高层级流程（流程架构）的设计，也可以指导较低层级流程（末级流程）的设计，是所有流程设计和优化方法的基础，本书的后续章节将进一步阐述。

1.5 流程的技术定义

对流程进行技术上的解构，得到其基本组成要素。**流程至少包括六个基本要素：客户、价值、输入、活动、活动之间的关系、输出。**

我们来看流程每个要素的含义及要素之间的关系。

谁是流程的客户呢？如果流程直接面向外部客户交付内容，外部客户即流程的客户。如果流程不直接面向外部客户，下一道工序即流程的客户，或者说，下游流程即流程的客户。把客户作为流程的基本要素，是因为客户代表了流程输出的质量要求，是流程价值的接收者，也是流程价值的投资者。没有客户，流程则没有意义。比如，一个公司在开发新产品之前，会依次进行市场调研、产品定义、可行性分析、立项与计划四步，分别对应以下四个流程。这四个流程是串行关系，即产品定义流程是市场调研流程的客户，可行性分析流程是产品定义流程的客户，立项与计划流程是可行性分析流程的客户（如图 1–13 所示）。其中，每一个客户（下游流程）都将对上游流程的输出质量提出要求。

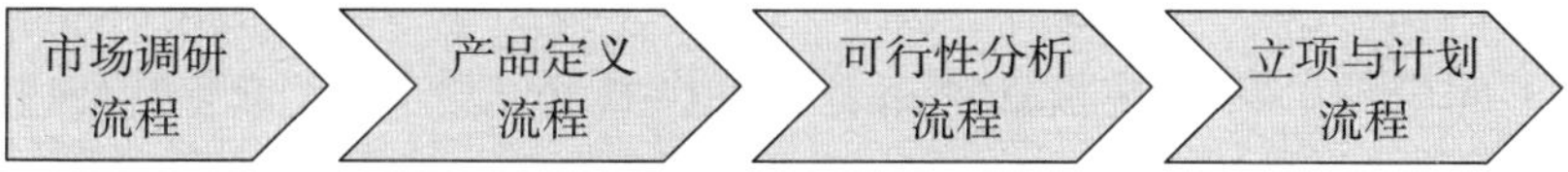

图 1–13 下游流程为上游流程的客户

曾经有人提出疑问，员工的工作都是由其领导来考核和验收，其绩效也是由领导评定并发放绩效工资的。可以说，领导是员工工作的投资者。那领导是不是客户呢？

这样的问题混淆了工作关系和业务流程之间的区别。把领导交代的事情办好是一种工作态度，体现了职级之间的管理关系，而业务流程反映的是业务活动的逻辑关系。换句话说，领导验收和考核员工的工作，也是以客户的要求为标准，从这个角度来讲，领导代表了客户。但这个角度是主观的，当领导的个人意志和业务逻辑相违背的时候，领导便不能代表客户。

流程必须要为客户带来价值，否则，流程也没有意义。什么是流程的价值呢？流程的价值不一定体现在金钱上。流程是把输入加工成输出的过程，从输入到输出本身就是一个增值的过程，也就是说，在输入的基础上，输出时有了什么变化，而这个变化正是客户期望产生的，这就是价值。比如，可行性分析流程接受上游流程的输出——产品定义说明书，经过加工后，输出可行性分析报告，这个报告符合下游流程——立项与计划流程的要求，那这个输入到输出的转变过程，就是可行性分析流程的价值，具体来说，其价值可表述为“完成产品可行性论证，避免项目失败导致的损失”。

流程的输入是指流程的加工对象。所谓“巧媳妇难为无米之炊”，“米”就是“做饭”的输入。没有输入，流程是跑不起来的。流程的输入包括实物输入，也包括信息输入；可能是上游流程的输出，也可能是外部环境的输入。

流程接受输入，而流程中的活动则是对输入加工的过程，这个过程是将流程分解成为可执行的工作单元，每一个单元都是一个将输入转化为输出的活动。活动是指某个角色（团队或个人）利用特定的工具和资源，按确定的要求和标准，将明确的输入转换成明确的输出。这些活动或者顺序执行、或者并行操作、或者协同完成，这便是活动之间的依赖关系。

经过流程的加工，输入便转化为输出。流程的输出，也称交付物，即交付给客户的产出物。流程输出代表了客户对流程的要求，所以，输出的有效性，也就是流程的有效性。

下表列出了图 1–13 中的四个流程的输入、主要活动、输出，以及客户和流程价值。

表 1-1 流程构成要素示例

流程	输入	主要活动	输出	客户	价值
市场调研流程	年度研发计划	制订计划； 开展调研； 编制报告	市场调研报告	产品定义流程	收集客户需求，为定义产品提供依据
产品定义流程	市场调研报告	概念分析； 特性定义； 编制说明书	产品定义说明书	可行性分析流程	定义产品各项指标，为设计出有竞争力的产品提供依据
可行性分析流程	产品定义说明书	竞品分析； 技术分析； 财务分析； 供应链分析； 编制报告	可行性分析报告	立项与计划流程	完成产品可行性论证，避免项目失败导致的损失
立项与计划流程	可行性分析报告	编制任务书； 编制计划； 评审	项目任务书	产品开发流程	确定项目范围及资源投入

综合上述对于流程组成要素的阐述，我们将流程的技术定义总结如下：

流程通过分工将业务分解为一系列活动；活动接受输入，加工后产生输出，输出的状态决定流程走向，从输入到输出的变化代表活动的价值；从最初输入到最终输出的变化代表流程的整体价值；流程的价值必须符合客户（下游流程）的期望。

从流程的技术定义来看，流程可以被解构成业务流和信息流。

客户、活动、活动之间的关系，体现了交互及作业过程，构成了业务流。业务流体现了人员分工，实现了价值创造过程，也体现了人对业务对象的要求和作用，并最终反映在业务对象的增值上。

输入、输出，也称为业务对象，即业务操作的对象。业务对象既包括实物，也包括信息。在信息化时代，实物通常也通过信息来表达，所以，流程从输入到输出，构成了信息流。信息流体现了人员协作，呈现了价值创造结果，也代表了信息流向，信息流经流程，产生增值（如图 1-14 所示）。

业务流和信息流，正是具体流程设计和优化的重点所在，后文将详细阐述。

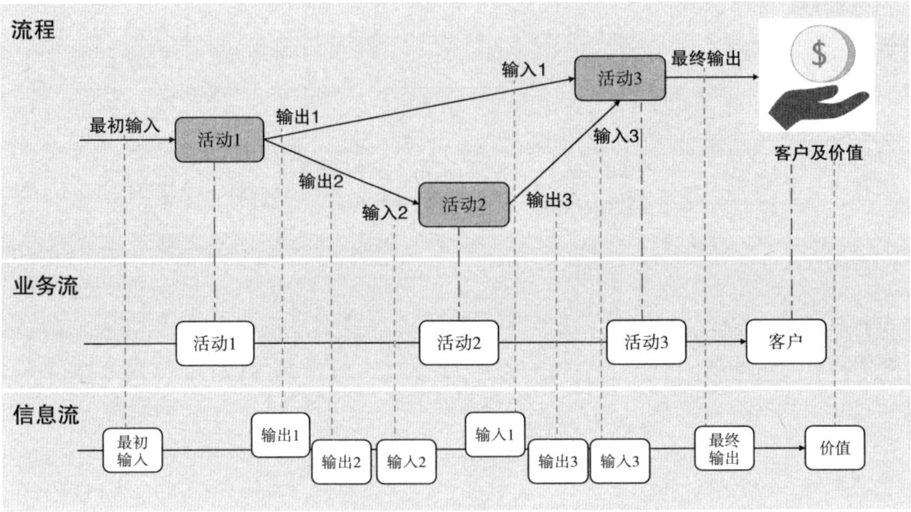

图 1–14　基于业务流和信息流的流程技术定义

1.6　流程和信息化的关系

信息化系统承载业务流程，系统中流转的是业务数据。流程和信息化的关系包括以下两个方面：**一方面，流程驱动信息化建设，流程架构是信息化架构规划的输入，流程及活动是信息化系统及功能模块设计的输入，流程输入 / 输出是信息化系统中数据流设计的输入，流程梳理和设计是信息化建设的前提；另一方面，信息化是流程开发标准化、固化的要求，信息化是流程落地运行的赋能者，信息化是流程持续改进的重要支撑。**

上述关系的理论并不难理解，但在实际工作中，常常出现两个问题。

第一个问题是关于工作过程的。如前所述，流程梳理和设计是信息化建设的前提，信息化为业务流程服务。但是，很多企业喜欢先购买或开发信息化系统，对于业务改进往往是信息化系统先行，待系统上线后却发现推行效果不佳甚至无法推行，不仅达不成改进业务的目的，甚至可能给业务带来干扰。所以，在处理流程和信息化的关系时，要先梳理清楚业务流程再上线信息化系统。当然，很多通用的信息化系统已经集合了优秀的业务实践经验，但这并不代表可以绕开流程设计直接上线系统。

第二个问题是关于工作方法的。无论是流程设计还是信息化实现，数据梳理和设计都具有非常重要的意义，但人们往往忽略数据梳理和设计。相比之下，人们更关注功能和操作。

根据流程的技术定义，流程可以解构为业务流和信息流，基于此，图 1–15 更清晰地展示了流程和信息化的关系。业务流对应到功能、操作，信息流对应到系统中的数据。流程汇总形成流程架构，数据经设计后形成数据架构。流程架构对于信息化架构的影响在本书流程架构章节会有阐述，数据架构则并非本书内容范畴。因此，我们接下来重点阐述流程和数据的关系。

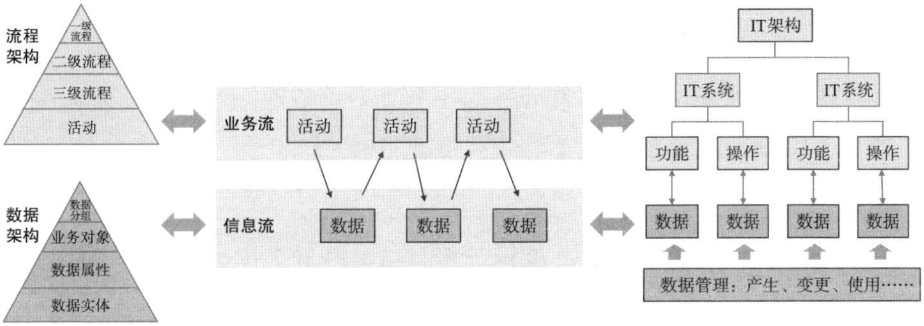

图 1–15　流程和信息化的关系

流程和数据的关系，是流程和信息化关系的基础与核心。在流程开发到信息化实现的过程中，我们一直在强调数据梳理和设计的重要性，有两个方面：一方面，数据设计是否合理，直接影响系统功能能否实现，以及系统是否可以持续扩展；另一方面，数据缺乏管理，常常造成多源重复、不准确、不完整、不及时、相互孤立等问题，这些问题要在流程梳理时尽早关注到并解决。

对于单个流程来说，有两种数据。第一种是加工的对象，即活动的输入、输出，如在设备维修流程中，维修台账就是属于这一种；第二种是加工所需的相关对象，即确保活动完成所需要参考的信息，如在设备维修流程中，设备的产品手册以及常见故障说明书都属于这一种。对于第二种数据，如果放到其他流程中，也可能是属于第一种数据。所以，通常所说的流程和数据的关系是指第一种数据。但识别第二种数据对于分析流程和流程之间的关系，以及从信息化的角度赋能业务改进也很有意义。

第一种数据作为流程加工的对象，从输入到输出，会随着流程的运行而发生变化，这种变化称为信息流的变化。要理解这种变化，我们引入一个概念：事件。

事件这个词是从计算机术语借鉴过来的。在计算机术语里，事件表示一种触发操作，一个事件会触发一个系统响应。比如，用户敲击空格键，网页就会往上翻一页；用户敲击回车键，光标就会换一行。用户敲击空格键和回车键就是一个事件。

在流程管理领域，事件表示触发一个活动的条件，这个条件通常用某个相关业务信息对象的状态来表示，也就是数据的状态。所以，事件就是数据的状态。

引入事件，对于准确描述流程过程有很大好处。比如，一个工作过程由三个活动组成：编制文档、评审文档、返工修改。当我们把这三个活动连起来，就构成了一个简单的流程（如图 1-16 所示）。

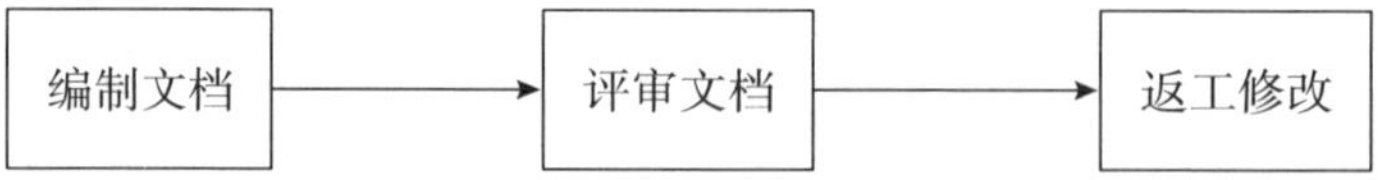

图 1-16 仅有活动的流程

但什么时候编制文档、什么时候评审文档、什么时候返工修改却不明确，不同的人执行这条流程的时候会有不同的结果。如果加入事件的描述，流程则会变成图 1–17 所示的样子。

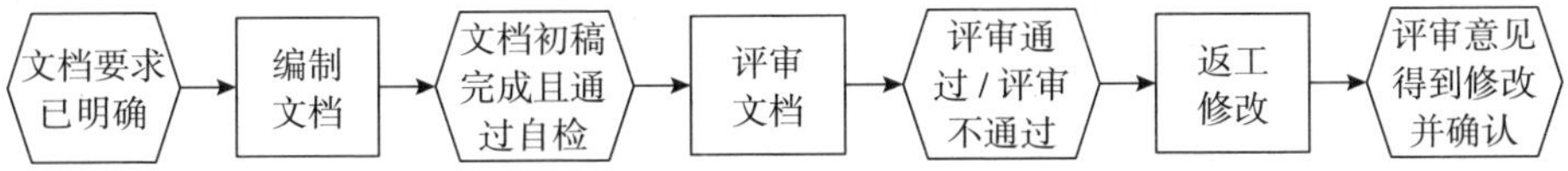

图 1–17 增加了事件的流程

在图 1–17 中，通过加入四个事件，明确了每一个活动开始的条件，也明确了每一个活动完成的条件。

当然，活动的触发条件不一定是加工对象的状态，也可能是时间，还可能是其他相关对象的状态。所以，事件也可以用具体的时间来表示。比如，每周一早上八点开例会，每个月的二十日收集优化需求，这些时间都是触发某个活动的事件。

事件具有以下特征：

第一，事件代表一种状态，而且是一种有意义的状态。这种意义代表着上一个活动已经结束，下一个活动可以开启。比如，“吃饭”是一个活动，那怎么衡量这个活动已经结束了呢？可以用“饭吃完了”来形容，也可以用“饭吃饱了”来形容。通常，应该用“饭吃饱了”来作为事件，因为这代表了信息的质量，也代表了下一个活动——如“写作”可以高质量地开始了。

第二，事件代表了流程路径的流向。当一个活动对信息进行加工后，信息状态呈现多种可能时，可以用事件来进行区别。比如，评审一个文档，其结果可能是通过，也可能是不通过，这就是信息的状态，不同的状态代表了流程后续不同的流向。

第三，事件具有两大显著价值。一方面，事件可以反作用于我们对流程活动的分解。严格来说，活动和活动之间必然通过事件来连接，如果不能用事件来表示活动之间的承接和转折关系，则代表活动的分解是不到位的。另一方面，因为事件代表了信息状态的变化，把事件显性化出来，体现了信息流的方向及变化，有利于从信息化的角度对流程进行分析。总之，通过活动和事件交替呈现，能更好地把业务流和信息流融合到一起。

从对“事件”的理解可以看出，信息流的变化对活动流转具有重要意义。联系上文提到的**流程连通，就是活动之间建立了握手的信任关系，也就是信息流通。而流程有断点，本质上是数据有断点，即前一个活动输出的数据不能满足下一个活动对输入的要求，也就是上游流程交付的数据不能满足下游流程的要求。**

结合上文关于“事件”的例子来看，从“编制文档”到“评审文档”，两个活动中间的事件可以是“文档初稿完成”。但作为评审专家来说，经常发现有内容不完整、质量低劣的文档提交过来，便会对“编制文档”活动提出要求，希望提交过来的文档满足某份“检查表”的要求，于是，两者之间的事件便变成了“文档初稿完成且通过自检”。

所以，对数据要求的一致，是流程畅通的基本要求，是流程高效的前提条件。

那流程到底是如何影响数据变化的呢?

一个流程通常对应一个或多个数据的变化。在客户问题受理流程中，接受、记录、分发客户问题，客户问题即数据，这是从无到有的变化，是新产生的数据；客户问题处理流程中，分析、解决、关闭客户问题，这是对既有数据状态的变更维护。

流程和数据的结合还有更广泛的意义。

流程中输入/输出的数据构成了信息流，为信息化系统分析和优化提供了视角和方法。换句话说，流程通过承载其上的信息流，支撑信息化系统建设和优化。这反映了一个事实，数据是流程的一部分。但数据有自己独立的架构。数据架构和流程架构相互关联和影响，并共同决定了信息化系统架构。

数据是流程运营的基础。流程发布以后，如何知道员工是否正确地执行了流程？又如何评价流程设计的好坏？这些都可以通过运营过程中产生的数据来分析。

当然，数据也可以是在线下产生并流转的。但无论是公司运营管理的要求，还是信息化技术和大数据技术发展的要求，把所有数据都上线到系统中进行管理是大势所趋。

1.7 流程和管理的关系

根据流程的管理定义，管理流程就是管理业务，管理流程是管理者的基本工作。那流程和管理的具体关系是怎样的，流程是不是管理的全部呢？我们有必要进一步讨论，认识上的以偏概全会对流程管理落地产生不良影响。

从某种角度来讲，**企业管理分为两个层面：战略层面确定做正确的事，运营落地层面确定正确地做事。**

战略管理既要有管理者个人智慧的体现，也要有专业工具和方法提供支撑，更要有卓有成效的运作过程。也就是说，战略管理既需要管理者的个人禀赋，也需要流程管理支持。华为规定研发投入不得低于销售收入的10%，这是管理者的战略思想，这不是流程能决定的。但研发投入占比具体是11%还是12%，如何确保这些投入达到期望的目的，这些问题则需要流程管理来解决。企业的产品做成什么样，理论上来说是由用户需求决定的，而不是由研发流程决定的。但是，如何获取到用户需求，如何高效地把用户需求转化成产品，如何快速把产品推向市场并确保成功，则是流程管理要解决的问题。

运营管理包括三个层次：达成目标、高效达成目标、持续高效达成目标。这三个层次分别对应着流程管理的三个阶段：流程建设、流程优化、流程运营。

流程建设是最基础的流程管理，通过设计业务分工与相互协作、识别业务过程中的成功因素和关键控制点，建设端到端的流程来承载业务，并达成业务目标。流程优化从业务目标出发，分析业务过程中效率低下或存在风险的节点，设计改进方案，并促进业务目标高效达成。流程运营基于流程执行过程及结果的度量数据，建立不断迭代的流程改进过程，实现持续高效地达成目标。

当然，管理的范畴远远大过流程。流程只是诸多管理要素中的一个。此外，还包括组织管理、绩效管理、质量管理、风控管理、信息化管理等。很多刚刚接触流程管理的人，特别是在接触某个领域优秀实践的时候，认为流程是非常完美的管理，每个人只要按部就班就可以把事情做好，但流程管理并不能替代其他管理要素。尽管如此，在所有管理要素中，流程又是最为特殊的，因为流程可以把其他管理要素有效地组织起来，当业务发生变化或者业务存在问题时，可以快速地从全局角度对各管理要素进行调整。

在管理的范畴中，对人的管理是最复杂的，值得专门讨论。

如何识人，选择合适的人；如何用人，把人放到正确的位置；如何与人沟通，做到高效传达信息；如何激励员工，使员工持续保持良好的工作状态；如何营造团队氛围，使众人团结一致，达成目标……

如果寄希望于通过固化“选、育、用、留”等流程来把人管理好，那就是脱离了应用的现实，过于宏大地理解流程管理了。

有人说，流程管得好，人的作用就降低了，也有人说，人的主动性好，流程差一点也没关系。这两种说法都有一定的道理，但都不全面。从这两种说法来看，流程和人的管理似乎是矛盾的，但实际上其内在是统一的。

我们从以下三个层面阐述流程和人的关系。

第一，流程和人作为管理对象及手段，是相辅相成的。

很多人在宣传流程的作用时，都会强调流程可以沉淀优秀实践经验。并以此为出发点，认为流程建设就是“铁打的营盘”，通过流程可以构建一个平台，在这个平台上可以实现人员快速更迭，让人成为“流水的兵”，成为随时可以替换的“螺丝钉”。这种看法继承了传统流水线式流程的思想，并放大了流程固化业务经验的作用。

事实上，现代企业的管理比以前复杂多了，动辄由上千人协同研发一款产品，或者由上千家供应商提供原材料，这样的管理远不是流水线可比的。另外，今天的员工需求也比以前多样化了，有职业发展的需求，有被尊重的需求，有生活丰富多彩的需求，现在的员工也不能像管理流水线工人一样去管理。如果把人纯粹当作手段，不仅不能达到效益最大化，在很多时候可能适得其反。所以，更需要其他管理手段的补充，通过关注人、激励人让流程得到更好地执行，通过发展人、塑造人实现企业的永续经营。

总体来说，**流程从做事的角度出发，对人的作用是通过改变做事规则来产生的。但流程靠人来执行，通过加强对人的管理，激发或约束人的行为确实可以把流程执行得更好，取得更好的结果。**

当然，流程仍然是沉淀和固化优秀实践经验的重要手段，在前文已经做过相关阐述。

第二，人作为执行者是业务流程的一部分，关键业务流程对人的依赖性很大，而业务流程建设和优化是为了更好地发挥人的作用。前文谈到过流程的发展历史，福特汽车的“流水线”就是把生产过程分成一个个工序，每个工序由对应工种的工人来完成，那这些工人就是“流水线”的一部分。流程活动的执行者——角色代表了一组专业技能的集合，这种集合代表了活动能够被高效地完成。正是角色和活动的匹配，让人成为流程的一部分。反过来说，流程的分解过程就是对人员重新定义的过程，通过专业聚焦使得员工有更大的成长，实现工作和人员能力的双向促进。

我们都知道，人和人是不一样的，无论是工作态度还是技能和经验。**任何一家公司都会有技术骨干，也会有很普通的员工。流程是把人组织起来，更好地分工，更好地协作，得以更好地产出。而这个“人”既包括了技术骨干，也包括了普通员工。更好地分工，就是让技术骨干和普通员工的价值都发挥到最大。**

第三，人作为管理者是流程的主人。流程本身需要建设和管理，为此，我们有一整套针对流程管理的框架和方法，而支撑整个框架和方法的依然是人。围绕着如何把流程建设好、如何把流程推广好、如何把流程改进好，我们定义了流程责任人、流程架构师等角色从不同层面和角度管理流程。

流程管理本身对人的依赖性非常大。从实践角度来看，很多公司流程管理做不好，是人的能力没有跟上，要把流程管理做好，首先得培养人。

流程建设是一个持续的过程，我们常常说流程要“理清楚、管起来、持续优化”，这个过程要靠人来实现。能够发现问题，把问题梳理清楚，并系统化地解决问题的人，永远是组织最宝贵的财富。而且，**流程管理工作对人才培养的作用也非常大，特别是在培养具有大局观的人才，以及培养跨业务领域的复合型人才等方面，流程管理是非常重要的培养方式。**

第2章 | 什么是流程架构

2.1 流程架构定义辨析

根据流程的管理定义，流程是管理者对业务分工协作的设计。管理幅度有大小，业务范围有大小，因此，流程也有大小。流程架构可以被认为是颗粒度较大的流程，是基于专业内聚与管理职责的业务分工，对于高级别管理者管理流程、优化流程具有非常重要的意义。

总的来说，**流程架构是针对流程的一个结构化的整体框架，根据企业商业模式和业务特点，在遵从统一、一致管理思想的基础上，设计企业流程的分类、层级，以及边界、范围、输入/输出关系等，是企业业务逐层逐级的分解过程。**

传统的流程架构强调各级流程的范围、边界、输入/输出关系，本质是分工与协同，是各业务模块行动上的一致。在这里，我们特别强调管理思想的一致，这是行动一致的基础。

这是流程架构定义的前半部分，也就是通用的部分，在具体应用上，企业会根据自己的实际情况补上后半段定义，这是后文我们要谈的内容。

在理解什么是流程架构之前，我们先引入一个概念：流程框架。

无论是分析某件事情，还是描述分析的结果，我们都会通过一个框架来进行。框架是如此重要，以至于有人说："人类没有框架是不能思考的。”

管理企业也是如此。作为一个企业管理者，需要管钱、管人、管事，需要管销售、管研发、管制造、管服务。管钱的时候需要管收入、管支出，管人的时候需要管招聘、管培训、管用人、管提拔。这样先分类，再分层分解的过程就是一个框架。

流程的本质是业务分工与协作，企业的流程也会有一个框架。如图 2-1 所示，公司有一级流程研发管理，往下细分为产品组合管理、产品顶层设计管理、产品开发管理等；其中产品开发管理再往下细分为原型设计、市场测试、产品准备等；其中原型设计又可分为需求分析、产品设计、原型制作等；其中产品设计下又包含可制造性设计、可服务性设计、可维护性设计等。

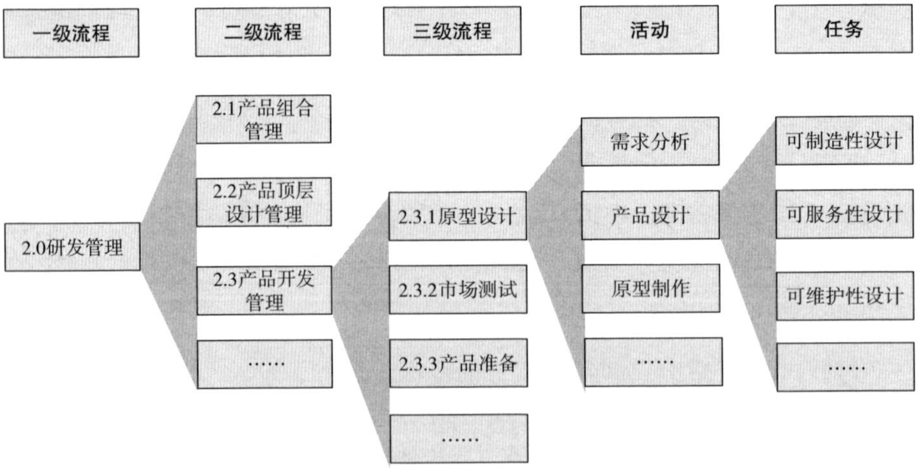

图 2–1　流程框架示例

从一级流程逐级往下分解，直至活动和任务，这个层级关系就叫作流程框架。在分解过程中，最后一级流程即末级流程。也就是说，从末级流程再往下分解就是活动，末级流程可以用流程图来呈现。

流程架构是流程框架顶端的那一部分。具体是哪一部分呢？企业应根据自身情况定义清楚。有以下两种定义方式。

第一种方式，固定流程架构的层级数量，把从一级到三级或四级的分解过程称为流程架构。这种定义的特点是其分解层次的数量是明确的，要么是三级，要么是四级。再往下一级要么到活动，要么到子流程，都不再称为流程架构的一部分（如图 2–2 所示）。通常，采用这种定义方式的企业其流程架构设计比较成熟。这种成熟体现在两个方面：其一，架构分解方法成熟。通常，三、四级的层次是比较清晰的，要做到这种清晰，一方面需要深刻理解架构思想，另一方面需要将架构思想落实到对业务的理解中。否则，就很难在三、四级将架构分解清楚。比如，有一家企业将投融资管理作为一级流程，往下分解为投资管理和融资管理两个二级流程，再往下将投资管理分为二级市场投资管理和一级市场投资管理……这样分解下去，其粒度很难把握，也很难和其他模块保持一致。在这种情况下，我们可以采用后面谈到的流程架构的第二种定义方式。其二，业务模块管理能力均衡。流程架构也是对业务管理能力的反映，各业务模块管理能力在同一个层次时，才不会出现有些模块三、四级已经分解完成，有些模块到了五、六级还没有分解完成。

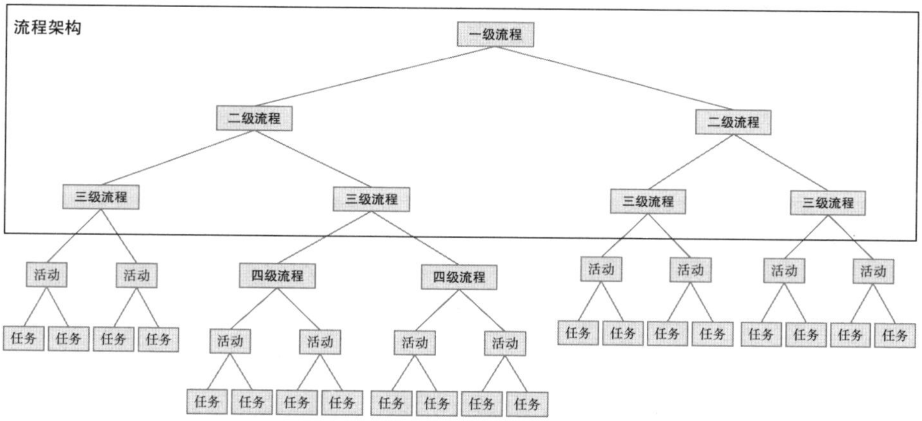

图 2–2　流程架构的第一种定义方式

如图 2–2 所示，在这种方式下，假定固定的流程架构层级数量为三级，一、二、三级流程是流程架构。通常，将第四级流程称为子流程。也就是说，第四级流程只能被它上一级的三级流程引用；而它上一级的三级流程，可以和其他三级流程相互引用。三级流程是架构树上的最小节点。

第二种方式，不固定流程架构的层级数量，把从一级到末级流程的分解过程称为流程架构。这种定义的特点是其分解层次数量是不明确的，可能是三级，也可能是四级，还可能是其他层级。但是，其最后一级就是末级流程。这种看似不成熟的流程架构其实符合大部分企业的现状。这种现状包括两部分：其一，大部分企业并没有统一的、专业的流程架构师。因此，流程架构设计更多的是对业务现状的呈现。而业务现状通常是一团乱麻，这就导致了其层次结构很难把握。其二，企业各个模块的管理水平参差不齐，有些模块已经在向业界标杆看齐，有些模块还在闭门造车、走一步看一步，这就很难要求各模块的流程架构层级是整齐划一的。

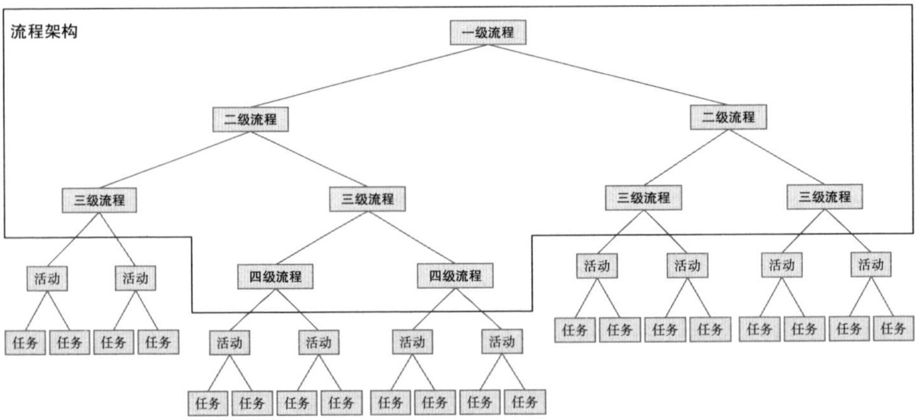

图 2-3　流程架构的第二种定义方式

如图 2-3 所示，在这种方式下，一、二、三、四级都是流程架构。通常，拥有四级流程的三级流程不能和其他三级流程建立平等的引用关系；而是由四级流程和其他三级流程进行相互引用。末级流程是架构树上的最小节点。

无论是用哪一种方式定义流程架构，一般都不要求一个公司的流程框架层次数量是固定的。就好像是一棵树，有些叶子到主干的距离较远，有些叶子到主干的距离较近。

两种流程架构定义体现了不同的管理选择，后续对流程架构的维护也会不一样。前者更注重规划与设计，后者更注重现状呈现；前者更注重维护主干，后者更注重体现末端；前者的稳定性优于后者，后者在端到端流程整合时清晰而灵活。

同时，无论采用哪一种定义，流程架构都体现了我们对业务的分解视图，表示这个架构下面业务的结构是完整的，业务的边界是清晰的，业务的逻辑关系是正确的。也就是说，必须满足流程架构定义的前半部分。

2.2 APQC 流程框架介绍[①]

APQC 全称是 American Productivity and Quality Center，通常翻译为美国生产力与质量中心。APQC 创立于 1977 年，是一个以会员为基础的非营利性机构，致力于各种改善手法的研究开发，制定产业标杆与最佳实践。

由于会员机构大多为各行各业的优秀企业或知名非营利性机构，APQC 得以整理全美各行业的业务过程，梳理出适应于各行业的流程清单模板，即流程分类框架（Process Classification Framework），并从中进一步归类、整合，形成一份可用于各类别企业业务的通用流程框架。通常，我们所说的 APQC 即指 APQC 梳理的流程框架。

除了提供通用流程框架，APQC 还提供包括汽车、航空、消费电子、消费产品等十八个细分行业的流程框架。

APQC 流程框架分为五层，其中一层到三层为流程架构（如图 2–4 所示）。

① 本书关于 APQC 流程框架具体内容的介绍，引自杰成合力科技有限公司的翻译。杰成合力科技有限公司是 APQC 在中国的首家专业会员，被授权翻译了 APQC 各行业分类框架。

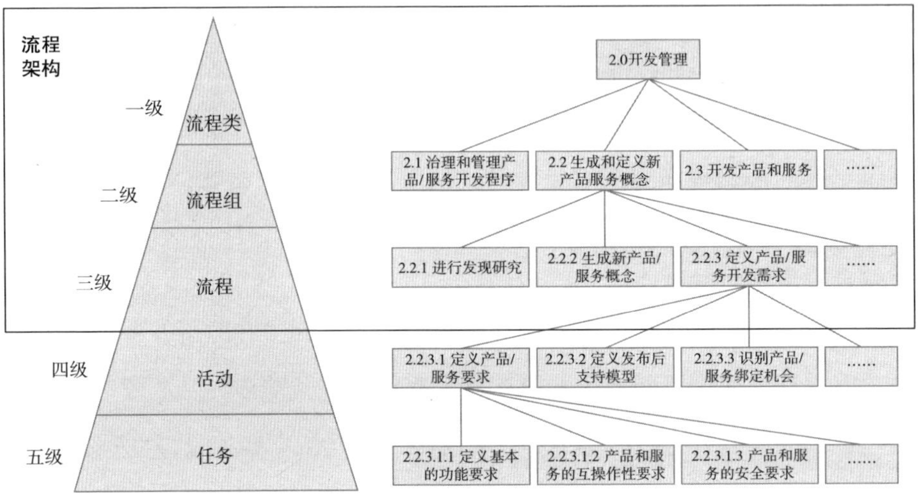

图 2–4 APQC 流程框架

通过对比不同行业 APQC 框架，我们可以发现，流程架构既有共性，也有不同行业的差异性。图 2–5 是通用行业和汽车行业的一级流程分类对比。从图中我们可以看出，十三个一级流程中，有十一个是一样的，有两个是不一样的。其中，通用跨行业流程分类框架中包括“开发管理”和“交付产品”，在汽车行业流程分类框架中分别为“开发新车”和“造车物流”。

如果我们深入二级、三级流程，则会发现更多不一样的地方。在“客服管理”下面，通用跨行业流程分类框架包括五个二级流程，而汽车行业流程分类框架下包括十三个二级流程。在其中共同的二级流程“评估客户服务运营和客户满意度”下，其各自的三级流程也不一样（如图 2–6 所示）。

总体来说，**流程级别越高，其通用性越强，流程级别越低，其差异化越大。在做流程架构设计时，既可以参考标杆的通用性，也需要识别和突出企业的差异化特征和优势。**

图 2-5 APQC 不同行业一级流程的差异性

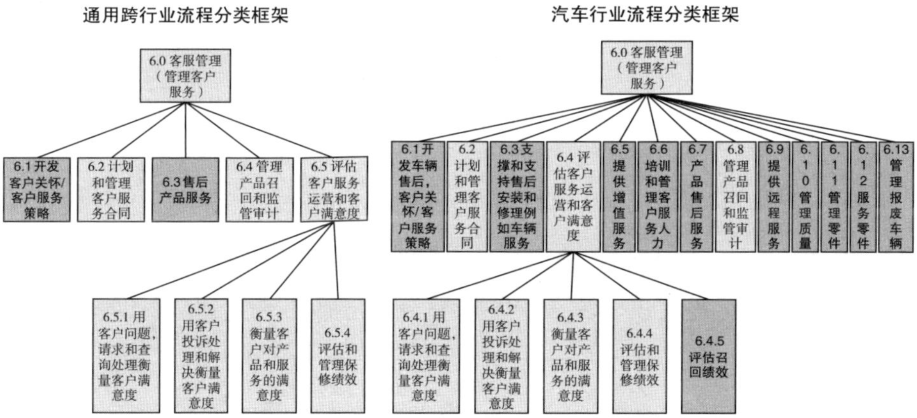

图 2-6 APQC 不同行业二、三级流程的差异性

2.3 华为流程框架介绍[①]

华为将流程框架分为六个层级（如图 2–7 所示）：

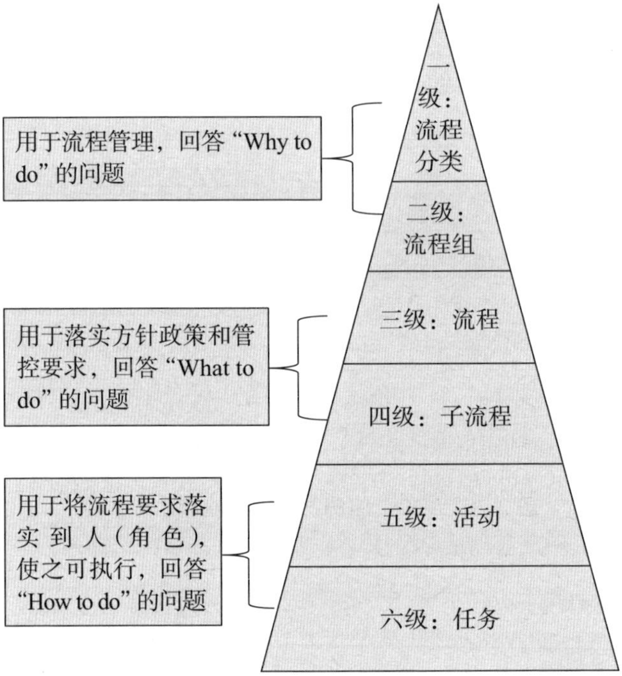

图示 2–7 华为流程框架层级

第一级为流程分类，从客户价值出发，体现公司在价值链上所处的位置，体现公司商业模式，覆盖公司全部的业务活动。比如，一个贸易公司，其基本业务是买进卖出，那么，在流程分类层便不会有研发管理类业务；而一个高科技企业，则必定会包括研发管理类业务。

通常第一级会把流程分成不同的类型，这也是第一级被称为流程分类层的原因。而这种类型的划分有多种方式。华为将第一级流程分成运营执

① 本书关于华为流程框架具体内容的介绍，参考了多份网络公开资料，由于来源不可考证，故未注明出处。

行类（Operating）、使能类（Enabling）、支撑类（Supporting）；APQC将第一级流程分成运营类、管理和支撑服务类；也有企业分为主价值链类、辅助价值链类。

每个一级流程都有清晰、明确的价值定位，一级流程之间既有区别又相互关联，所有一级流程共同构成一个完整的有机联系的业务运作体系，有效地支撑客户价值实现和公司目标达成。

第二级为流程组，一个流程组具有相同的流程价值定位，其内部的业务运作逻辑是相似的、相关的，其对应的业务能力也是相对集中的。一个流程组通常聚焦于一个相对独立的价值创造和交付过程，流程组内各流程之间依赖关系较为紧密，而流程组与流程组之间的关联关系相对简单。

第三级为流程层，这是从流程执行的角度对流程分类并对流程组的价值定位和业务目的进行分解，对应了企业对流程的定义。

第四级是子流程层，是流程的进一步分解，或者说是上级流程的一部分。若流程较复杂或存在多种可交付的重要输出目标，可将流程分解为子流程，使流程相对简明、输出更为单纯，实现职能单元的分工和解耦，便于流程的开发、理解、执行和维护。子流程与流程一样必须有明确质量要求的输出目标。

流程并非必须被分解为子流程。同时，如果必要且可能，子流程可以进一步分解为更小粒度的子流程，但应控制这种情形的出现。

第五级是活动层，活动是流程的要素之一，如前文所言，是指某个角色（团队或个人）利用特定的工具和资源，按确定的要求和标准，将明确的输入转换成明确的输出。这种输出是实现流程目的所必需的活动。

活动将流程分解成落实到角色的可执行单元，实现人员的专业分工，提高业务过程的有效性和效率，降低专业培养成本。

第六级是任务层，是活动的一部分，即子活动。活动的目的即形成符合要求的输出并贯彻其承载的方针、政策和其他管控要求。当活动的各部分或各部分间顺序对达成活动目的至关重要时，须将活动进一步分解为任务，便于活动的理解和执行。若活动的任务存在逻辑顺序关系并必须分配给不同角色，应将其分解为不同的活动而非任务。

当然，活动并不一定要分解到任务层。

结合前文，从华为流程框架中我们可以看出：

第一，层级的定义是架构设计的指导方向。比如，第一、二级体现了公司商业模式及价值创造方式，是企业管理需要回答的顶层问题，是基于对企业经营理念和逻辑深刻理解的结果；第一、二级是公司流程的管理视角，第三、四级是流程执行的核心，第五、六级是流程落地的具体内容。

第二，层级虽有明确的定义，但也体现了相对的关系。比如，第三、四级层级即不固定的。两者可能重合，即没有子流程；也可能不只有两个层级，即子流程下可能会继续分解子流程。但三、四级定义了“what to do”这一层的上下标准，向上承接流程组，是一个独立的流程；往下不可再分解，再分解即到活动和任务。

第三，层级是一种分解方式，也是一种视角，很多时候并没有绝对的区分标准。一个活动分解得更加详细的时候，也可以成为一个子流程。所以，在实际应用的时候，根据相对一致的颗粒度进行分解即可。

和 APQC 流程框架相比，华为流程框架更适用于大多数企业。在这种框架下，我们可以从上往下选择三级为流程架构，也可以从下往上选择从子流程至流程分类层为流程架构。

华为流程架构也是在不断演进变化的，图 2-8 是华为一级流程的演进过程。

观察华为流程框架演进历史，可以发现其流程架构在稳定性的基础上，是动态发展的。事实上，前文提到的 APQC 流程架构也是在不断更新的，如果想了解详细信息，可以在其官网上查阅。

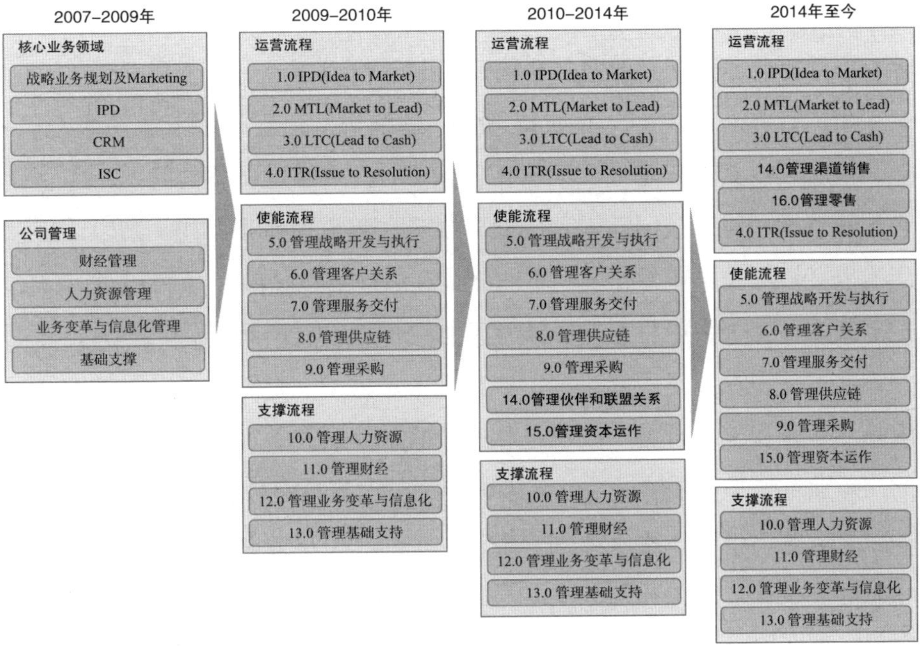

图 2–8　华为一级流程演进过程

2.4　流程架构的特征和意义

通过上述说明，我们将流程架构的特点总结如下：

第一，结构化和分层分级。什么是结构化？结构化是指工作整体要有框架，局部要有标准，各个局部通过一定的原则组成整体。建房子就是典型的结构化，房子有整体框架，砖块有标准形状，房子由砖块组成，一个砖块既可以放这里，也可以放那里。流程架构是用结构化的方式描述业务，通过结构化，可以为管理提供更清晰的视图，为端到端打通流程提供更好的基础。这种结构化一方面体现在分层分级，另一方面体现在模块分解、关联及复用。

第二，具有前瞻性，并兼顾现状。流程架构要从公司业务现状出发，同时要具有前瞻性，对后续业务发展进行指导。所以，流程架构是在现状梳理的基础上设计出来的，梳理为设计提供输入。与之相对应的，流程设计有一条重要原则就是要遵从架构。

第三，具有稳定性，并能持续发展和演进。流程架构不能频繁变动，在一定时期内具有稳定性，所以，在公司管理有较大调整的时期不适宜梳理流程架构，对于公司新设置的业务也不适宜梳理流程架构。同时，流程架构也会根据公司业务发展，不断优化和演进。

第四，完全穷尽且互斥。流程架构要覆盖公司所有的相关业务，保证完整性。这一点容易引起误解，完整性不是为了完整而完整，完整性的要求是由于流程架构下各个模块是相互关联的，缺一不可。而对于相对独立的全新业务，并不要求一定放入架构中，对于某些相对独立的基础性业务，如后勤管理，也不一定要放到架构中。在完全穷尽的基础上，还要保证互斥，即各模块之间要相互独立，不要有交叉和重叠。相互独立还有另一层意思，即在同一层级，各模块的细分维度要一致。

上述特征也是流程管理过程中的要求。那为什么要管理流程架构呢？或者说，流程架构的设置有什么意义呢？这要从流程管理的目的出发来考虑。流程管理的目的是促进业务不断改善。基于这个角度，我们来看一个案例场景，以此来说明流程架构在业务优化过程的作用。

某大型制造企业打算打通销售、计划、供应、制造、交付端到端流程，为此启动了一个大型变革项目。这个项目做的第一件事情是什么呢？就是把公司的流程架构拿出来，识别哪些流程涉及该端到端流程。

经过识别，发现总共有两百多个相关流程，这些流程分属于研发管理、销服管理、供应链管理、财务管理、信息化管理等一级流程。经过进一步分析，发现这些流程的状态又可以分为三种：已成熟（可直接用）、待改进、待新建。各一级流程下相关流程数量如下表所示。

表 2–1 某变革项目识别的相关流程

	研发管理	销服管理	供应链管理	财务管理	信息化管理
已成熟	1	30	1	0	0
待改进	8	33	30	32	0
待新建	5	11	47	14	5
总计	14	74	78	46	5

对这些流程进行观察可以发现，待改进和待新建的流程要么是数据管理等基础性工作，要么是上下游流程接口拉通之类的工作。

这只是一张统计表格，把表格中的流程展开后就是一棵树，树上的叶子串起来就是端到端流程。这张树形图是整个项目能够顺利达成目标的重要保障，它兼具三方面作用：项目方向和指南、项目作战地图、项目验收标准。

那为什么要用这种方式来做项目呢？显而易见，通过分析流程架构来做端到端的变革，是系统地解决问题，可以有效避免“头痛医头、脚痛医脚”的情况，可以避免“按下葫芦浮起瓢”的情形。也正因为这样，华为才有一个变革观点：反对没有全局效益提升的局部优化。①

这种优势在跨领域问题的解决过程中体现得非常突出。

值得注意的是，流程变革项目不是一个分析文档的工作，而是分析流程架构中哪些流程和项目相关以及存在哪些问题，需要做哪些改进……整个过程都伴随着大量的业务调研、访谈和分析。后面在项目运作相关章节会作详细阐述。

所以说，流程架构是流程优化的基础，特别是打通端到端流程的基础。除此以外，流程架构还有以下意义。

首先，流程架构是流程显性化的较高层次，如果说流程图可以指导基层员工如何工作的话，流程架构就是管理者的业务视图，可以为管理工作

① 华为管理变革有“七反对”原则：坚决反对完美主义、坚决反对盲目创新、坚决反对烦琐哲学、坚决反对没有全局效益提升的局部优化、坚决反对没有全局观的干部主导变革、坚决反对没有业务实践经验的人参加变革、坚决反对没有经过充分认证的流程进入实用。参见黄卫伟主编：《以客户为中心：华为公司业务管理纲要》，中信出版集团。

提供参考。流程架构描述了业务模块在公司价值体系中的位置，描述了业务模块的范围、边界以及接口，这就是管理的范围。正是这样一种视图为管理者提供了全局化视野的基础。华为有一个变革观点，即“反对没有全局观的干部主导变革”。全局观当然是一种视野，是一种能力，在工作中为这种能力提供基础的，正是流程架构。

其次，流程架构为 IT 规划和建设提供指导。具体的业务流程由 IT 系统的功能来承载，而流程架构指导 IT 架构的建议。IT 系统的定位取决于对应的流程模块在公司流程架构中的位置，各 IT 系统之间的接口体现了端到端流程是如何拉通的。

与之相反的场景便是我们常常看到企业的某个 IT 系统在发展过程中，通过不断打补丁的方式，越做越大，也越做越杂。比如，因为对售后故障进行质量分析，于是在售后系统里面开发了质量管理模块。同时，每个员工要使用多个不同的 IT 系统，通过不同的 IT 系统完成相关联的工作。比如，研发人员为了获取产品的故障分析数据，要在售后系统、生产系统等多个 IT 系统来回查阅。对于这种情况，我们常常抱怨缺乏 IT 规划，但其实是由于业务流程架构没有设计好而导致的。

最后，流程架构为组织规划和建设提供指导。流程架构是对业务分工设计的结果，但并不代表能和管理组织一一对应，流程架构只是组织设置要考虑的因素之一。组织承载业务，也就是承载流程。在这方面的最佳实践之一就是针对一级流程设置职能管理组织，一级流程责任人就是职能部门管理者，实现流程管理和业务管理的重合。比如，很多公司会将流程管理和信息化管理放到一起，作为一个一级流程，与之相对应的就是流程信息化部；也有一些公司将信息化管理作为一个一级流程，而将变革管理也作为一个一级流程，与之相对应的便是两个部门，分别为信息化部和流程变革部。当然，在现实业务中，随着公司的发展，我们会发现很多部门的设置是根据人的能力来定位的，而不是根据业务的需要来设置的。所以，大型流程变革项目结束后，常常会出现新的组织，这和末端流程优化过程中常常伴随着新岗位的产生是一样的道理。

与之相反的案例便是在缺乏流程架构指引的时候，组织的定位往往不清晰甚至混乱。

很多组织或企业都会将客户服务作为一级流程。APQC 是如此，华为也如此。但客户服务到底涵盖哪些活动，和其他领域是什么关系，则直接影响客户服务部的职能设计。

某公司新成立了客户服务部，部门定位是对客户满意度负责。该部门受理客户问题以后，除现场故障排除外，还发现了大量关于产品缺陷的问题及开发建议，于是转交给产品研发部门处理。但产品研发部门对这些问题并不认可，认为这些问题提得不够专业，且大部分属于新的需求，和产品的发展规划也不相符合。为了提升客户满意度，客户服务部设计了问题分级处理以及相应的考核机制，并投入了大量的人力来协调推动研发部门去解决客户提出的问题。同时，该部门在和客户接触的过程中，还收集到了大量客户对于项目交付的问题，如交付项目经理和之前客户经理承诺不一致、交付进度过慢、交付完成后系统基本功能存在缺陷等问题。为推动这些问题的解决，该部门又设置了专人进行跟踪，督促交付部门积极回应客户问题。

随着业务的开展，围绕提升客户满意度的目标，该部门逐步将企业和客户之间所有有接触的环节都纳入了管理范围。但收到的效果并不明显，客户认为自己的很多问题没有得到重视，研发部门和交付部门认为客户服务部在外行指导内行，给自己捣乱。

后来，该公司在对比标杆企业的做法后，认识到自己对于客户服务部的定位是混乱的，没有从流程架构的角度进行分析，导致公司将流程架构上其他缺失模块的职能都往客户服务部门上累加。这种“打补丁”发展出来的部门，最终造成的结果往往是效率低下而目标结果欠佳，也就是投入产出较低。

具体来说，公司通过流程架构设计，对以下几块相关联的业务进行了定义和区分：

首先，公司流程架构中原本就有市场管理，但该流程缺乏客户走访及需求调研，也缺乏产品研发规划。在修改后的架构中，市场管理将承担客户走访、收集产品改进意见的职能。市场经理收集意见后，经过产品管理人员分析，对不符合产品发展的意见联合客户经理对客户进行解释和引导，对符合产品发展的意见规划到后续产品升级计划中。为了做好这件事情，公司从研发团队部分人员转岗到市场管理部，比客服人员更专业。

其次，公司流程架构中原本就有交付管理，也有质量管理，但存在两个问题。一方面，质量管理只关注产品质量，交付管理缺乏质量监督，导致用户对交付过程的满意度偏低；另一方面，交付和服务之间缺乏明确的交接接口。在修改后的架构中，质量管理不仅关注公司产品的质量，还将关注项目交付过程中的质量，明确各项质量活动和标准。同时，新架构中，明确了项目交付完成后，移交给客服团队时，需要客服团队参与验收。通过这样的优化，大幅提升了交付满意度。

通过前面两步，客户对于产品的新需求以及交付过程中的问题都有了新的部门职能来承接。现在剩下的问题才是真正的售后问题。流程架构团队在此基础上进行了进一步的区分。售后问题分为两类，一类是用户应用问题，另一类是产品缺陷问题。前者通过指导用户使用或者升级到最新版本即可解决，后者则必须对产品进行更新修复才能解决。事实上，公司产品的科技含量很高，对产品负责和对用户负责有很大区别，对人的技能要求也不一样。服务工程师的专业不是改进产品质量，而是在已有产品的基础上解决用户使用过程中的问题。因此，在修改后的架构中，增加了产品维护流程，由研发部门设置专门团队承接该流程。产品维护流程属于客户服务流程的子流程，接受分发过来的产品问题，在修复后再流转至服务回访和满意度评估流程。

通过上述架构重构，客户服务的职能更加专一。所以，流程架构指导组织规划，这个过程也体现了专业分工的思想，让专业的人做专业的事。

当然，流程架构不是一成不变的，组织设置也会随之进行优化调整。在上面的案例中，后来该公司进一步认识到公司产品属于生产资料，不同于普通消费品，在售出后有很多的运营收入，因此设计了相应的运营流程，由独立的运营组织承担。

综上所述，**流程架构具有非常重要的作用。首先，流程架构指导全局性的业务优化过程，事实上，后文阐述流程优化方法的时候，很重要的一条原则就是遵从架构。其次，流程架构是管理者的业务视图，指导管理者树立全局意识。最后，流程架构对信息化架构、组织规划具有指导作用。所以，企业开展流程管理工作常常将流程架构作为切入点。流程架构梳理完成后，将成为流程管理的核心资产，随着业务的发展而不断维护和演进。**

2.5　流程架构和端到端流程

如前文所述，**打通端到端流程要以流程架构为基础，为什么会这样呢？一个重要的原因是因为流程架构遵循了结构化的特点**，我们通过“L”模型来说明这一点。

如图 2-9 所示，圆圈中的数字表示流程架构层级，0 表示公司流程管理体系，灰色圆圈表示末级流程。其末级流程串起来就是一条端到端流程，图中的实线箭头表示一种端到端场景，虚线箭头表示另一种端到端场景。端到端流程之所以能够基于流程架构拉通，就在于末级流程是结构化的，可以应用于不同的业务场景。

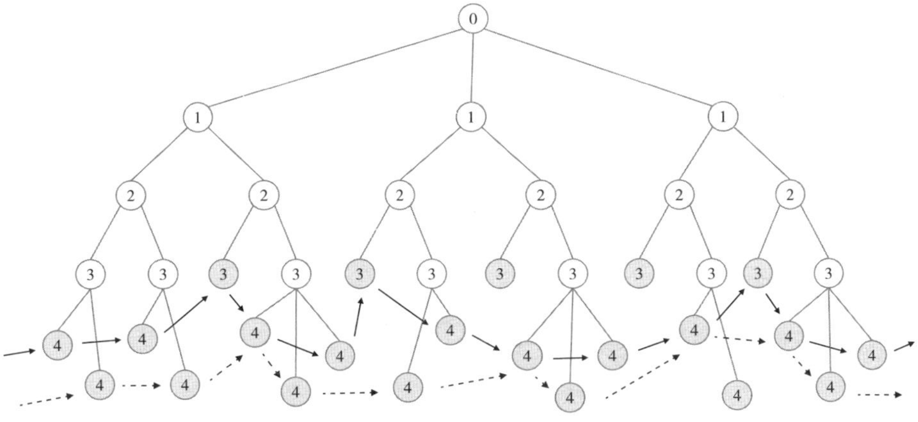

图 2-9　基于流程架构的端到端流程

从一级到二级、三级直至末级是纵向分解过程，将末级流程串联起来组成端到端流程是横向拉通过程，两者相结合就是“L”模型。

跨流程架构组建端到端流程是非常常见的。比如，采购到付款，跨越了采购、质量、仓储、财务等多个模块（如图 2–10 所示）。

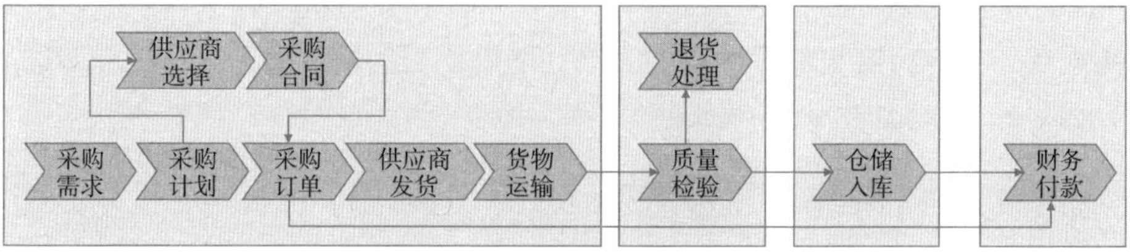

图 2–10　跨一级流程组建端到端流程（采购到付款）示例

图 2–10 中所示的为最简单的情况，实际业务场景会复杂很多。比如，质检可能在货物到达公司后进行，也可能前置到供应商发货以前；如财务付款可能在货物入库以后，也可能在货物消耗以后。

越是复杂的业务场景，越需要流程架构来支撑端到端拉通。端到端流程设计好后，具有多场景复用的优点。这些场景既注重业务适配以提高效率，也服务于业务创新以捕捉新的机会。

某公司传统的业务场景如图 2–11 所示，属于典型的按库存生产模式。

图 2–11　按库存生产模式的端到端流程

后来，市场形势发生了变化，库存积压的可能性增大。为了减少风险，部分产品更改为按订单生产，于是端到端的流程变成了如图 2–12 所示。

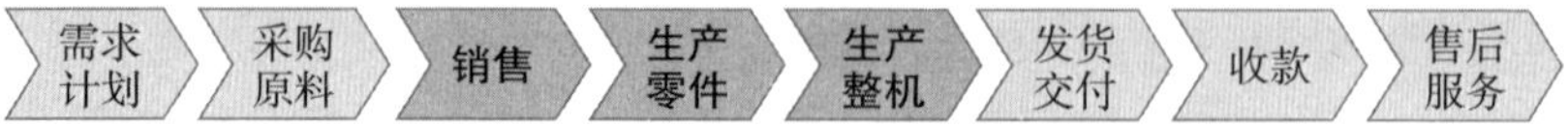

图 2–12　按订单生产模式的端到端流程

从按库存生产到按订单生产，流程架构几乎没有改动，只是端到端流程场景进行了调整。再后来，根据市场需求的变化情况、产品特点以及交付效率的要求，对产品结构进行了优化，增加了组装生产方式，对流程架构进行小幅优化后，端到端流程扩展为如图 2–13 所示。

图 2–13 增加组装生产方式的端到端流程

端到端场景的灵活变化用以适应新的业务形态，这都是基于结构化的流程架构的价值所在。反过来，基于端到端流程场景梳理正是设计流程架构的思路，这在后文中会谈到。

端到端流程是通过将不同流程架构下的末级流程串联起来形成的，那端到端流程能不能直接作为一级流程架构呢？

当然是可以的。在流程架构设计的时候，既有专业分工角度考虑，也有管理集成角度的考虑。无论从哪方面考虑，都是为了最高效率、最高质量地交付输出产物。通常来说，直接和客户打交道并为客户创造价值的流程适合设计端到端流程作为一级流程，这样有利于快速响应客户需求、减少客户接触点并高效交付产品和服务。同时，作为公司问题比较突出、近期打算重点突破的端到端流程，作为一级流程也是变革管理的一种选择，这样有利于集中资源解决难点问题。

端到端流程作为一级流程，为了包括完整的业务过程，一般至少包括两个部分：执行类和管理支撑类。同时，还有可能引用其他模块的流程。某企业的 LTC（Lead To Cash）流程三级架构如图 2–14 所示。在图中，管理线索、管理机会点、管理合同执行是执行类流程；管理授权与行权、管理项目群是管理支撑类流程。其中，虚框所示为引用其他模块的流程。

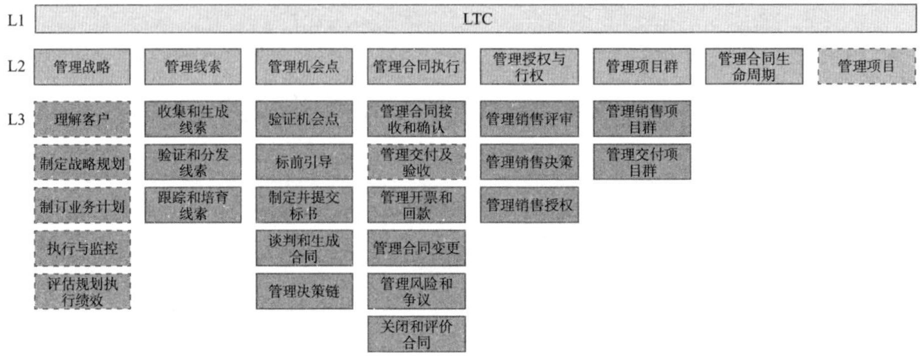

图 2-14　某企业 LTC 三级流程架构图

第3章 流程认知常见理解误区

3.1 流程要以客户为中心的本质是什么

我们常说以客户为中心的流程设计，这种说法有一定的道理，但并不全面。

客户是流程的要素之一，流程的定义明确了流程必须为客户创造价值，不能为客户创造价值的流程是没有意义的。但是，流程并不当然以客户为中心。

简单来说，如果以客户为中心符合公司战略选择，那流程就应以客户为中心；否则，流程就不应以客户为中心。为什么这么说呢？流程是为管理服务的，其基本原则是承载公司的战略，符合公司管控方向。

对于这一个原则，很容易引起误解。公司政策反映的是管理层的战略选择，没有对错之分。如前所述，在产品供不应求的时候，公司政策决定了牺牲质量，那流程就得牺牲质量。公司政策决定了不以客户为中心，那流程就不以客户为中心。所以，流程没有对错之分，只有优劣之分。把以客户为中心和公司战略管控的要求结合起来，正是优秀流程的特质。

强调流程必须以客户为中心，其潜意识是认为流程是正确的做法。其实流程并非正确的做法，而是管理的一种选择。而且，通常这样认为的人，会认为自己的认识才是正确的，这是理解流程及管理流程的大忌。

当然，在大多数场景下，公司战略和以客户为中心是一致的，流程应当围绕以客户为中心来设计，但是，也应该区分以下情况和条件。

以客户为中心，并不代表以所有客户为中心。一个公司的客户非常多，客户的要求也非常多，而公司的资源是有限的。所以，一般情况下会对客户进行细分，将响应客户需求及为客户提供服务的资源集中在对公司最为重要的客户上。事实上，对客户进行分类分级，本身就是业务流程的一部分。

以客户为中心，并不代表每个环节都要以客户为中心。对大部分公司来说，在销售环节和交付环节以及售后服务环节对客户需求的重视程度是不一样的，其流程的设计策略也会不一样。

以客户为中心，还要区分内部客户和外部客户。流程的执行会消耗成本，这就需要考虑投入产出比。对于服务于内部员工的流程，我们可能设计得简单一些，通过牺牲流程执行的友好性来降低运行成本。所以，我们常常看到内部员工对其他部门、对公司内部的流程抱怨甚多。显然，如果他们是公司的外部客户，这些抱怨会得到积极响应。但既然是公司的内部员工，那就要作出适当的忍受和牺牲。比如，公司用车服务流程，规定各个部门由指定人员申请用车，这样做是为了减少每次申请时的咨询工作量，但这对使用者来说并非最佳的方式。又如，办公用品采购申请流程，规定各个部门一个月只能提交一次申请，这样做是为了减少审批工作量、减少采购、仓储、财务的工作量，但对于使用者来说这也并非最佳的方式。总体来说，针对内部客户的流程，更多的是追求协同效率最高，以实现公司整体效益最佳。

上述场景的细分，都来源于公司战略选择下的管控策略设计。所以说，流程不是通用的，也不是放之四海而皆准的，而是承载和反映了公司的战略选择和管控策略，特别是差异化策略。

3.2 流程能否替代技术骨干或降低技术骨干的重要性

《再造奇迹》的导论标题为“企业英雄的兴衰”。在导论里，作者举了一个例子：鲍勃晚上在家里看电视时脑海里还想着工作的事情，突然跑回公司检查明早即将发货的产品，然后在发货箱里补放了一份新的线路图。鲍勃是一个非常敬业的企业英雄，正是他的努力工作避免了企业陷入混乱。这个例子要说明的是企业应该建设流程，减少业务过程中的“不确定”，而这些“不确定”以前是依赖于“个人英雄”来避免的。

这无疑是流程建设的重大价值，但很多人在解读的时候，却理解为流程的作用就是替代技术骨干，让企业的每个员工都可以随时被替换。这是非常片面的看法。

流程不依赖于个人而达成业务目标，与流程沉淀历史经验、固化优秀实践分不开。如前文所述，优秀业务实践有三个层次。但优秀实践并不是天然存在的，而是优秀的人才创造和积累出来的。通过流程把不同层次的优秀实践固化下来，可以让业务被目标更加高效、更加稳定地达成。**流程实现知识和经验的固化，体现的是把专业问题变成管理问题。但其目的不是把专业人士变得不重要，而是为了让专业人士更好地产出。**

流程不依赖于个人去达成业务目标，与流程的推行实施分不开。如后文将述，推行实施在流程管理中具有极重要的意义。优秀企业的 IPD 流程通常设计大量的模板来固化方法，但并不代表可以把人替换掉，恰恰相反，是通过任职资格建设和上岗培训，实现人员和流程的融合。从实际效果来看，在上岗培训后，仍然需要有导师引导实践一个到两个项目，方能真正理解和掌握流程。

流程不依赖于个人而达成业务目标，并非要让技术骨干可以随时随地被替换掉。事实上，在很多领域，技术骨干的价值是不可替代的。比如，研发创新，流程并不能直接就把技术攻关问题解决。但流程可以让技术攻关的方向更准确、效率更高、过程更可控。**流程的目的不是提升最强的人的产出水平，而是提升组织中水平相对较差的人的产出水平，以此来实现组织的稳定产出**。在这种情况下，最强的那个人的重要性反而更加突出了。他代表了最高的产出，同时也代表了最优秀的经验，这些经验不断地创新和固化后，又能提升低水平的人的产出。

总之，流程不依赖于英雄，是强调通过流程来实现组织产出的稳定性，减少和避免意外事项的发生，这并非要替代技术骨干或降低技术骨干的重要性。

3.3 流程和岗位作业说明是什么关系

很多公司以岗位为中心建立流程。比如，产品研发部设计了系统工程师工作流程、测试人员工作流程等。每个流程都从产品规划开始，到产品发布上市结束，将产品开发过程中涉及该岗位工作的活动都描述一遍。

这其实是岗位作业说明，不是业务流程。流程是从业务角度来看，将业务开展过程中涉及多方分工与协作的工作分解开来，并描述清楚。岗位作业说明是从执行者的角度来看，将该岗位在各个流程中所需要承担的工作进行集中描述。

先有业务流程，然后才会有岗位作业说明。前者是多人工作分解，后者是个人工作集中。一般来说，业务流程建设完毕后，将相应岗位参与的活动集中起来，就是该岗位的作业说明。

但是，在业务组织过程中，往往会有一些岗位的工作和其他岗位的协同较少，独立性和专业性较强。比如，产品研发过程中的质量管理、成本管理、知识产权管理等。对于这类工作的流程设计和岗位作业说明有较大的重合度，这会带来理解上的困扰。

在研发组织架构下，这类工作也常常设计专业的职能部门来管理。更进一步来理解，两者在流程架构上即会产生区别。在后文我们会谈到，针对某个模块设计流程架构时，有三种逻辑结构，分别是按阶段划分、按场景并列、离散罗列。无论是按阶段划分还是按场景罗列，都是对业务分工协作的描述；而和岗位作业说明类似的流程设计，往往在架构分解时属于离散罗列部分。

如图 3–1 所示为某公司的研发流程架构，在二级流程中，前五个是按照业务过程分解的，第六个则是将分工较少、集中较多的工作用离散罗列的方式呈现。这两者在价值定位上也有区别，前者为直接的价值创造过程，后者是支撑价值创造的流程。

图 3–1 分工较少集中较多的工作在流程架构分解时的体现

在上述研发管理过程中，如果将系统设计工程师、硬件研发工程师、软件研发工程师等岗位的活动分别提取出来，组成一条流程，则会形成一个似是而非的流程。这样的流程设计方式完全违背了流程的初衷，颠倒了因果关系，没有体现专业分工与相互协作的本质。只有理解了流程和岗位作业说明的关系，在流程设计的时候，才能超越组织和岗位的局限，站在业务角度，去思考业务运转的本质。

3.4 流程和部门是什么关系

很多人认为部门的流程不是流程，跨越部门的端到端的流程才是流程。这样的看法有一定的道理，但只看到了流程的一个角度。

一方面，从流程的定义来看，流程是不依赖于组织的，是客观的业务过程，而组织是主观管理的视角，所以两者没有绝对关系；另一方面，我们通常认为部门的设置会带来边界，带来部门墙，而流程就是为了打破部门墙而生的，所以两者是对立的。

从这个角度上讲，“部门的流程不是流程”这个观点是有道理的。但是，这样的说法隐含了一个预设前提：即部门的设置是存在问题的，会阻碍端到端流程的运行。然而，任何部门的设置都有其合理性，部门的设置也是专业分工的体现，流程的设计也是专业分工的体现，两者是统一的。所以，部门的流程也是流程。从最小的管理幅度来说，只要是跨岗位分工的流程即有管理意义的流程。

而且，组织是分层级的，公司也是组织。公司的流程是流程，部门的流程自然也是流程。

此外，流程最终需要各个部门来落地运行，所以，脱离部门来设计流程很可能会是“空中楼阁”，最终无法落地。更进一步地说，流程是要被管理的，而流程管理也需要各个部门来负责或支持。

正确理解流程和部门的关系，对于设计好的流程非常重要，对于流程落地运行也非常重要，对于建立流程管理体系更重要。需要理解的是，流程和组织是相互影响的关系，良好的流程会促进组织更合理的分工，组织的设置也会反过来影响流程的设计和管理。

部门可以有流程，但不代表一条流程要分到各个部门各自独立建设。我们要避免进入这样一个陷阱：从部门视角来设计和建设流程。流程应该从业务出发，跨越部门，部门是流程中部分功能的执行者，而并非要将和部门相关的业务独立建设一条流程。这样容易造成流程割裂，甚至流程冲突，这违背了流程的本质和基本要求。

部门可以有流程，不代表各部门流程各自为政。我们要避免进入另一个陷阱：各部门流程绩效很好，但端到端流程绩效却很差。部门流程应该服务于端到端流程，至少不能与端到端流程产生冲突。部门流程应该遵从于共同的端到端流程目标，并在此基础上通过专业分工和相互协作提高产出效率和质量，以此达到全局最优。

3.5 把流程细化到活动和表单层级是否会大幅度增加员工工作负担

流程经过逐层分解后，在活动层级将产生对应的表单（含模板）。部分人认为把流程细化到活动和表单将大幅度增加员工的工作负担，影响工作效率。这是对流程落地和执行层面的认识，这种认识并非完全错误，但是不全面。在流程管理中，很多理论都需要联系具体的实际情况，结合一定的条件来看。通常，刚刚接触流程思想的人很容易将流程想象得非常完美，认为只要设计好流程，按流程办事，就能解决一切问题。比如，刚刚接触IPD 流程的人，会觉得这是非常完美的研发流程，只要把概念、计划、开发、验证、发布、生命周期管理每个阶段的流程都设计好，把表单设计好，让员工按照流程执行即可。但在实际推行过程中，便会发现，员工的工作比以前多了很多，跑流程变成了额外的负担，由此，会认为“把流程细化到活动和表单层级将大幅度增加员工的工作负担”也就不足为奇了。但这种认识缺乏对流程管理系统的理解，仅仅是从执行层面看到了单一的问题。

流程设计有一条原则叫作“主干简洁、末端灵活”，意思就是流程架构层面要尽量简单，不能纠缠于细节，而流程活动层面要考虑各种适应场景，并对每种场景设计流程活动和表单。这条原则隐含了另外一个意思：流程主干是不能过于灵活的，要保持稳定性；而流程末端是不会很简洁的，要能够指导具体的工作过程，这就需要大量模板和表单来支撑。

如前文所述，流程管理是为管理服务的，而不是为流程服务的。将流程细化到活动，并设计相应的表单，同样是为管理服务的。这个时候，我们要思考一下，我们管理的实际情况是怎样的？它需要哪些表单？它可以应用哪些表单？

仍然以研发为例，通过分析实际情况，我们可能会发现，在设计环节存在很多问题，而通过细化某些活动或增加一张表单就可以解决这个问题，那就将这个环节细化到活动和表单层级。同样，我们可能还会发现，在产品上市环节的评审过程中，缺乏统一的标准，而一张表单也可以解决这个问题，那就增加这个表单。至于我们是一次引入一张表单，还是一次引入一百张表单，具体引入哪些表单，这就是管理的实际情况，要根据现有流程、员工意识和习惯等来综合判断。

把流程细化到活动和表单层级，还要注意另一个陷阱，就是把表单设计得过于细致和僵化。针对活动设计表单有两个基本的原则：一方面，固化过程和方法；另一方面，实现产出的标准化和统一化。在满足这两个原则的基础上，过于细致和僵化的表单可能带来执行上的负担，不利于流程有效运行。

总之，将流程细化到活动和表单层级有很多好处，但要注意两个方面：一方面，根据公司的业务现状和流程管理所处的阶段来决定设计哪些表单；另一方面，在具体表单内容设计时，避免过于细致，偏离了表单要达到的目的。

3.6 流程和项目是什么关系

很多人认为项目管理做好了，就不需要流程了；也有一些人认为，把项目管理的流程设计好，就不需要业务流程了。这都是没有正确理解流程和项目的关系。我们从两个方面阐述这个关系。

首先，从两个概念的内涵来说，项目和流程有所区别但内在统一。流程和项目都是针对明确的目的和范围，通过多个角色共同完成一系列活动以完成价值的创造和交付。但流程是对多次业务过程的总结，指导业务持续重复运行；而项目是单次业务的执行过程，且执行过程在流程的指导和约束下进行。

其次，流程是业务运行的方式，项目是工作组织的形式，也是流程落地的方式。所以，流程和项目关系的本质是业务管理和工作组织形式的关系。换句话说，流程是模板，项目是实例；流程是项目的指南，项目是流程的具体实践；流程解决共性问题，项目解决个性问题。流程会管理业务过程中的人和事，项目也会管理业务过程中的人和事，但人和人不同、事和事不同，这是流程不会考虑而是需要项目去解决的。当然，流程建设的目的是尽量减少人和人的区别、事和事的不同，以此达到提高项目的成功率。

如图 3–2 所示，流程设计好以后，完整的流程包括九个活动。在执行过程中，可以多次启动项目实施。项目一采用的流程路径不包括活动 3 和活动 8，项目二采用的流程路径不包括活动 2、活动 6 和活动 7。进一步说明了项目是工作组织形式，是流程的单次执行过程。

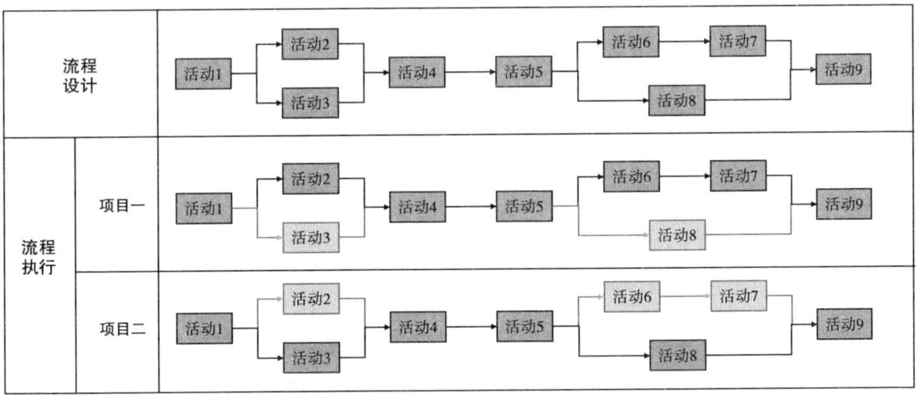

图 3–2 项目是流程落地执行的方式

理解了流程和项目的关系，在流程设计时要注意以下两个方面。

首先，要避免由工作组织形式代替业务流程。除了项目以外，常见的工作组织形式还有 PDCA 循环[①] 等。所以，我们经常看到一些简单流程大体上就是从立项到结项的项目组织过程；或者从计划、执行、检查到改进

① PDCA 即计划（Plan）、执行（Do）、检查（Check）、处理（Action）。PDCA 循环是由美国质量管理专家沃特·阿曼德·休哈特首先提出，由戴明采纳、宣传、普及，所以又称戴明环。最初主要应用于质量管理活动中，后来逐渐成为通用工作方法，即每一项工作都可以分为计划、执行、检查、处理并不断改善这样四个阶段。

的过程；又或者写一个文档，从编写、评审到返工的过程。用工作的组织形式来代替流程，很容易忽略业务的专业性，不利于发挥流程管理的优势。流程设计要聚焦业务中创造价值、有效产出的活动，要融合业务最佳实践。流程设计应体现业务特征，以及公司的差异化和独特性，而不是通用的工作过程。所以，一般情况下，应当优先基于业务过程来设计流程而不是以工作组织形式来设计流程。当然，并不是不能描述工作组织过程，因为工作组织过程本身也可以成为优秀实践，或者在工作组织过程中集成优秀实践。

其次，流程最终要通过落地来实现价值，所以在流程设计过程中也要考虑落地。项目是流程落地的形式，因此，在流程设计的时候就要考虑项目的相关要求。事实上，不管有没有 IPD 流程，产品开发都可以用项目管理的方式进行。在设计 IPD 流程时，要将项目管理过程、知识、技能、工具等和研发流程结合起来，使得在通过项目的方式执行流程时就是在应用项目管理方法。比如，在 IPD 流程中，可以有明确的项目立项、项目计划等活动，甚至会将分阶段立项和分阶段资源投入与释放设计到流程中。而分阶段立项和分阶段资源投入与释放作为工作组织形式，本身也是一种优秀实践。对于通过项目来落地的流程来说，流程一般会规定项目 WBS 里的一、二级内容，也规定了项目的大部分活动细节（如图 3-3 所示）。

总之，在流程设计时，既可以描述工作组织过程，然后把业务运行的方式方法融合到工作组织过程中；也可以描述业务运行方式，在其中融合部分重要的工作组织过程。前者如后文的流程成熟度评估流程；后者如 IPD 流程。无论哪种方式，流程的本质都是业务运行过程，其目的是通过管理解决专业问题。

理解了流程和项目的关系，并不代表在流程建设过程中要绝对地区分二者。对流程和项目关系的理解和应用，对应了企业不同的发展阶段。通常来说，可以分为三个阶段。

在初期，针对研发、交付等业务往往只设计一个项目运作流程来进行管理。也就是说，只有项目管理，没有流程管理。或者说，业务流程就是项目管理流程。如果能把项目管理好，这也是行之有效的管理方式。换句话说，在设计业务流程之前，先设计项目管理流程并无不可。

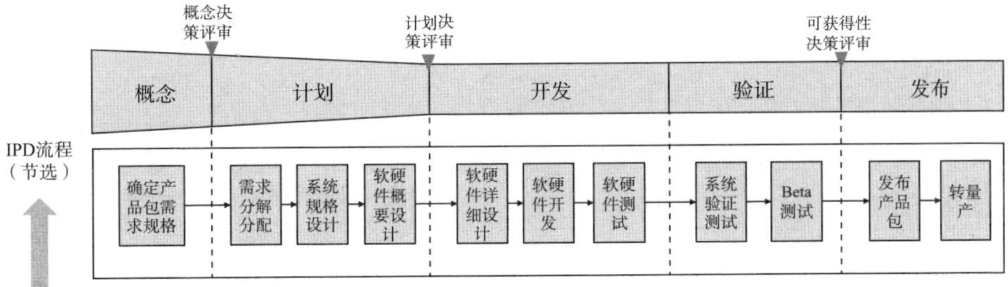

研发项目计划（节选）

一级任务	二级任务	开始时间	结束时间	责任人
概念阶段				
	确定产品包需求规格			
	概念决策评审			
计划阶段	需求分解分配			
	系统规格设计			
	硬件总体设计			
	软件概要设计			
	计划决策评审			
开发阶段				
	硬件详细设计			
	硬件实现			
	软件详细设计			
	软件实现			
	硬件测试			
	软件测试			
	系统集成测试			
验证阶段				
	系统验证测试			
	Beta测试			
	可获得性评审决策			

图 3-3　IPD 流程和研发项目计划映射关系

在中期，随着项目经验积累，在此基础上可以逐步总结出初步的业务流程。不断重复执行的项目，各有差异，有优秀的，也有一般的。对优秀的项目总结经验，对失败的项目或项目的失败之处进行根因分析，把经验和教训的应对办法都固化下来，以此形成业务流程。当然，业务流程并不是简单的项目过程描述，而是管理视角的转变。

在后期，也就是企业管理较为成熟的阶段，流程管理和项目管理会相互融合与促进。项目管理的独特优势决定了项目在流程落地过程中是非常重要的。以研发流程为例，IPD 认为产品开发是一项投资行为，除了在 IPD 流程各个阶段设置了相关的活动之外，在研发项目过程中，也会提出很多要求，来实现这一点。比如，研发项目通常不能百分之百按期结项，这就是以项目管理的节奏来落实流程对于研发过程节奏的要求。企业发展到这个阶段，流程是业务管理的策略，项目是业务管理的执行单元，两者相辅相成、高质高效的完成业务交付。

需要进一步阐述的是：虽然流程描述业务运行过程，项目是流程落地的方式，但并非所有业务都要用流程来描述，也并非所有流程都要用项目来落地。通常来说，流程针对较为成熟的业务，而对于新业务或者正在不断调整中的业务，既无经验可循，也往往是单次过程，所以完全可以用项目的方式来管理。对于成熟的业务，如果在较小范围内可以独立完成，从管理成本的角度来考虑，也并不一定就要用项目的方式来运作。在谈到流程设计与优化时，“集成”是非常重要的概念和方法。一般来说，所有集成的业务流程，都适合用项目的方式来运作和落地。

PROCESS MANAGEMENT & BUSINESS

第二部分　设计和优化流程

第 4 章 | 设计流程架构

4.1 设计流程架构的准备和输入

根据前文对流程架构的定义和理解，在设计流程架构之前，我们要做以下准备，作为流程架构梳理的输入。

第一，对业务的理解。流程承载业务，业务是流程管理的对象，所以，对业务的理解将影响并完整地反映在流程架构上。

流程是对业务工作开展过程中分工与协作的设计，这是一个主客观统一的过程，所以，理解业务应从这两个方面入手。

首先，是客观的业务过程。概括来说，业务过程的理解要回答以下三个问题：

其一，回答“what”，即企业为客户提供哪些价值，包括产品和服务等。企业产出内容代表了企业所处的行业，产品的特征决定基本商业模式。比如，同样是提供软件相关服务，提供的产品是部署在客户本地，还是部署在企业云端，提供的产品是交付后只需维护系统正常使用即可，还是需要企业持续在线提供运营服务才能使用，这些不同的特征决定了企业的业务过程是不一样的。

其二，回答“how”，即企业如何提供上述价值，包括研发、制造、销售、交付等过程。产品和服务决定了企业基本的业务过程，但企业仍然可以选择不同的模式。比如，同样是提供安防产品和解决方案，企业可能只是某个大品牌的代理，只有采购和销售作为业务过程，也可能包括研发和制造在内，提供全部业务过程，而不同的模式在流程架构上不仅仅是体现内容的有无，对于各模块之间的接口关系也有完全不同的要求。

其三，回答“why”，即上述内容和企业的愿景如何匹配，和经营目标如何匹配。同时，也要回答在上述内容中，哪些是企业的差异化特征，哪些是企业的核心竞争力，哪些是支撑企业过去成功并能在行业中保持相对地位的关键部分。在这个问题中，要充分分析企业和竞争对手的优劣势，是企业的战略管理最厉害，还是企业的技术能力领先，或者是企业的制造品质最佳，抑或是企业的供应链布局和渠道建设效率最高。没有两家企业是完全一样的。

业务过程也体现了企业在整个行业价值链条中处于什么位置和上下游是什么关系，以及如何为上下游创造价值。

具体来说，我们可以借鉴“波特价值链分析法”（如图 4–1 所示），从业务增值的角度把企业活动分为基本活动和支持性活动。基本活动涉及进料物流、企业生产、发货物流、销售、服务。支持性活动涉及企业基础设施（财务、计划等）、人力资源管理、研究与开发、采购等，基本活动和支持性活动构成了企业的价值链。

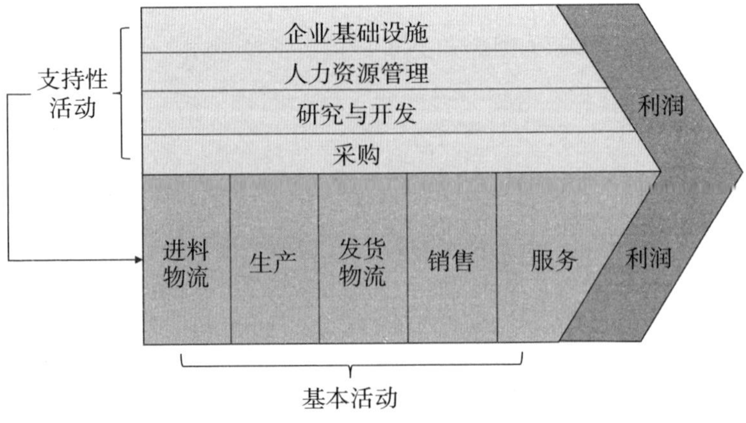

图 4–1　波特价值链分析法

其次，是主观的管理思想和要求。流程承载管理者的价值观和经营理念，体现管理意图和偏好。所以，流程架构设计需要管理层的充分分析和探讨，在上述三个问题的基础上，澄清体现管理层对企业经营的判断和选择。如果当前行业处于政策红利期，市场呈井喷式扩大，这时企业会倾向选择重视供应链建设，把快速交付放到首要位置。而如果行业进入饱和期，各企业在存量市场下竞争，这时企业会加强营销建设，也会在研发和供应链环节加强成本控制建设，更进一步的，会在深入分析行业现状的基础上，寻找支撑自己立足的相对优势。

当然，也有一些选择与对外界的判断无关，那就是管理者内心坚守的价值观和偏好。比如，管理者认为产品质量是不可侵犯的底线，既不因为市场扩张供不应求而简化制造流程，也不因市场收缩而降低成本牺牲工艺要求。

如果说上文客观业务过程中回答“why”的环节，更多的是体现了过去和现状，那本环节更多的是对未来的设计，是流程架构对业务前瞻性的体现。

对业务理解，主客观会有一个相互印证和统一的过程。企业管理者认为的核心竞争力和实际业务体现的主要价值可能不一致，这就需要在流程架构设计过程中进行充分的探讨，输出一个兼顾现状和前瞻性的流程架构。

对业务的理解，通常是对企业战略的解读过程，代表了对行业特征的理解，代表了对企业核心价值与竞争力的理解，代表了对企业差异化优势的理解。正是基于此，流程架构才能承载企业战略在管理方面的要求，才能成为指引业务变革与管理改进的基础。

第二，对组织的理解。组织是业务的执行者，是流程架构的载体，也是流程架构梳理和设计的主体。同时，组织也反映了管理者的主观管理思想，是最基本的分工与协作，会影响流程架构设计。

对组织的理解也要回答三个问题。

其一，回答“what”，即企业有多少个一级组织，分别是哪些组织，每个一级组织又往下分为多少层级，每个层级有哪些组织。这是对组织最基本的理解。

其二，回答“why”，即每个组织为什么而存在，贡献什么价值。具体来说，组织的主要业务目标是什么，关键考核指标是什么，组织的职责包括哪些内容。

其三，回答“how”，即组织如何实现上述价值。包括组织主要的业务功能和活动，关键岗位及其任职资格要求，组织和其他部门的业务关系和工作界面。

业务理解是连贯的，组织却有离散性。换句话说，组织除了支撑连贯的业务过程，还有一些离散的职能，通常体现在赋能型工作上。因此，对组织的理解，可以更好地确保流程架构的完备性。当然，对组织的理解也是随着对业务的理解和分解逐步深入的。

很多人认为流程架构不受组织的限制，其基本理解是流程架构尊重业务客观现实，是端到端的视角，而组织是职能管理，是垂直视角。这种认识本身没有问题，但过于教条。如前文所述，流程架构为组织规划和建设提供指导，这正说明流程架构受到组织设置的约束，只是当这种约束不符合业务过程最优化的时候，会反向推动组织改进。

组织不仅仅是流程架构梳理和设计的输入，也是流程架构梳理和设计的主体。流程架构梳理的访谈通常以组织为单位进行。对组织的理解不仅是架构输入的呈现，在架构输出以后，这种理解也可以用来验证架构的完备性、合理性。这是因为组织设计本身就体现了管理者的管理意图和主观选择，如上文所述，是主客观统一的过程。

通过对业务及组织的理解，确定企业主要分工与协作规则，是设计流程架构的准备和输入。我们往往重视业务过程的分解，需要特别强调的是，设计流程的准备工作并非只有业务的分解与输入 / 输出关系，还应考虑统一的管理思想、客户目标、管控要求等，并以此指导流程架构逐层逐级分解以及最终末级流程设计。

4.2 设计流程架构的过程和步骤

自下而上梳理和自上而下设计，构成了流程架构输出的总体过程。

自下而上包含两层意思。首先，是指调研的层级方向，是以流程执行层为主，通过广泛调研来输出业务现状，当然也包括了各层级管理者对业务的理解。其次，是指流程的输出方向，先识别任务和活动，再输出末级流程，然后往上拼凑成一个个流程组。这个过程既可以从业务流向入手，也可以从现有部门设置及职责分析开始。

自下而上是一个拼凑积木的过程，是对一个现状进行梳理并归纳的过程。

自上而下也包含两层意思。首先，是指访谈对象是企业的高层管理者，通过深入沟通，来理解企业的战略意图和管理期望。其次，是指流程架构设计的方向是从上往下逐层分解的过程，先设计好一级流程，再分解至二级流程，然后往下分解至三级流程。这个过程以梳理的结果为基础，以企业战略意图和管理期望为牵引，通过综合使用多种方法来开展。

自上而下是一个构建积木的过程，是一个蓝图设计、分解的过程。

梳理为设计提供了基础，设计是对梳理的归纳和调整。两者并没有严格的先后顺序，通常是同时进行并相互促进的。

关于访谈的一般过程和方法，我们在后文流程管理与业务改进章节进行了阐述。本章节主要阐述流程架构设计的一般过程和常用方法。

流程架构输出具体可以分为以下三个步骤。

第一，现状梳理。

现状梳理是解读业务现状并呈现出来，通常先将业务场景穷举出来，并列出每个场景的主要活动，然后再对主要活动进行抽象和整理。

一个企业的业务场景通常有上百个，如果以部门为单位来看，通常也有十几个或者数十个。

某企业的主要产品是一款学生在线学习平台，通过梳理，其主要业务场景如下：举办线下活动→收集家长信息→电话拜访家长→为学生开通试用账号→试用过程跟踪辅导→试用结束推介产品→家长购买产品→为学生开通正式账号→售后服务。

在上述主要业务场景之外，还有很多次要业务场景，如：客服接到家长咨询电话→客服介绍产品→家长购买产品；客服接到家长电话要求退订产品→客服二次劝导无效→关闭学生账号→办理退费；等等。

同时，上述场景还可以继续往前后扩展，往前扩展到市场调研、客户群分析、活动策划等，往后扩展到学生试用产品分析、为学生定制个性化方案、推介新产品等。

业务场景梳理是流程架构输出过程中工作量最大的环节，基本要求是“完整覆盖”。为了做到这一点，业务场景梳理是通过穷举的方式进行，在对业务内容和流程架构都有较好理解的情况下，有些场景在梳理过程中就会进行合并。值得注意的是，缺乏经验的时候，不要轻易对业务活动进行合并。

业务场景列举的活动，通常是非常具体而细致的，这就会出现两个特点：一方面，相类似的活动出现了不同的名称；另一方面，活动的顺序严格按照场景中实际发生的顺序。

因此，需要在业务场景基础上进行一定的抽象和整理。

抽象是把相类似甚至相同业务内容的活动合并成一个，整理是指通过将相同的活动取交集、不同的活动取并集的方式把不同业务场景合并成一个。

比如，某企业的主要业务场景梳理为以下四个（如表 4–1 所示）。

表 4–1　某企业业务场景梳理

序号	业务场景
1	开发产品→需求计划→采购原料→生产零件→组装成车→库存管理→销售管理→渠道发货→收款入账→收货服务
2	开发产品→需求计划→采购原料→生产零件→组装成车→库存管理→销售管理→终端发货→收款入账→收货服务

续表

序号	业务场景
3	开发产品→需求计划→销售管理→采购原料→生产零件→组装成车→渠道发货→收款入账→收货服务
4	开发产品→需求计划→销售管理→采购原料→生产零件→组装成车→终端发货→收款入账→收货服务

通过仔细分析，我们发现，渠道发货和终端发货内容相似，于是合并成发货管理。接下来我们发现四个场景中，有九个活动是一样的，仅仅是顺序有所不同；同时，库存管理这个活动只存在两个场景中。针对前者取交集，针对后者取并集，我们将四个场景合并为一个：

开发产品→需求计划→销售管理→采购原料→生产零件→组装成车→库存管理→发货管理→收款入账→收货服务。

将上述过程用图形表示，如图 4-2 所示。

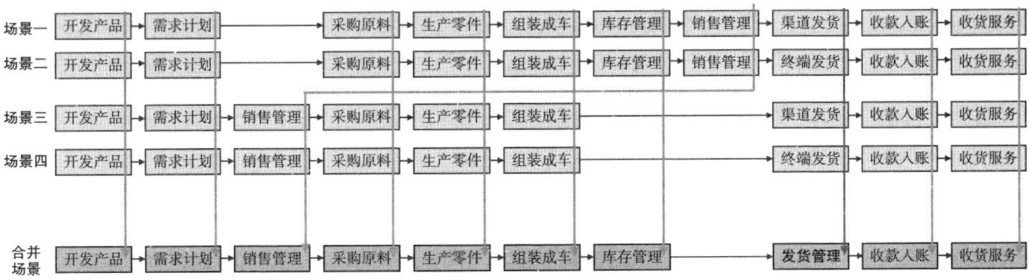

图 4-2 从场景梳理到合并场景

第二，架构设计。

第一个步骤完成后的交付内容是一个个平铺而零散的活动，架构设计就是将这些活动基于能力需求往上汇聚，逐步形成层级结构。比如，将线上运营活动、线下运营活动、客户推荐、展会举办等汇聚成市场管理。在这个过程中，一方面，要找到同一层级活动的逻辑关系；另一方面，和标杆架构进行匹配比较。比如，市场管理下的活动仍然零散，在进行分析和对标后，将其分解为活动策划、活动开展、活动评估。

同一层级活动的基本要求是逻辑自洽，这反映了管理的完备性。同一层级的逻辑关系通常有三种。

其一，按阶段划分。比如，采购管理下分为采购需求管理、采购执行管理、物流与仓储管理等。

其二，按场景并列。比如，采购需求管理下分为办公物资采购需求、IT 硬件采购需求、IT 软件采购需求等。

其三，离散罗列。比如，行政管理下分为食堂餐饮管理、园区绿植管理、车队管理等。

第一种和第二种通常是针对运营执行类流程而言，第三种通常是针对使能类、支撑类流程而言。三种逻辑关系并非完全独立，也有同时存在的情形。比如，华为的一级流程即如此，IPD（Integrated Product Development）、MTL（Market To Lead）、LTC（Lead To Cash）、ITR（Issue To Resolution）是按阶段划分的，管理人力资源、管理财经等则是离散罗列。比如，采购管理下分为采购需求管理、采购执行管理、物流与仓储管理、采购审计管理等，前三个流程按阶段划分，后一个流程离散罗列进行补充。比如，客户服务处理下分为普通客户问题处理、大客户问题处理、客户满意度评估，前两个流程按照场景划分后，再和后一个流程按阶段划分。

和标杆匹配比较的结果，通常也有三种。

其一，企业架构有，而标杆架构没有。此时应该分析两者在进行分解时的逻辑是否不一样，标杆架构是否将相关内容放在其他流程中。

其二，企业架构没有，而标杆架构有。此时应该分析企业架构分解的过程中是否有遗漏。

其三，企业架构和标杆架构不一致。此时通常是双方的理解和管理逻辑不一致，应该仔细评估是否标杆架构更为合理。

出现上述三种情况，要么是管理逻辑不一致，要么是业务成熟度所处的阶段不一致。如果业务成熟度能够满足要求，应该尽量和标杆保持一致，而在此基础上，也应突出自己的差异化特点、核心竞争力以及管理偏好。

流程架构设计最关键之处在于管理者和业务专家的参与以及流程架构师的经验。管理者和业务专家代表对业务的深刻理解，流程架构师代表对流程架构设计思想以及业界标杆优秀实践的经验，两相结合，才能保证流程架构的设计质量。

第三，验证调整。

场景穷举通常是针对业务价值创造的端到端过程。为完整支撑价值贡献，每个模块下通常还会有运营、使能类流程，而这些流程往往被遗忘，因此需要补充。从哪些方面进行补充呢？一方面是从业务完备性角度考察，当下所梳理的流程架构是否足够支撑业务过程；另一方面是从组织职责角度验证，将所梳理的流程架构和现有组织职责分工进行匹配，看看现有组织职责是否被完整覆盖了。比如，LTC 流程下，除有管理线索、管理机会点、管理合同执行等价值创造过程外，还有管理授权与行权、管理项目群、管理合同生命周期等管理运营和使能类流程。比如，研发管理下，除产品概念定义、立项计划、设计开发、测试验证、上市交付等业务过程外，还增加一个研发支撑管理流程，下面包含了评审管理、质量管理、成本管理以及 RoHS 管理等内容。

通常而言，进行现状梳理和架构设计的时候，输出结果大多是按场景或者按阶段呈现的，而在验证调整环节，会补充一些离散罗列的内容。

4.3 设计流程架构的原则和方法

理解流程架构设计的原则和方法，才能真正理解并灵活运用上述流程架构设计的过程和步骤。

流程架构设计的原则是“主干简洁，末端灵活”。

什么叫主干简洁呢？就是一、二级甚至三级流程要统一而抽象。统一的意思是全公司各个事业部都基本一致，甚至全行业各企业都差不多，甚至不同行业都具有相似性。比如，所有的企业管理都是管人、管事、管钱。只有高度抽象才能做到统一，只有统一，才能做到简洁。

所以，我们在设计高阶流程的时候，往往会采取标杆参考的方法。标杆分为两类，第一类是跨行业的优秀企业，代表企业管理的通用性，如大部分企业在选择跨行业标杆时通常会选取 APQC 流程或者华为流程；第二类是行业内的领先企业，如家电行业的美的、工程机械行业的三一重工等。

高阶流程的通用性是管理发展到一定水平的结果。以新产品开发为例，IPD 将产品开发分为六个阶段：概念、计划、开发、验证、发布、生命周期管理。这六个阶段可以对应六个二级流程。事实上，不论哪个企业的新产品开发过程都可以对应到这六个阶段，当然阶段名称可能各具特色。不同的只是有些企业流程上有缺失，如没有开展生命周期管理；又或者有些企业对部分活动归属阶段的定义不一样，如内部测试到底放到开发阶段还是验证阶段。

什么叫末端灵活呢？

前面谈到流程架构的特征之一是完全穷尽且互斥，末端灵活就是指在三、四级流程要完全穷尽业务场景，保证每一种业务场景都有对应的流程。

某企业在设计供应链流程架构时，将出入库场景梳理分为以下步骤。

第一步：库有哪些？共有三种仓库，包括总部仓、加工厂仓及不合格品仓。

第二步：料有哪些？共有两种物料，包括原材料和成品。其中，广促品出入库和成品一致，梳理时不做区分。

第三步：出入库场景有哪些？在这里有两个思路。第一个是从业务发生过程来看，第二个是从出入库动作来看。前者是连续的过程，如原材料采购入总部仓，然后总部仓调拨出库，再到加工厂仓调拨入库，这就是一个连续的业务过程。后者是离散的动作，如加工厂仓的原材料入库操作有采购入库、调拨入库、生产退库、盘盈入库。这两种思路并不相互排斥，也没有绝对的先后顺序，而是一个相互印证和补充的过程。通过这两种思路，最终呈现出业务场景图。

如表 4–2 和表 4–3 所示，就是按出入库动作梳理的业务场景。

表 4–2 入库场景梳理

物资类型	本部仓	加工厂仓	不合格品仓
原材料	采购入库 生产退库 直发工地入库 盘盈入库	采购入库 调拨入库 生产退库 盘盈入库	生产不良退库 点检不良退库
成品	采购入库 生产入库 直发客户入库 客户退货入库	生产入库	客户退不良品入库

表 4–3 出库场景梳理

物资类型	本部仓	加工厂仓	不合格品仓
原材料	生产领料出库 零星领料出库 调拨出库 直发工地出库 盘亏出库 呆滞报废出库	生产出库 调拨出库 盘亏出库 呆滞报废出库	退供应商出库 报废出库
成品	销售出库 领用出库 呆滞报废出库	销售出库 呆滞报废出库	退供应商出库 报废出库

我们看到上表对场景的梳理非常细致，出入库场景加起来共有三十多个。那是不是每个场景都需要一个流程呢？当然不是。场景细分梳理后要进行场景整合。

场景整合通常对业务过程进行分析，如果几种场景的业务过程是一致的，那就是一个流程。比如，上述出入库流程场景中，成品采购入库和原材料采购入库的流程是一致的，那这两种场景可以合并为采购入库流程；

调拨出库和调拨入库是连续的业务操作，也可以合并为物料调拨流程；生产退库和生产不良退库的过程也是一致的，可以合并为生产退库流程。

场景整合还有一个思路，就是从用户理解的角度出发，场景不宜过多和过于复杂。比如，某企业梳理一个OA（Office Automation）审批流程，发现审批者可以有以下几种操作场景：不通过，且返回至发起人；不通过，且返回至上一节点；转给其他人办理，不再回到当前节点；转给其他人补充意见，再回到当前节点；通过。由于这五种场景确实对应了五种不同的处理方式，因此，业务分析人员没有进行整合，而是实现上述五种场景，并依次命名为：打回、返回、转批、转办、通过。但是，该流程发布以后，各级领导在执行审批操作的时候，都不明白这五种操作是什么意思，这就是由于场景过于细致导致用户无法接受。因此，在这种情况下，应该对场景进行整合。这个案例虽然是流程中某一个活动的场景细分，但对于流程架构的场景细分来说，也是同样的道理。

关于场景整合的两种思路也不是相互排斥的，在应用过程中常常综合使用。通常，企业的第一版流程架构以呈现业务现状为主，这时候更多地考虑从用户角度进行整合。在后续演进过程中，随着业务模块的成熟、流程架构能力的提高，会更多地考虑从业务过程来进行整合。

流程架构设计的核心问题是如何将一个高阶流程分解为若干个低阶流程。

到底分解成多少个？分解成哪几个呢？这并无固定的答案。对于单个流程来说，分解为哪些活动，通常是从人员分工及能力聚焦的角度去考虑，因为活动分解体现的是专业能力。对于流程架构分解，体现的是管理的分解。将管理上具有一定集成度的内容放到一个模块，当然管理也是基于专业和能力进行集成的。比如，对产品开发管理往下分解时，测试通常会作为一个独立的模块呈现，因为测试是一个独立的能力集合，也对应了相应的测试部门。

基于业务能力要求和组织能力现实进行分解和组合，是流程架构分解的核心思想。这是一个主客观逐步统一的过程。业务能力的要求是客观的，可以理解为最佳的业务实践，组织能力现实是企业的主观现实，两者相互匹配并统一，就得出了架构的分解。在具体操作过程中，常常有两种思路：按阶段划分和按场景划分。这两种思路在前面均已提到，这里再提供一个案例进行补充说明。当我们在考察采购管理的向下分解时，如果从阶段的角度考虑，通常会划分为采购需求受理、采购执行、付款处理等模块；如果从场景的角度考虑，则可能会划分为大宗原材料采购、办公用品采购、IT 硬件类采购、IT 软件类采购等模块。如果采购管理的组织或人员分配是按照阶段来进行的，那就按阶段划分；如果采购管理的组织或人员分配是按照物料类型来进行的，那就按场景划分。

回过头来想想前面提到的流程架构指导组织建设的作用，和此处是一样的原理。流程架构怎么分解，通常对应了现有组织的设置，而这背后的逻辑正是管理思路及人员能力的现状对客观业务逻辑的反映。

当然，按阶段划分和按场景划分两者并不矛盾，二者通常相互结合使用。

流程架构分解以后，要从两个方面进行验证。

一方面，流程的目的是不是清晰的。也就是本流程要解决什么问题，这通常是上级流程分解时对它的期望和定义。流程目的决定了流程范围，流程和流程的范围不能重叠和冲突，而流程和流程的目的加起来，要能支撑上一级流程的目的。流程目的体现了管理者的管理思路和流程架构设计师的设计期望，具有较大的主观性。这正是流程架构虽然大体相同，但具体内容却千差万别的原因。

另一方面，流程之间的关联关系是不是清晰并合乎逻辑的。上下级流程称为“父子关系”，而同级流程之间的关系则包括上下游关系和输入输出关系两种。流程和流程之间的上下游关系通常满足以下条件：两者是按顺序执行的，且上游流程驱动或触发了下游流程的执行。也就是说，上游流程的结束，必定会导致下游流程的开始，两者是基于业务逻辑建立的关系。流程和流程之间是输入 / 输出关系，则只需要一个流程使用另一个流程的输出产物作为输入，两者是基于信息共享建立的关系。两种关系有时候并不需要严格区分，上下游关系往往包含了输入 / 输出关系。

流程架构设计的常规方法是 SIPOC。流程架构是逐级分解成模块的。对于每一模块都要求明确其范围、边界和输入 / 输出，SIPOC 常常被用作这一过程的分析。

SIPOC 是一个分析模型，由五部分组成：供应者（Supplier）、输入（Input）、流程（Process）、输出（Output）、客户（Customer）。

流程是我们要梳理的目标。围绕目标流程，供应者是提供关键信息、材料或其他资源的组织或者个人。供应者可以是外部的，也可以是内部的，如上道工序。输入是供应者提供的信息和资源。输出是输入经过流程加工后形成的产品（包括半成品和服务）。客户是流程输出的接受者，包括组织和个人。客户可以是外部的，也可以是内部的，如下道工序。

SIPOC 模型通过明确供应者和客户确定流程范围，通过输入 / 输出明确流程边界，通过对流程内部的分解来印证边界是否清晰、输入是否可靠、输出是否可达。从外部来看，从供应者到流程再到客户，是从组织维度来考察；从输入到流程再到输出，是从信息流的维度来考察。这是价值增值的过程。从内部来看，流程分解后的活动相互关联流转，实现流程价值增值。

SIPOC 模型如图 4-3 所示。

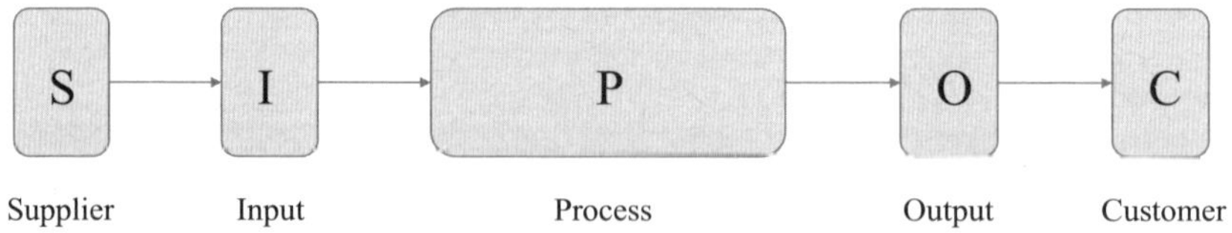

图 4-3　SIPOC 基本模型

我们在做流程架构分解时，常常将图 4-3 修改成以下模型（如图 4-4 所示）：

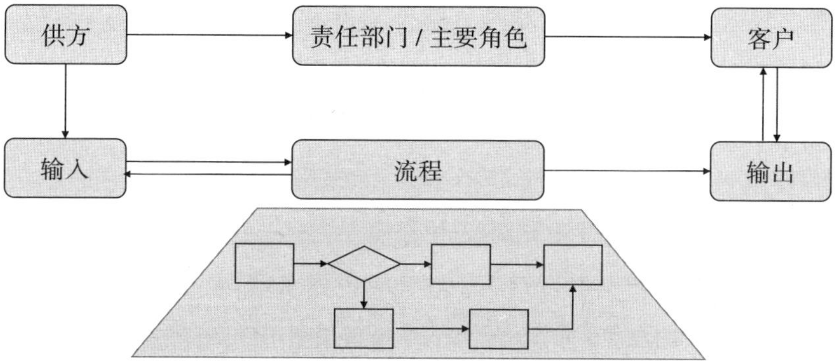

图 4-4　SIPOC 用于流程架构分解时的扩展模型

为什么要对模型进行修改呢？目的是将流程架构梳理过程更好地结合起来。修改后的模型和常见模型有以下几个显著区别：

其一，增加了“责任部门”，并将责任部门和“供方”“客户”关联成一条线，有利于明确本流程梳理过程中要调研的对象。

其二，增加了“流程”对“输入”的箭头，显性明确流程对输入内容的要求；增加了“客户”对“输出”的箭头，显性明确客户对流程产出的要求。这样，有利于在访谈和梳理过程中把握重点。

其三，增加对流程的初步展开，要求明确流程的起点、主要活动、终点。

与上图相对应的表格如表 4-4 所示。

表 4-4　SIPOC 模型表格形式

供方	责任部门 / 主要角色				客户	
输入	流程				输出要求	输出
	输入要求	起点	主要活动	终点		

应用 SIPOC 模型梳理流程架构并没有固定的步骤，通常是多个维度同时进行，并相互验证和调整。以下步骤可供参考：

第一步，确定流程的客户（下游流程）以及客户的期望，并把期望转换为具体输出及对输出的要求。

第二步，根据第一步的结果，结合流程的目的，确定流程所需要的输入以及上游供应者，并明确对输入的要求。

第三步，确定本流程的责任部门，以及流程的起点和终点，并对应到输入和输出。

第四步，确定流程主要活动，并和输入 / 输出的要求做验证。

在应用 SIPOC 模型的过程中，要注意以下事项：

（1）供应者和客户都可能有多个，输入和输出也可能有多个。

（2）输入、输出的要求通常可以量化为质量、成本、周期等方面。

（3）SIPOC 模型是一种通用方法，可以逐层逐级往下应用。

（4）SIPOC 是一种分析模型，是一种辅助的工具，并不决定流程架构如何分解。客户、供方的确定和流程范围有直接关系，而流程范围和流程目的又有直接关系，所以，明确各级流程的目的往往是首要的。

流程架构在设计过程中，还应注意以下事项：

（1）流程架构是设计出来的，梳理是设计的基础。梳理基于现状，设计兼顾未来。

（2）流程架构是系统性的分解和构建，不是“打补丁”式的添加。

（3）业务经验是流程架构设计必不可少的输入，也就要求有业务经验的人来设计流程架构。

（4）在同一层级，流程架构遵从一致的逻辑思路，且相互之间遵从完整互斥的原则。

4.4 流程架构设计输出模型

上述对流程架构设计的阐述，仍然是围绕分工与协作的本质展开的。

流程架构经过设计后，输出内容至少包括以下五个方面：

（1）每级流程的目标是什么？对目标的评价指标是什么？统一的目标

是流程有效的依据，是指导下一级流程一致行动的基础，必须先予以明确。

（2）每级流程要承载的管理思想有哪些？管理思想是管理者基于目标以及对业务的判断后采取的方针、政策和关键举措，将体现在各级流程中，并驱动各流程保持一致的节奏。

（3）每级流程所须遵从的管控要求有哪些？公司内部的总体管控规则、各职能体系的管控要求，以及外部法律法规要求，都要在每级流程中明示出来，并最终落实到末级流程上。

（4）每级流程的业务如何分工？也就是包括哪些下一级流程。分工是流程架构设计的重点，是主要工作之所在。分工既要考虑专业能力汇聚，也要考虑组织职能设置。分工最终要明确各流程的主要内容和边界。

（5）每级流程相互之间是什么关联关系？这是流程连通的基本要求，主要通过流程之间的上下游及输入/输出关系来表示。

综合上述五个方面，我们可以得到流程架构设计输出模型（如图 4–5 所示）。

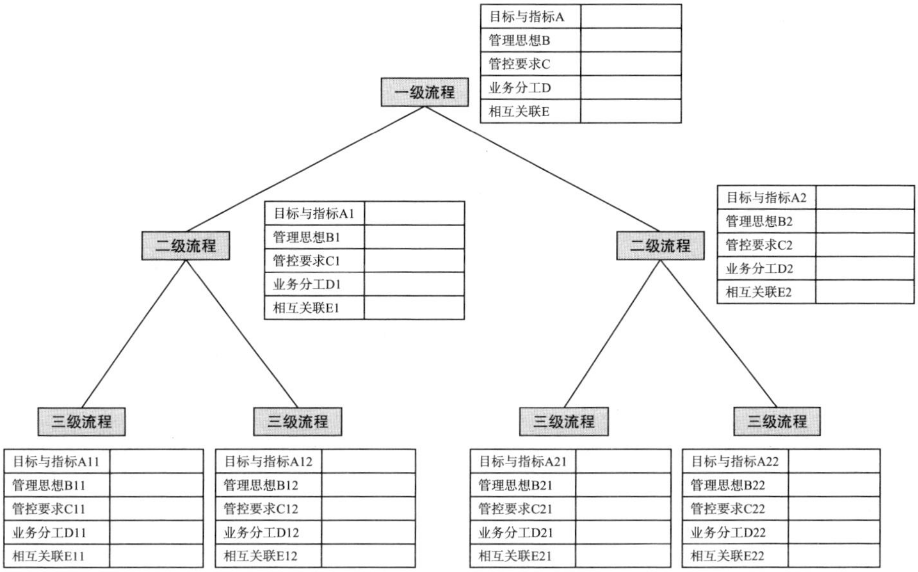

图 4–5 流程架构设计输出模型

从模型可以看出，流程架构输出的五大组成部分是逐层逐级往下分解的，下一级流程要承接上一级流程对应的五大组成部分，并进一步往下分解。在五大组成部分中，业务分工是核心和重点，正是业务分工主导了流程的逐层逐级分解，承载了其余四个组成部分的内容。

基于上述模型，流程架构最终输出形式可以是多种多样的。可以用流程架构说明书，也可以做成流程架构台账，对于流程架构上的单个节点，还可以用流程架构卡的方式集中展示所需信息（如表 4–5 所示）。

表 4–5　流程架构卡

流程名称	本级流程架构名称	**流程编号**	流程架构编号
流程责任人	流程责任人	**上级流程名称**	上一级流程架构名称
流程描述	描述流程的主要内容，澄清范围与边界，确定起点和终点，作为进一步分工协作描述的基础		
流程目的	描述流程要达到的业务目的，并给出评价指标		
管理思想	描述流程承载的主要管理思想		
管控要求	描述流程要遵从的主要管控规则		
业务分工	描述流程内部的主要分工，对于高层级架构，主要描述下级流程，对于低层级架构，将描述到具体的体现专业性的主要活动		
相互关联	描述流程的周边关系，主要是上下游关系及输出关系		

流程架构是流程管理的基础性资产，需要专人维护。一方面，指导流程开发，确保流程开发遵从流程架构；另一方面，根据业务发展更新流程架构。

流程架构不是一成不变的。随着企业战略调整以及管理重点的调整，部分流程可以相应地调整层级，得以在企业中获得与业务重要性相匹配的资源和地位，如将品牌管理从三级流程上升至二级流程；部分流程会变更或新增内容，如在研发积累了一定时间后，随着公共模块的增多，为提高共享效率，增加 CBB（Common Building Block，共用基础模块）开发流程。在流程开发过程中也会发现，流程架构设计中对场景的覆盖可能存在空白，需要不断补充修正。

流程架构更新时，为了减少变动，“打补丁”是非常常见的现象。但是，为了更好地发挥流程架构的作用，要进行系统性设计，避免一味的“打补丁”式的添加。费用报销流程是一条常见的流程，从费用报销申请到审批，再到付款结束。运行一段时间后，在付款环节发现，有些付款是计划外的，需要额外审批。于是，可以增加一个计划外付款审批流程。这样，对于计划外报销，需要先走报销流程，再走计划外付款审批流程。我们在重新审视的时候，就可以按照报销场景，分为两条流程：计划内报销流程和计划外报销流程。如此一来，既简单又清晰。

第 5 章 | 设计末级流程

5.1 从流程架构开始设计末级流程

根据前文对流程架构的阐述，末级流程是流程框架上的最后一级，直接指导流程执行者运行流程。末级流程是对流程架构的进一步分解与设计，因此，末级流程的设计是从流程架构开始的。

流程架构为末级流程提供以下信息，这些信息是设计末级流程的准备和输入。

第一，明确末级流程的范围和边界，起点和终点，这正是末级流程进一步往下分工分解的基础。

流程范围是指流程所覆盖业务范围或适用的业务场景，如办公物资采购流程的业务范围是“适用于办公类低值易耗品的采购需求申请、审批、订单及报销过程，不包括 IT 资产和桌椅等办公资产类采购”。如果流程范围不清晰，就容易出现交叉与混淆，为流程用户带来理解和使用上的困难。

流程必须有一个或多个起点，也必须有一个或多个终点。

流程的起点是指流程对应的业务发生的条件，也就是触发流程第一个活动的开始事件。流程终点是流程对应业务结束的条件，也就是最后一个活动所产生的结束事件。

如前所述，事件是触发一个活动的条件，这个条件通常用某个相关业务信息对象的状态来表示。起点和终点的本质是一种特殊的事件，也具有事件的特征。具体地说，流程不能开始于一个活动（动作），而应该开始于某个状态；流程也不应该结束于一个活动（动作），而应该结束于某个状态。

流程的起点和终点也可以是流程接口，即上游流程可以成为本流程的起点，下游流程也可以成为本流程的终点。由于流程应该开始于事件，结束于事件，所以，从本质上来说，是上游流程的终点事件成了本流程的起点，下游流程的开始事件成了流程的终点。换句话说，对于相邻的流程，起点和终点其实是流程之间的握手事件。

流程的起点和终点明确了流程的上下游关系，反映了流程在架构中的位置。所以，流程的起点和终点也是基于架构分解而来，并且是相互连接的。

流程的起点和终点也是流程业务流的起点和终点，是流程活动设计的依据，是流程进一步分工的基础。

第二，明确流程目的，并基于流程目的设计流程指标。

流程目的是指流程对所涉及业务的使命、目标有哪些贡献。如可行性分析流程目的是“识别项目各阶段重大市场风险、技术风险、财务风险，论证项目在财务、技术、供应链、营销渠道等方面是否可行”。

流程目的对流程组成要素影响很大。考察流程目的时，要关注流程的客户需求，关注流程的输出。具体来说，可以从提高准确性、时效性和降低运作成本等方面的贡献来考虑。

为什么流程目的很重要？因为不先定好流程目的，流程就可能会偏离轨道，最终达不到目的的要求。在流程设计过程中，如果目的不清晰，便会受到各种因素的干扰，最终做成一个庞杂的不断妥协的流程。

有了目的，就会有评价指标。没有指标的流程是没有意义的。而流程的指标一定要是基于架构设计时逐层逐级分解下来的指标，是从客户角度的评价指标。如果不明确这一点，单就流程来看流程，很容易设计出只聚焦于流程内部的管理指标。

第三，明确流程要承载的管理思想。

管理思想也是随着架构逐层逐级分解下来的，并最终分解到流程活动的设计中。不仅如此，管理思想所处的层级较高，通常是跨流程实现的，也就是一个管理思想会分解到多个流程中承载，这正是对流程一致性的要求。

第四，明确流程所需遵从的管控要求。

管控要求也是随着架构逐层逐级分解下来的，并最终通过独立的管控活动或者在业务活动中增加相关要求来落实的，这也是流程专业分工的体现。而一个管控规则也会在多个末级流程中具有关联性，需要多个末级流程共同执行，这样才能保证业务的完整性，保证业务整体符合相关的管控要求，这也是流程分工后相互协作的体现。

第五，明确主要的业务分工，也就是主要的关键业务活动。

根据流程目的、管理思想、管控要求可以明确流程的关键业务活动，这些活动组成了末级流程的“骨架”，为进一步的业务流设计打下基础。

第六，流程的输入和输出。

如前文所述，流程的输入是指流程的加工对象，流程的输出是交付给客户的产出物。通常来说，流程的输入和输出与流程的起点和终点相伴随，但在少数情况下，在流程中也可以产生输入和输出。

流程的输入和输出，这是基于流程架构对相互关联的设计，是流程信息流的起点和终点，是设计流程关键活动及分析流程是否贯通的基础。

流程架构是末级流程设计的起点，为末级流程设计提供了准备和输入。从流程架构到末级流程，是管理视角到执行动作的逐步过渡。上述六个方面既体现了“流程是为业务管理服务的”，也体现了“流程管理是管理者的基本工作”。

5.2 设计末级流程的过程和方法

末级流程是单个流程，设计过程比流程架构要简单。通常来说包括以下两个步骤。

第一步，由主设计者根据流程架构确定前文的六项信息，这六项信息可以当作末级流程的概要设计。主设计者一般是由流程责任人或流程架构师担任。

第二步，由主设计者组织末级流程涉及的相关岗位对流程内容进行详细设计。这个过程是末级流程专业分工与相互协作设计的具体过程。根据流程的技术定义，这个过程重点是业务流和信息流的设计。这个过程需要注意不能缩减为一个人画一个流程图的工作。一方面，相关岗位都应该参与设计过程，这是各岗位专业性的体现及各个岗位相互之间达成一致的过程，这是流程后续顺利落地并持续运行的基础。另一方面，流程设计的产出不仅是一张流程图，还包括其他一系列信息，在下一节我们会具体谈到。

详细设计之初，通常会勾画流程草图。草图只需要描述流程的起点和终点以及主要活动即可。草图是详细设计的基础，既可以防止详细设计偏离方向，也可以防止在流程细枝末节都设计好了之后才发现流程定位就有问题。这样，可以尽量减少返工。

详细设计的重点是设计业务流和信息流。承接概要设计的内容，流程起点和终点对应了业务流设计，流程输入和输出对应了信息流设计。

业务流由活动组成，并包括活动和活动之间的相互关系。业务流设计要注意以下几个方面：

第一，**业务流设计的首要原则是清晰表达业务过程。**清晰意味着合乎逻辑并且简洁明了。在流程设计过程中，往往走向两个极端。其一，太过细致而琐碎，如流水账般。这又包含两种情形，一种是什么都画下来，另一种是体现活动间绝对的顺序。其二，过于笼统的概括，不体现业务特点和重要细节。这种做到极端就会发现很多流程都完全一样，如全是 PDCA 四个活动。

流程设计介于这两个极端之间，怎样才能把握好颗粒度呢？这得从流程的本质来看。

第二，**流程的本质是专业分工，所以活动设计的本质是体现专业性并进行专业的分工。**具体来说，也就是体现优秀实践并承载管控规则。当一个工作体现了对应人员的专业性，就应当在流程图上画出来，而一些众所周知的次要的工作则没必要在流程图上画出来。我们通常从以下三类活动进行分析。

其一，关键成功因素。承接概要设计中的流程目的，哪些工作决定了流程目的可达，哪些工作就是关键成功因素。比如客户服务流程，是什么决定了客户问题得到解决？是服务工程师的专业服务。所以，无论是远程解答客户问题，还是现场诊断与维修，都是应该识别出来的活动。关键成功因素一般体现了专业人员的“经验固化”，包括专业知识、个人经验，如常见服务问题指南、产品手册等。

其二，关键控制点。除了关键成功因素，还需要识别流程中存在哪些风险，并制定相应的规则进行防范，这就是关键控制点。关键控制点既包括直接导致流程目的不可达的风险，也包括企业整体的风险管控要求。比如客户服务流程，在服务过程中进行现场维修时，存在服务工程师私自更换第三方配件的风险，于是将配件更换从现场诊断与维修活动中拆解出来，并增加相应的控制手段。关键控制点有两种情形，一种是在原本就存在的活动中增加控制规则，另一种是专门新增控制活动用于防范风险。

其三，问题高发区域。流程是需要人来执行的，设计得再好的流程在执行过程中也可能会出现问题，针对这些问题需要制定防范措施，这就是问题高发区域。比如客户服务流程，接听客户电话时，由于服务用语不当容易造成客户满意度下降，是容易发生问题的地方，对应的措施是设计相应的客服话术，规范常用语言，禁止负面语言。

关键成功因素是从正向对决定流程成功的因素进行审视，关键控制点是从逆向对阻碍流程成功的风险进行审视。两者都是从业务的客观角度分析。问题高发区域则是从人的主观角度分析可能的风险并进行防范。

关键成功因素是流程中为客户直接创造价值的活动，重点是沉淀经验，做到更高效率更高质量地创造价值。关键控制点是流程中存在的重大的客观风险点，有一定的发生概率而且很难杜绝，重点是识别和预防，通过设置规则来防范。而问题高发区域则属于主观意识问题，往往是态度问题，是完全可以杜绝的，重点是制定规则和加强教育，通过约束人的行为来为其进行防范。

三类活动是三个设计思路，并不是相互割裂的，一个活动可以既是关键成功因素，又是关键控制点，还可以是问题高发区域，但通常不应重合在一起。

第三，**活动之间的关系即分工之后的相互协作**。活动之间的关系代表流程的流转路径，分为三种：串行、并行、协同。串行是指两个活动依次进行，只有第一个活动完成了才能开始第二个活动。并行是指两个活动分别独立进行，互不依赖。协同是指两个活动相互依赖并同时进行，需要活动的执行人员相互支持配合。

业务流从流程的起点开始到流程的终点结束。这意味着流程中不存在孤立的活动，即每一个活动都要有上游活动，上游活动可能是起点，也可能是其他活动；每一个活动都要有下游活动，下游活动可能是终点，也可能是其他活动。

业务流往往是交叉并行的，即流程存在多条路径。

信息流是由活动的输入 / 输出组成的，也就是业务对象对应活动价值的创造。信息流的设计要注意以下几个方面：

第一，业务对象需要设计模板。模板本身也是一种工具或方法，是活动中优秀经验固化的体现。模板有固定的格式，对格式承载的内容也有解释描述，并通过样例指导填写。通过模板，可以让流程的要求更加明确具体，让新人更快理解和执行流程，最大限度统一不同人员执行流程的输出结果。

第二，业务对象需要标注状态。状态可能是整个文档的状态，也可能是其中某个字段的状态。状态反映了信息的变化，体现了活动的价值。信息流的状态，就是前文所说的“事件”。严格来说，活动和活动之间需要“事件”来连接，只是有时候我们没有显性地表达“事件”。活动通常是一个动作，状态是对活动产出结果的评价。动作不加上结果，则无法评价执行的效果，往往影响流程落地推行的效果。

第三，业务对象需要系统承载。业务对象是IT系统的数据，是IT系统运行的基础。具体的业务对象通常不仅仅对应到IT系统，而且应细化到相应功能模块。标注IT系统时，不一定要标注在业务对象上，也可以标注在输出业务对象的活动上。识别业务对象对应的系统，既可以指导后续信息化的规划及实现，也可以为流程落地推行与审计检查奠定基础。

活动之间的流转伴随了信息流的变化；信息流的变化即信息状态的变化，这就是事件，事件又决定了活动往哪里流转。所以，信息流的设计和业务流的设计并不是分割开的两件事情，而是相辅相成的一件事情。

设计业务流和信息流的过程有三种组织方式。

第一，对流程涉及的各个岗位人员一一访谈，整理访谈结果并进行重新设计后，再和访谈人员确认一遍。

第二，将流程涉及的各个岗位人员召集一起，通过共同研讨工作坊的方式，现场完成设计。

详细设计的关键点是达成一致，这也是为什么需要相关岗位人员的共同参与。活动的设计及活动之间的关联关系，本质是分工与协作，而活动的输入 / 输出本质是相互认可，所以，共同参与并达成一致是流程设计有效的保证。

完成上述步骤，就完成了流程的主体结构，接下来需补充相关信息。

首先，要补充的是业务流中部分不可忽略的活动。前面我们设计了三类活动，这是主要的、不可或缺的活动。但在这三类活动之间，还有一些活动是不可忽略的，必须将其体现出来，否则流程就是不完整的。补充不可忽略的活动同样要遵循简洁明了的原则，不可太过细致和琐碎。

其次，要补充的是活动的具体描述。活动是流程承载优秀实践的主体，有些活动通过文字描述即可，但部分重要活动，尤其是关键成功因素类活动，通常要通过指导书、模板、样例等文件进行补充描述。

最后，要补充的是活动的执行角色以及角色对应的岗位、职责和能力要求。

上述三部分都是针对流程内部信息进行补充。对于流程外部关系的补充而言，也分两部分。

其一，流程的上下游关系。上下游关系在概要设计的时候就已明确，但那是以起点和终点形式存在的。在这里，应详细明确上下游流程，并补充描述对上下游流程的要求。需要注意的是，在判定上下游流程时常常会出现错误，把一些仅仅存在先后顺序关系或者有一定依赖关系的流程都判定为上下游关系。两个流程要成为上下游关系，必须同时满足下列三个条件：时间上是先后顺序关系、业务上有前后驱动关系、两者在同一业务分支上必然依次发生。

其二，信息共享关系。在详细过程设计的时候，是以输入/输出来设计信息流的。除了输入/输出以外，流程可能还需要参考或使用其他流程的输出，在这种情况下，两条流程构成信息共享关系。

第三，主设计者组织相关岗位对流程进行测试验证，检验流程内部是否能够运转顺畅，最终的输出是否能够满足目的要求，确保流程发布后可正常运行。

测试验证通常遵循以下步骤：

第一步，设计一个或多个典型案例，案例能够代表大部分业务场景，且能覆盖所有流程分支。

第二步，将流程涉及的各个角色代表召集到一起，测试组织者对流程进行讲解和培训，确保大家理解流程内容及测试案例。

第三步，通过案例从起点到终点模拟流程中的各个活动，评估流程是否可以达到预期目的，发现并改正其中的问题。

既然是一群人在模拟验证，那自然会关注前后活动的衔接是否顺畅，也会关注流程不同分支的走向，这本来也是流程的重点。但从测试过程来看，测试验证的重点是防止“验证时跑得通，推行时跑不通”的情形。

为什么会出现“验证时跑得通，推行时跑不通”的情形呢？我们以常见的评审流程来举例。很多企业将评审流程分成以下几个主要活动：发起评审通知、组织评审会议、讲解评审材料、收集评审意见、讨论并整改。在测试验证的时候，流程运行很好；但实际推行后，发现评审往往是走过场。因为评审专家很少参加评审会议，即便参加了也很少发表有效意见，因此评审达不到满意的效果。

通过分析流程实际运行和测试运行之间的差异，我们可以发现，测试时的工作背景和实际工作背景是不一样的。在测试验证时，我们往往忽略了流程执行者的执行意愿和所需能力。执行者在工作中不愿意做的事情在测试时会做，执行者在工作中没有能力做的事情，在测试案例中也会被忽视。所以，在流程实际推行后，流程执行者可能因为意愿或能力的原因，无法按期望执行流程，使流程达不到预期目的。

所以，在设计测试案例并进行测试验证时，要注意考虑以下几个问题：

流程对执行者原来的工作有什么改变？

这些改变对他有什么影响，对他有没有价值？

怎样才能让他接受这些改变？

他接受改变后，是否具备能力来执行新流程？

怎样才能让他具备执行流程所需的能力？

只有通过设计与实际工作一致的案例的测试才能发现真正的流程问题，进而设计出更具有可执行性的流程。

5.3 末级流程设计输出模型

流程的技术定义决定了末级流程的输出内容，主要包括以下几个方面。

第一，流程的基本价值描述。包括流程的目的与指标、流程的管理思想、流程的管控要求等内容，主要体现管理者对于流程的定位及要求。

第二，流程图。以业务流和信息流为主要方式，通过标准化的图形表示流程的周边关系以及内部分工与协作关系。

第三，活动图。针对重要活动展开描述，包括活动角色及职责与能力要求、活动对流程价值的承载、活动输入 / 输出、活动信息化支撑等内容。

第四，工具和方法。通过模板、指导书、检查表、样例等形式，进一步描述活动，指导活动具体执行。

综合上述四个方面，我们可以得到末级流程设计输出模型（如图 5–1 所示）。

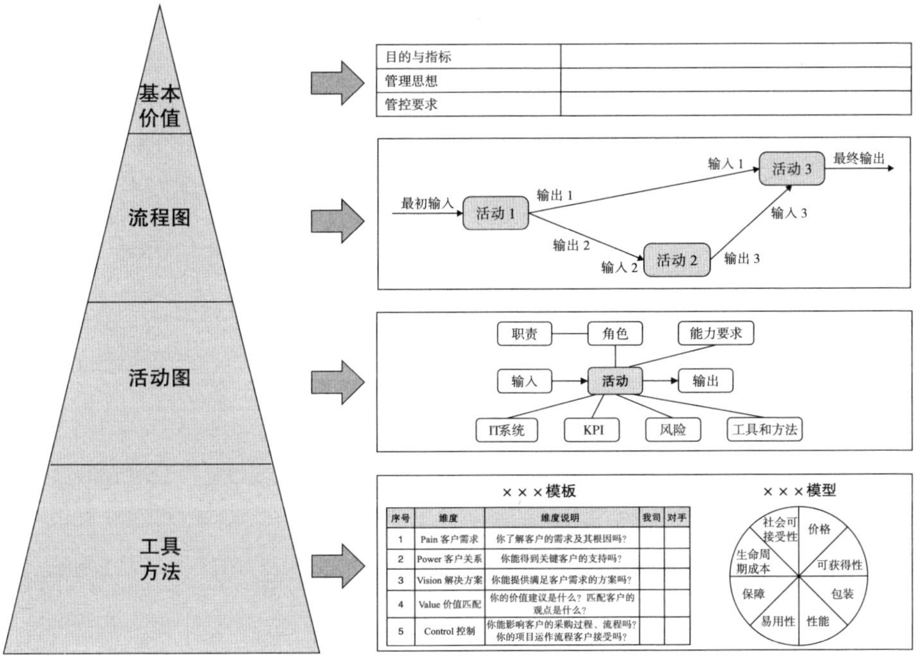

图 5–1　末级流程设计输出模型

末级流程设计输出模型的四个部分是逐级往下分解的。其中，基本价值来源于流程架构设计，流程图是对架构上末级流程的进一步分解，活动图是对流程图中具体活动的进一步分解，工具和方法是对活动图中相关专业要求的进一步分解。

在具体落地过程中，流程设计输出模型常常用流程文件的形式来表示，流程文件具体内容可以根据实际情况来灵活处理。

5.4 输出流程时常见引起争议的问题

当我们开始呈现某个流程时，即便我们掌握了前述的所有方法和技巧，也仍然会冒出一些让我们犹豫不决的问题。下面整理了一些在呈现流程过程中常见的容易引起争议的问题，并进行探讨。

第一个问题：审批流该不该呈现出来？如何呈现？

流程该不该呈现，本来应该是流程架构设计的问题。但在做流程架构设计的时候，通常不会考虑审批流。而在做流程梳理的时候，却通常会发现很多审批流。于是，审批流要不要画出来便引发了争议。

审批流是一类特殊的流程，特殊性体现在四个方面：审批流的用户都是内部员工；审批流通常是业务流的一部分；审批流有固定过程，每个步骤都是审批，每个步骤都有通过与否的分支；审批流很容易通过 IT 实现，一般会通过 OA 系统固化。

因为审批流一般都已经线上化，所以很多人认为没必要再在流程中将其呈现出来。但在实际应用中，我们发现很多企业的 OA 审批流存在以下几个问题。

第一，存在大量长期无人使用或很少使用的流程。因为缺乏监管与维护，OA 审批流只增不减，于是日益增多。在这种情况下，用户针对同一业务场景可能存在多个审批流可以提交，审批人员也不清楚到底有哪些审批流会走到自己这里。

第二，为了简化系统的实现，通过增加流转条件及适配不同审批人的方式，将多个业务场景合并为一条审批流。在这种情况下，用户常常不知道提哪个审批流，也不知道审批流中的内容如何填写、节点如何流转。甚至，在多次变更后，IT 工程师也很难厘清审批流的流转条件。

第三，系统只提供了审批流的流转过程，审批人员对于审批内容及审批规则并不清楚，所需要的支撑信息也不充分，大部分审批意见都只有简单的结论。

这些问题最终导致审批流整体可用性差，包括用户体验不佳、审批效率较低、起不到审批管控的目的，而且导致可维护性很差，改进起来困难。

如果把审批流呈现出来，将会有如下好处。

第一，用户场景是清晰的。员工有业务需要时，可以快速知道应该提哪个审批流，也能准确知道流程相关内容如何填写，还能提前判断流程会经过哪些管理者审批。

第二，可以更清晰地定义各审批环节的责任。在传统的审批流设计过程中，往往按管理者级别递次往上转移。在这种情况下，一方面，审批流很长，审批效率低下；另一方面，审批内容和责任不清晰，每个人都审，但每个人都不负责任。

第三，审批流是员工频繁接触的流程，最容易发现问题。而审批流的问题往往是“冰山一角”，代表了背后业务逻辑可能存在问题。因此，对审批流进行统一呈现和管理，是业务改进的重要渠道。比如，某企业的采购审批流根据金额来设置各级领导审批权限。到底设置多少金额合适呢？没有标准，于是想了一个办法，统计单据总数，按比例控制，每个月到总裁的单据数量约 10 个，到副总裁的单据数量约 30 个……对自己时间和行为负责的高级管理者马上就提出了问题：这些单据为什么到我这里审批？这显然是为了审批而审批。采购是执行动作，要不要高级管理者审批，取决于本次采购是计划外的还是计划内的，取决于是否有预算。只要预算有了，为什么还要高级别管理者审批呢？

那如何呈现审批流呢？最直接的方式是把审批流在业务流程中画出来，这里推荐另外一种方式。我们可以把审批流设计成一种特殊的子流程，在定义和符号上都加以区别。在业务流程中，它的意义和活动一样，但可以进一步展开为审批子流程，在审批的子流程中，再详细呈现审批活动。这样呈现至少有三个好处：首先，使得业务流程更加简洁，并清晰体现审批流和业务流程的关系；其次，使得审批流得以独立呈现，可以集中统计和分析，也可以为信息化做准备；最后，审批流通常带有主观性，甚至因人而设，稳定性不如业务流程，这样呈现的话，如果审批流有更改也不影响业务流程。

对于第二种方式，也可以换一种呈现形式，即将审批流作为业务流程的一个活动，将审批流的内容通过表格的形式作为该活动的支撑文件。这样更简单，也可以起到同样的效果。

无论哪一种方式，呈现审批流时都需要注意以下几点。

第一，分清审和批。审批流的活动分为两类：审和批。审的是内容，批的是权利，审要对内容真实性和合规性负责，批要对流程生效赋予权利。前者对应专业能力，后者对应职位责任。因此，审批活动一方面对应了业务价值创造，另一方面对应了企业职责授权体系，体现了风险防控要求。

比如，员工差旅费用报销审批流，业务主管为前端审批，对业务真实性和合规性负责，部门负责人后端审批，对部门费用管控负责，在此权利下予以报销生效。

第二，明确标准和授权规则。审批流的活动要描述清楚：审什么内容，标准是什么；批什么权利，授权规则是什么。不能为了审批而审批。审批流是管理活动，却往往由普通员工设计。员工通常的做法，是把各级领导按职级依次排列。如此，一方面混淆了责任，各级领导不知道自己在审什么内容，甚至看到后面有更大的领导把关，就把责任推给后面的领导；另一方面降低了效率，导致流程复杂而冗长。如果各级领导都有必要知道这件事情，放到抄送环节即可。通过把审批流活动描述清楚，可以明确责任，精简过程。

第三，审批流是内部流程，流程用户即企业员工，因此，审批流不一定完全以用户为中心，要兼顾整体效率和成本。在审批流的设计和优化过程中，不能以员工的意见为准，而应该以业务需要和风险防控为准。如果让员工提前多准备一些材料，可以降低领导审批的难度并提升审批效率，那就应该让员工辛苦一点。但是，不完全以用户为中心，不能走入另一个极端。有些企业出于节约开发成本的考虑，对审批流场景进行通用化抽象，导致员工都分不清如何提交流程，就是走入了另一个极端。

通过对审批流的探讨我们可以发现，经过分类的流程具有共同的特征。对这些特征进行分析，可以设计出相应的流程模板，这就是流程标准化，可以进一步提高流程开发的效率和质量。

第二个问题：流程活动呈现的颗粒度如何把握？

前面已经说过，在细致琐碎和笼统概括之间，如何把握好颗粒度，需要从专业分工来看，即活动的设计要体现专业性并进行分工。流程图呈现的是业务过程，也就是业务在创造价值过程中必须完成的活动，而并非每个员工所做的每件工作或工作中的每一个步骤。所以，业务流程呈现切忌面面俱到，切忌纠缠于细节，为了画流程而画流程。

但在实际操作过程中，并不是每个人都可以把握好颗粒度。事实上，不同的人设计出来的流程千差万别。就像程序员写代码一样，高级程序员写出来的代码既简洁易懂又安全高效，而初级程序员往往花了十倍代码量去实现同样的功能，不但复杂难懂，还存在一堆缺陷。

必须承认，流程设计是一件专业的事情。流程本身就是一个产品，而且是一个和软件有很多相似之处的产品，优秀的程序员天然就是良好的流程设计人员，在理解流程管理后往往能够设计出良好的流程。

所以，流程设计能力需要通过不断实践来提升。这个实践，不仅仅是设计流程，而且是包括规划、设计、运营、优化全生命周期在内的流程管理实践。通过实践，既可以加深对流程的理解，又可以积累足够的经验，便能设计更好的流程。

经验的积累并非无迹可寻。在经验不足的时候，我们可以先尽量把流程设计得详尽一些，然后再来思考哪些内容不需要画，这就是做减法的过程。做减法，就是看哪些活动可以省略或者和其他活动合并。

举个例子，某个流程中需要对文档进行评审，设计人员依次分解成预定评审会议室、发送评审通知、主持评审、参加评审、做出决策等活动。在做分解时，他遵循了一个原则，只要是由不同角色完成的内容都独立为活动，而一个角色连续完成的内容则合并为一个活动。这个原则是一个方便的方法，但并不是绝对的。根据这个原则，预定会议室是由行政助理完成的，发送评审通知是由项目经理完成的，主持评审是由总经理完成的，参加评审是由若干专家共同完成的，做出决策则是由总经理完成的。但这样画出来，显然过于琐碎了。可以通过省略和合并，设计成一个活动"完成评审"。

一个人完成的工作独立为一个活动，不同的人完成的工作分解为不同的活动。这个原则是对专业分工的简单表达，因为专业落在岗位上，一个人完成就代表了专业，不同的人完成就代表了分工。但应用这个原则时，应进一步思考，把这些内容分给不同角色完成真的是流程本身的要求吗？如果把活动设计成"完成评审"，角色设计成项目经理，那项目经理在完成这个活动的时候，请其他相关人员配合完成也是可以的。员工协作是基本的工作要求，并不是所有分工协作都要事无巨细地体现出来。那么在哪种情况下需要对"完成评审"这个活动进一步分解呢？比如，当评审专家人员选择、评审过程参与并发表意见非常重要时，必须通过流程去突出责任时，那专家"参加评审"就应独立成活动；当总经理做出决策的经验和依据非常重要、其权力对流程具有重大意义时，"做出决策"就应独立成活动。

流程设计的要义是识别对业务过程中产生的，不能忽略其价值的活动，且这些活动需要被管理并不断优化。

第三个问题：流程活动连接关系中前后执行频率不一致时怎么处理？

活动之间的关系包括串行、并行、协作。其中，串行是最基本的活动关系。为什么这么说呢？因为对于单次业务流来说，流程是一系列有先后顺序的连贯执行的活动，是一条从起点到终点的明确的路径。

基于此认识，我们可以得出：流程中处于一条路径上先后串行的活动执行频率应当一致，即不能前一个活动执行了多次，才流向下一个活动开始执行。

但在实践中，我们常常发现不符合上述要求的流程出现。比如，样品管理流程，依次分为申请样品、仓库登记、领用样品、归还样品、更新台账、盘点台账等活动。（如图 5-2 所示）在这个流程中，每申请一次样品，就会执行从“申请样品”到“更新台账”的五个活动；而每到月底，就会执行一次“盘点台账”的活动。

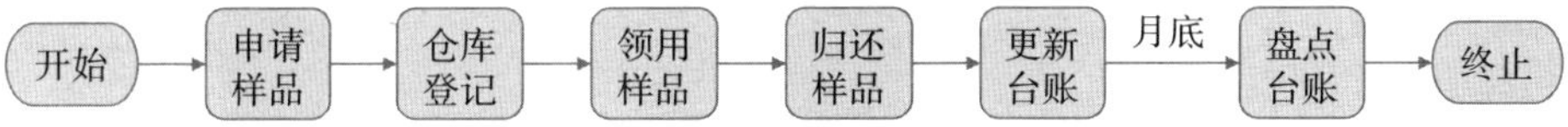

图 5-2 样品管理流程

显然，这是两种执行频率不一致的场景，不应该按先后顺序连接。

前后执行频率不一致只是表象，并不是真正的问题所在。这种情况反映了流程设计的思路存在问题。前面介绍过基于事件驱动的流程设计，即活动的发生是基于明确的事件驱动的，这个事件可以有多个，但必须是明确的。在上述例子中，活动发生的驱动事件是不明确的。在执行“盘点台账”这个活动的时候，到底是“月底”这个时间在驱动，还是“更新台账”结束后的状态在驱动是不确定的。

对于这种情况，基于流程的定义，我们有以下三种处理方式。

第一，调整架构。这本来就是两种场景，可以将盘点台账设计成一个独立的流程。

第二，合并活动，把不确定的驱动事件放在一个更大的活动内解决。

在本例中不大适合这种方式。

第三，将活动串行改为并行。即把盘点台账设计成一条独立的路径，不要和单次申请样品顺序连接。

在流程实际落地过程中，我们可以设计更灵活的处理方式。比如，在流程图中引入数据共享的概念，因为活动连接必须同频次，数据共享却不需要。数据状态本身是一种事件，数据共享体现在流程图上，本质是将事件显性化。我们将数据库作为元素体现在流程图上，不同的活动或流程通过共享数据来建立连接关系，这可以较好地解决活动执行频率不一致时的连接关系。

第四个问题：多人协作共同完成活动时角色如何设计？

在流程中，有很多活动是多人共同完成的。在设计这些活动时，往往会让人陷入纠结，不知如何处理。

对于这种情况，我们有以下三种处理方式。

第一，将该活动涉及的角色一一列出来，将该活动分解为多个活动，每个角色对应一个活动，将这些活动设计为协作关系。在这种方式中，要明晰每个角色的职责，并描述清楚每个活动的独特之处，即每个角色参与协作过程时所做的主要工作及贡献。

第二，设计一个团队角色，该角色对应一个团队活动。在这种方式中，要描述清楚团队角色各成员的职责以及团队活动中各成员的工作及贡献。

第三，设计一个主责角色，该角色是对活动负主要责任的人。在这种方式中，要描述清楚角色完成活动时所需要的支持。

上述三种方式通过不同的呈现和描述方式，都可以将多人共同完成一个活动的角色设置描述清楚。但三种方式有不同的适用场景。当该协作团队仅在一个流程中出现时，可以用第一种方式，一目了然地在流程图中表达出来。当该协作团队在多个流程中出现时，第二种方式会更加通用，且方便后续修改。当该协作团队有一个强有力的主责角色，且其他配合角色的专业性不需要突出时，则用第三种方式更加简洁；换句话说，当该活动需要跨越多个部门，对协作要求很高，且各方都是专业代表时，则不适宜用第三种方式。

把上述容易引起争议的问题提出来，并非要给出一个标准答案，而是通过讨论，更加深刻地理解流程。流程管理者应该明白，对这些争议的处理是一种选择，是基于管理者的认识、目的以及现状的一种选择。

第 6 章 | 怎样通过流程优化改进业务

6.1 流程优化传统思路

通过流程优化来改进业务，有哪些方法呢？

关于这方面的资料非常多，常见的方法都是从活动层面进行分析，如ASME、FMEA、ESEIA。

ASME（American Society of Mechanical Engineers）方法将活动分成增值、非增值、可疑（检查、输送、耽搁、储存）等几类，对这些活动进行时间测量与统计，然后做出优化。

FMEA（Potential Failure Mode and Effects Analysis）方法对活动潜在的失效、影响和风险进行识别和评估，进而确定预防或降低发生概率需采取的措施。

ESEIA（Eliminate，Simplify，Establish，Integrate，Automate）方法将活动分成清除、简化、增加、整合、自动化五类，分别进行相应的优化。

这些思路并没有错，但有显而易见的局限性。一方面，这些方法更偏重于分析过程的描述，并没有基于流程本身的内涵去分析业务，可以说并没有流程优化的思想。我们把过程和方法分开，把分析过程放在上一章，这一章专门谈流程优化的思想和方法，这样更有利于体会其本质。另一方面，这些方法分析均在活动层级，分析的方法过于公式化，这无法适用于更高层面及更复杂的业务场景，在实际场景中，管理也并没有公式这么简单。事实上，如果流程优化都这么简单，则根本不需要方法，大部分人都可以直接改进。公式往往是用来对改进的过程和结果进行解释的。

流程的本质即业务分工与协作，这是本书的核心观点。接下来探讨的流程优化将从更高层面来考察业务本身的合理性及可改善的思路与空间。

流程优化的重点是厘清业务和人的关系。部分观点认为流程建设就是打造“铁打的营盘”，让人变成随时可以替代的“螺丝钉”，这是非常片面的。接下来探讨的流程优化方法将聚焦于怎样通过流程让人能创造更大的价值。

6.2 流程优化方法一：专业聚焦与经验积累

当我们面对一个流程的时候，要思考一下这个流程最重要的地方在哪里。当我们面对流程运行效果不佳的情形时，要思考一下完成这个流程最大的难点在哪里。

最重要的地方，最大的难点，也就是流程最为关键之处，也是流程优化的重点。对此，我们应该不断思考以下几个问题。

这个工作专业上是否足够聚焦，是否有进一步分解的可能？

如果将工作进一步分解，是否更有利于专业经验的积累和专业方向的发展，是否更有利于效率、质量、成本等指标的整体改善？

这个工作是否有专业性，是否为这个工作设计了必要的知识、方法和工具？

这个工作对应的角色是否有专业的岗位，此岗位是否有明确的部门或者责任人？该岗位在履行职责时是否有瓶颈和障碍？

流程从来不是纸上存在的东西，而是要放到工作中去实践的。我们不是就流程来优化流程，而是在面向流程落地应用的实际效果中优化流程。很多人认为流程是客观的业务过程，是和组织分离的，不管组织怎么变动，只要流程的角色能够匹配到对应的岗位就行。但是，组织实际的岗位、人员能力反过来决定了流程应该怎样去设计，所以，我们应该透过流程去考察其背后对应岗位人员的能力。

一定不要机械地理解流程的概念，一定要结合业务实际情况来设计和优化流程。

某企业的采购流程主要分为以下几个环节。

（1）业务部门提出采购需求，此环节根据不同的物料类型提供了相应的模板；

（2）采购部根据采购需求寻找供应商，制作招标文件，并经业务部门评审确认；

（3）采购部向供应商发出招标邀请，供应商制作标书投标；

（4）采购部组织业务部门共同参加评标，其中商务部分以采购部意见为主，技术部分以业务部门意见为主，综合得分最高者中标；

（5）签订合同，采购结束。

该流程运行一段时间以后，通过对采购后期结果跟踪发现，业务部门满意度较低，甚至业务部门和采购部之间常常发生矛盾。其中一个典型问题是：业务部门希望采购一套销售管理系统，并能支持部分个性化功能开发。在评标环节，采购部和销售部门意见不一致，销售部门认为供应商后续定制开发的能力和资源很难得到保障，但采购部认为供应商已提供承诺函，符合评标规则。最终，根据评标流程和规则，选择了这家供应商。但是，在后期交付过程中，该供应商对业务部门的需求响应屡屡不及时，系统迟迟不能上线。拖到最后，由公司法务介入，和该供应商终止合作，并对相应损失进行了索赔。

在这次招标过程中，各方都遵守了流程，但各方都表示很委屈。采购部认为招标文件已经业务部门确认过，就应该据此招标和评标，据此产生的招标结果理应能符合业务部门的要求；供应商不能按时交付而违约是法律问题，应该由法务部门来处理。因此，整个采购流程既满足了业务部门的需求，也做到了风险防控。但业务部门认为采购部不够专业，对于供应商的真实水平缺乏评估能力，虽然法务介入挽回了公司资金上的损失，但是业务部门损失的时间和机会点才是更大的损失。

这样的流程是基于非常理想的情况来设计的，和实际业务场景不一定相符合。企业在复盘这个案例时发现，类似的情况主要出现在信息化采购等有较强专业性的采购类型以及需要持续交付和服务的采购类型中。通过深入分析，发现由于专业的分工，采购人员和业务人员以及 IT 人员都缺乏对对方的工作背景知识的认知，虽然通过需求收集模板明确了需求的相关要素，通过流程协同共同参与了招标文件的制作和标书评标过程，但相互之间在沟通时缺乏共同语言，无法准确地理解对方意图。这样导致的结果就是：把一件专业的事情做成了一件相互协调沟通的事情，最终变成一件相互推诿扯皮的事情。

事实上，很多采购流程都需要业务上的专业知识，而采购和业务之间的分工使得这种专业性无法得到保障。因此，上述流程看似责任清晰，但那是对局部的负责，并且无人对最终采购交付结果负责。流程通过分解，实现业务分工，表面代表着更清晰的责任划分，但进入了另一个陷阱：将专业的事情交由多人负责，最后反而没有人可以负责。

这个问题如何解决呢？企业通过流程优化，成立了采购业务组。该组织从业务部门遴选经验丰富的工程师，并通过对他们进行采购相关技能的培训，使其成为具有双重知识和技能的复合型人才。采购业务组的建立，一方面，能更好地和供应商沟通，搜寻到更优质的供应商，并对整个供应市场有更全面的了解；另一方面，也能更好地理解业务部门的需求，在投标评审过程中能更好地达成一致，并在交付过程中更好地协调业务部门和供应商之间的问题。因此，建立采购业务组，能更好地对采购结果负责。

如果只看采购流程图，本次优化前后并无大的变化，但本次优化产生了新的岗位，提出了新的能力建设要求。（如图 6–1 所示）所以，流程优化不能简单地从业务活动层面考虑问题。

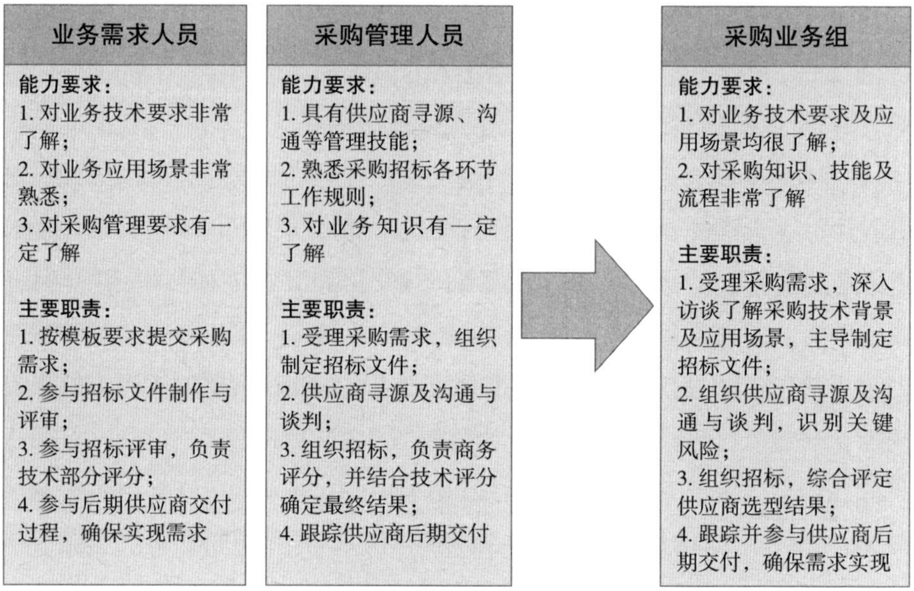

图 6-1　采购流程优化后产生新的专业岗位

某家企业的客户服务部在推动用户问题解决的过程中，发现很多问题是对产品的改进提出需求，于是设计了一条用户问题到产品改进的流程。经过反复讨论，该流程设计了如下工作界面：由客户服务部负责对用户问题进行分析，并从中提炼出原始需求；市场管理部对原始需求进行分析后，流转至产品需求管理流程。

该流程运行一段时间后，发现效果不佳。一方面，市场管理部认为客户服务部提交过来的原始需求质量不高，其中有效需求不多；另一方面，通过对需求回溯审视发现，很多隐藏了用户需求的问题被过滤掉了，导致很多需求被遗漏。为了解决这个问题，客户服务部开始设置需求分析岗位，从公司内外招聘具备需求挖掘和分析能力的员工。那么，客户服务部是否该对从用户问题中挖掘产品需求这个工作负责呢？客户服务部又是否应该设立需求分析岗位呢？

很多人认为流程设计不应该受到组织约束，流程只对业务目标负责，而流程决定组织结构。所以，客户服务部既然负责售后环节、作为客户的接触点，当这个接触点产生了产品需求，客户服务部就应该对这些需求转化负责，如果客户服务部没有这个能力，那就应该去补充能力。

这是机械地理解流程。流程追求整体效益最大化下的内部专业分工，组织就是专业分工的结果，是集中的专业化组合。要从用户问题中发现原始需求，必须同时具备以下能力：对公司产品很熟悉、对需求具有敏感性、有一定的洞察力、有研发或产品管理经验。很明显，这就是市场管理岗位的要求，也就是说，应该由市场管理部对用户问题进行审视和分析，从中发现和提炼原始需求。如果由客户服务部来完成这个工作，要么是工作做得不够专业，无法达到预期目标；要么就会扩展客户服务部的职能，使得组织建设得不够专业。

在优化前，客户服务部需要对客户问题进行“细加工”，识别出哪些问题包含了潜在需求，并进一步将这些问题转化为原始需求。经过优化后，客户服务部只需要对客户问题进行“粗加工”，即识别出哪些问题肯定不是产品开发需求，而将剩下的可能包含潜在需求的问题转交给市场管理部来分析。（如图 6–2 所示）假设总共有 10000 个问题，在优化前，客户服务部需要识别出其中的 1000 个需求，而在优化以后，客户服务部只需要确定其中的 6000 个问题肯定不包含需求，而将剩下的 4000 个问题转交给市场管理部，由市场管理部进一步加工成 1000 个需求。这就是“细加工”和“粗加工”的区别。对比优化前后，客户服务部的职责更加专业，这样的优化防止了客户服务部专业性的“野蛮”扩张，使组织分工更为合理。（如图 6–3 所示）

在流程的端到端拉通以及组织的专业化发展两者之间选择一个较好的结合点，是专业聚焦和经验积累的基础。关于这一点，在很多通用的优秀实践中都有很好的案例。比如 IPD 流程中的关键角色系统工程师（SE）。当一个公司研发团队的规模比较小的时候，往往没有非常明确的分工，而是由技术带头人带领大家从需求到设计，再到开发和验证。当研发团队逐步发展壮大，达到数百人规模的时候，那分工就必不可少了。这时候技术

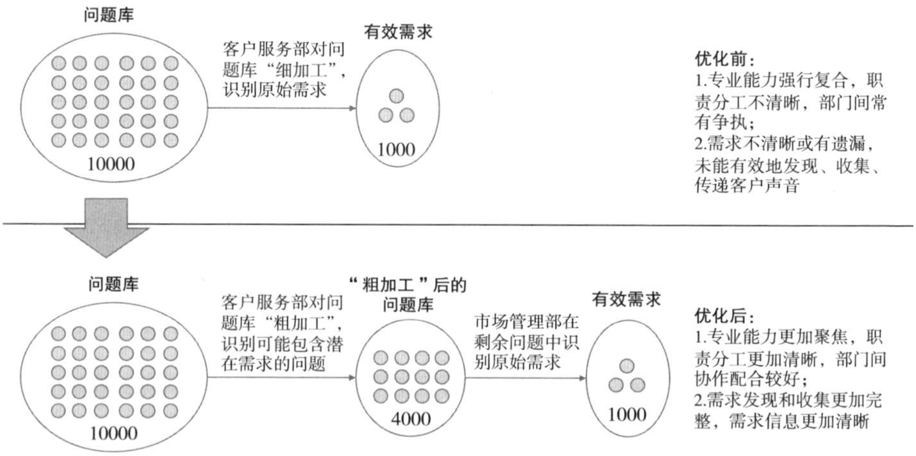

图 6–2　客户服务渠道需求收集流程优化前后对比

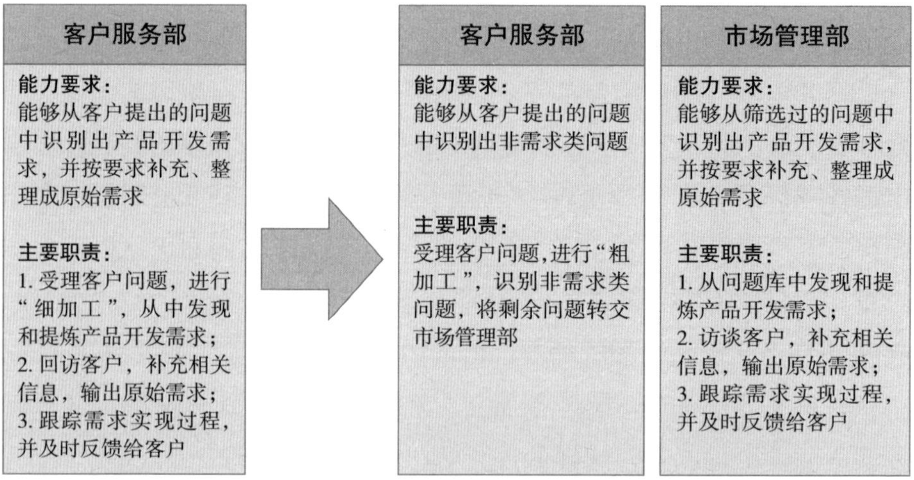

图 6–3　客户服务渠道需求收集流程优化后防止了专业“野蛮”扩张

最厉害和经验最丰富的工程师会组成系统部，专门负责需求分析和系统设计，而普通工程师只负责系统开发和验证。这就是 IPD 流程中设计和开发分离的思想，也是关键角色 SE 的起源。除此以外，技术研发和产品开发分离、开发和测试验证分离，都是基于同样的思想。

通过专业化发展，自然会产生经验积累。经验积累分为两部分，一部分是业界通用的优秀实践经验经过和公司实际情况相结合后产生的经验积累，另一部分是公司员工在业务实践中不断总结出来的方法。

某企业专注于工程设备研发，通过对历史产品研发项目缺陷汇总分析，将缺陷分成机械、底盘、液压、电气四大类，并进一步分解成十八个二级分类以及六十三个三级分类。根据这些缺陷分类，研发流程管理人员设计了研发缺陷排查表，描述了每一种缺陷引入的原因、规避措施及注意事项，并附有典型案例。通过缺陷排查表，研发人员在设计过程中，可以提前针对容易引入缺陷的地方进行预防设计，减少后期验证和整改的成本；同时，缺陷排查表会贯穿整个研发过程，不断跟踪和审视，直至验证环节被关闭，能有效防止因遗漏而引入缺陷。在每一个研发项目结束后，项目组会对新产生的缺陷进行根因分析，将新的经验和教训更新到缺陷排查表中，实现组织能力的积累和提升。

上述基于缺陷的分类总结是按照专业方向来划分的，对于更复杂的产品研发也可以按照阶段来划分。某企业从事大型应用软件开发，将缺陷排查表按需求分析、概要设计、详细设计、代码构建等阶段分类，即对每一个最终产生的缺陷进行分析，回溯产生该缺陷的根因发生在哪个阶段，再制定具体的应对排查措施，以防止在下一次研发过程中引入同样的缺陷。

内部经验积累的例子比比皆是，并应该成为流程设计与优化的主要内容。比如，上述从用户问题到需求管理的流程，运行一段时间后，应该通过总结设计出问题初步筛选规则。在这个规则中，可以对用户问题进行快速分类：哪些问题肯定不是需求、哪些问题肯定是需求、哪些问题需要进一步分析。基于这个规则，可以快速从海量问题中筛选出有价值的问题。又如，某企业做电子设备研发，在某次新品测试时发现温度超过标准值，为此，对零部件进行温度测试后优化了零部件选型，同时对结构设计进行了优化。在这之后，研发流程的管理部门将此经验固化到流程中，后续硬件设计时均要参考这个案例进行零部件选型和结构设计。

专业聚焦通常会产生关键角色及能力要求，会产生复合型人才岗位；经验积累通常会产生重要方法和工具，会产生操作指导书和模板。

对专业进行更细的分工和沉淀，把技术骨干放到关键的地方发挥最大的作用，可以做到更高的质量和效率。同时，把要求不高、难度不大的工作分解出来让更低级别的员工来完成，可以做到成本最低。

流程是将专业和管理相结合的手段，通过流程优化将专业活动提炼、分解出来，将高级别专业人士的经验积累、固化下来，变成组织的财富和行为。

6.3　流程优化方法二：业务集成与纵横拉通

当我们面对一个流程的时候，要思考一下，如果由一个通才来完成所有工作，哪些地方会做得更好？当我们面对流程中不协调不畅通的部分时，要思考一下，专业化的分工带来了哪些问题？

专业化分工有利于专业聚焦和经验积累，但凡事有利则有弊，分工也会带来问题。分工带来的问题主要分以下两个方面。

一方面，业务被分解后变得零散了，动作和信息容易割裂，客观上造成前后步调不一，不能保证流程顺畅运行。比如，从研发到制造再到服务，因为前后动作和信息不一致，往往出现各种问题。

另一方面，不同环节业务单元的目标可能会不一致，主观上导致流程在执行过程中不能达成预期结果。比如，质量部门希望质量最好，采购部门希望价格最便宜，两者目标不一致最终会反映为流程执行过程中的不一致。

总的来说，分工会造成部门墙，造成工作、信息的分散，降低流程在执行过程中的效果。

而解决的办法就是业务集成。

什么是集成呢？集成就是将孤立的事物或元素通过某种方式集中在一

起，产生联系，从而构成一个有机的整体。

业务集成有两种方式：其一，针对分解的活动进行集成，通过设计组织及业务规则来打破部门墙；其二，针对分解的信息流进行集成，从活动输出的角度来拉通被割裂的业务分工。

业务集成最常见的案例体现在集成管理团队，通过将不同部门的相关角色组织成一个团队（如 IPMT、PMT、PDT、TDT[①] 等），来共同执行或决策某个事项。集成团队在决策的时候，常常被理解成民主化决策，即大家坐在一起，通过投票来做决策。这只是决策过程所采用的形式，没有理解集成决策的真正含义。集成决策的目的是基于事实做出决策，防止相关人员因为部门属性的原因做出不利于企业整体利益的选择。集成决策的机制是权责分配与决策规则，如战略管理委员会做决策时，一般都会有这样一条规则：主任具有一票否决权但不具有一票通过权。这是由战略管理委员会的地位和性质决定的，是基于危机生存策略决定的。

要通过团队集成把业务集成做好，需要理解以下两点。

第一，团队集成是分工协作的产物，每个成员代表自己所分工的专业。这体现在两个方面：该成员既代表对应职能部门在团队中发表的专业意见或做出的相应承诺，也代表团队对所在职能部门提出的相应要求。

第二，团队集成是业务集成的产物，是对关键节点群策群力的要求。那怎么群策群力呢？

其一，决策要基于事实和数据，而不是“拍脑袋”临时决定。这就是团队中各成员的作用，要为决策提供相应的事实和数据基础，提供专业知识支撑。

---

① IPMT，Integrated Portfolio Management Team，集成组合管理团队；PMT，Portfolio Management Team，组合管理团队；PDT，Product Development Team，产品开发团队；TDT，Technology Development Team，技术开发团队。

其二，决策要基于明确的规则。通过投票来决策是最简单的规则，但在大部分情况下都不是通过投票来决策的。比如，某企业在产品研发流程中规定，产品立项时产品经理有一票否决权，产品发布时产品经理有一票通过权。

其三，决策都是集中的。团队集成不是平等的圆桌会议，所有的团队在执行具体活动时都要有最终决策人。

其四，决策都有主观的部分。这就是管理者的判断能力和流程相结合的部分。流程替代不了管理者的洞察水平、判断能力和决策意志，流程只能辅助判断和决策。当专家意见不一致或者数据支撑较为模糊时，管理者的能力和决心就是决策的主观部分。

事实和数据是决策的基础，规则明确决策的过程和责任，最终的决策是集中而主观的。换句话说，业务决策一方面来源于团队中各成员将不确定性变成确定性的努力，另一方面来源于决策人在不确定性中的主观选择。而集成管理机制为这个过程提供了保障。

集成管理团队的建设一定要以业务为导向，设计规则和权责，防止形式上集成了，实际上只是换个地方“吵架”的情况。

对于个体户来说，从销售到生产再到服务都是一个人完成的，其盈亏很容易计算。但当企业做大以后，却常常连盈亏都难以计算清楚。某企业在规模比较小的时候，没有建立独立的客户服务部门，客户问题由各产品线自行解决，客户服务的成本也由产品线职能费用承担。随着产品线越来越多、企业规模越来越大，公司建立了独立的客户服务部，承接所有产品的售后服务。自此，客户服务部开始派代表参与前端销售活动，在销售时即应考虑交付后的服务成本。服务成本不仅仅体现在销售环节的集成，在采购环节也存在同样的情况。以往，公司采购物料时，在满足技术规格的条件下，往往采用“最低价中标”的方式进行。自建立独立客户服务部以后，客户服务部开始统计各种零配件的维护成本，发现有些零配件采购价格虽然较低，但使用寿命很短、故障率很高，导致维护成本非常高。所以，采购引入了 TCO（Total Cost of Ownership，总拥有成本）模型，由客户服务部共同参与物料采购的评估工作，以此来降低公司整体成本。

不仅如此，客户服务部在分析用户问题的过程中，发现某产品的充电接口损坏频率较高，而充电接口和外壳连接在一起，导致损坏后无法单独更换，只能整体更换外壳，造成额外支出。此类问题是因为研发在设计产品时没有考虑可服务性需求，于是，客户服务部开始派代表参与研发设计工作，提出可服务性需求。

在这个案例中，客户服务作为一项专业工作，通过分工可以做到服务更好、成本更低。但分工也导致了与销售、设计、采购环节的割裂，这些问题必须通过在流程中进行业务集成来解决。（如图 6-4 所示）这也是 IPD 流程产品开发团队中为什么要有服务代表的原因。

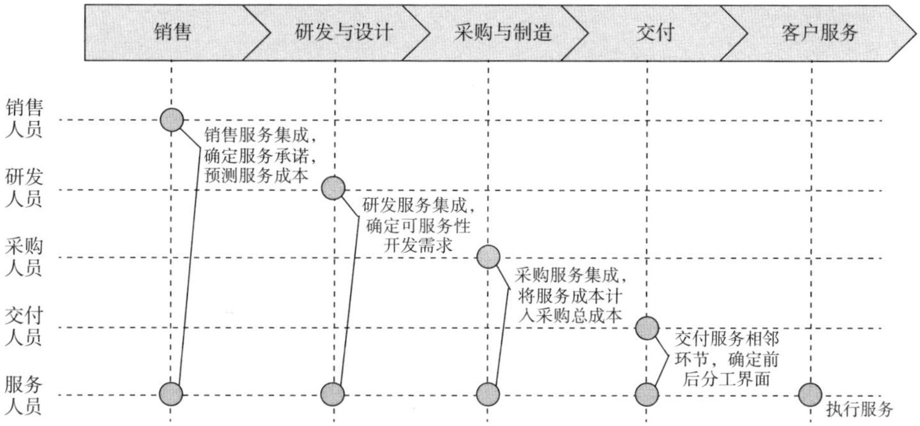

图 6-4　客户服务和其他环节在业务活动上集成

活动的集成最终都会体现在团队组织或者业务规则上。除此以外，对信息流的集成也可以促进流程优化。

信息流的集成也分为两种情况，一种是前后顺序活动的信息继承集成，另一种是并行活动的信息共享集成。

在客户服务流程中，从接受客户请求并记录台账开始，通过台账对问题进行跟踪。每进行到一个环节，都会对台账中的相应字段补充信息，直至最后台账关闭。在这个流程中，通过问题台账这个信息流将前后活动集成在一起，防止在活动承接过程中出现因分工导致的割裂，提高整个流程的效率（如表 6–1 所示）。

表 6–1　通过台账集成客户服务流程前后活动

序号	活动	输入	输出	表单
1	接受请求	–	客户问题	客服话术表
2	记录台账	客户问题	问题台账 – 初始化	客户问题台账模板
3	现场解答	问题台账 – 初始化	问题台账 – 解决情况	常见问题及应对清单
4	分发问题	问题台账 – 初始化	问题台账 – 分发情况	问题分类分级及分发说明书
5	远程解决	问题台账 – 分发情况	问题台账 – 解决情况	远程故障诊断系统操作指南
6	现场诊断	问题台账 – 分发情况 / 解决情况	问题台账 – 诊断情况	产品手册、产品排故指导书
7	远程支持	问题台账 – 诊断情况	问题台账 – 诊断情况	产品设计手册
8	现场维修	问题台账 – 诊断情况	问题台账 – 解决情况	现场维修作业标准
9	更换配件	问题台账 – 解决情况	问题台账 – 配件更换信息	配件倒卖惩罚规定
10	填报工时	–	工时信息	工时上报管理规定

如果说问题台账是在单个末端流程中发挥集成的作用，那需求跟踪矩阵则在产品开发各个阶段多个流程中发挥着集成作用。在产品开发流程中，从需求分解分配开始，即建立一张需求跟踪矩阵，在后续开发、验证等各个阶段都会进行跟踪，保证需求没有遗漏，得到准确实现。甚至需求跟踪矩阵还可以回溯，与产品开发流程的上游需求管理流程进行集成，从原始需求阶段开始进行跟踪管理（如表 6–2 所示）。

表 6-2 通过需求跟踪矩阵集成研发各阶段流程

用户需求						需求分析		软件设计		软件开发				验证交付	
一级分解	二级分解	需求编号	来源	描述	状态	需求编号	用例编号	设计编号	用例编号	模块	单元测试	集成测试	系统测试	系统验收	Beta测试

在产品设计、制造和销售服务过程中，BOM（Bill of Materials，物料清单）是一种非常重要的信息，起到了前后端各环节集成作用。在研发环节，产品开发人员从产品功能角度定义产品构成，开发工程设计 BOM，作为工艺设计的基准；工艺工程师为实现设计目的，根据现有生产工艺能力，按产品生产制造过程进行描述，这是工艺设计 BOM，是指导生产制造的纲领性文件；在制造环节，在现有物料供应条件下对具体订单进行生产，这是订单 BOM；在工程设计 BOM 的基础上，以服务为主要目的描述产品构成，包括可替换的零件描述，这是服务 BOM；结合服务 BOM 和订单 BOM，将产生具体设备的服务组件构成，即具体设备的服务 BOM，是指导客户与服务工程师进行维修换件选择的依据（如图 6-5 所示）。

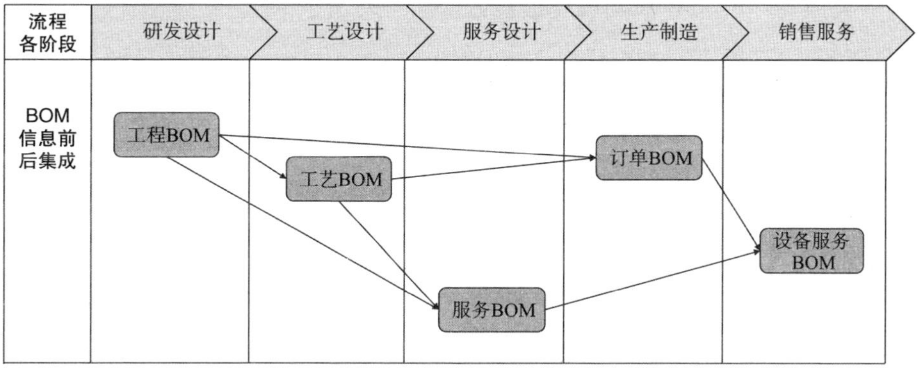

图 6-5 BOM 信息在流程各阶段实现前后集成拉通的作用

正是 BOM 清单的拉通作用，为前后端各环节提供了一致行动的基础，实现相互之间信息集成。

前后端集成也会促进各业务模块齐头并进、步调一致地优化，确保达到整体效益最佳。如果一家企业上线 ERP 系统，便会优化 BOM 的清单管理。但 BOM 的源头在研发，因此，在供应链启动了品类分析和物料整合后，便会倒逼研发对物料进行标准化设计。

业务集成往往被认为在横向拉通或者前后拉通中有一定作用，其实在纵向拉通中也有应用。

一个流程在执行多次以后，针对同一活动的输入或输出进行共享和整合，以优化后续活动执行，便是一种纵向集成。针对每个活动设计，都可以思考一下，有哪些信息可以改进当前工作，这些信息由谁负责产生、在哪个流程的哪个活动产生。

采购计划一直是个难点，要么会导致供应不足，要么会导致库存呆滞。对于采购计划，有三个输入：商机预测、交付项目立项、项目过程具体物料采购需求。这三个输入是一个逐步求精的过程。根据采购计划管理流程，计划员会多次执行流程，做出采购计划。如果把不同商机的预测集成在一起，把不同交付项目的立项信息集成在一起，把不同项目过程的物料采购需求集成在一起，并根据历史数据建立计划模型，便可以大幅改善采购计划管理流程，提高计划准确度（如图 6-6 所示）。

采购计划集成

	5 月	6 月	7 月
商机阶段预测流程	A 项目预测	B 项目预测	C 项目预测
交付项目立项流程		A 项目立项	B 项目立项
项目过程需求流程			A 项目提交采购需求

图 6-6　采购计划集成

售后服务质量问题是研发改进的重要来源。以往都是根据具体的质量问题进行分析和改进，在集成了销售信息及用户使用情况以后，即可以从两个维度对质量问题进行统计分析：一方面可以根据销售数量统计某一故障发生频率，另一方面可以根据销售时间统计某一故障发生周期。通过这两个维度的分析，可以大幅提高产品改进的效率（如表 6–3 所示）。

表 6–3 集成产品销售数据后的产品故障分析

（单位：%）

故障类型	3 个月	半年	1 年	2 年	3 年
屏幕类故障率	1%	2%	5%	15%	35%
电池类故障率	1%	2%	5%	15%	35%
软件类故障率	1%	2%	5%	15%	35%
……	……	……	……	……	……

6.4 流程优化方法三：前后啮合与顺序调整

专业聚焦重点建设活动和岗位，业务集成重点建设团队和活动之间的关系。专业分工提高岗位产出，业务集成解决部门割裂问题，两者达到一种平衡，这可以解决大部分流程设计的问题。但这是一种静态视角，从流程动态运行来看，这样未必是最高效的。我们还可以从以下两个方面考虑流程衔接之处的优化。

一方面，前后流程体现了不同的专业性，往往跨越不同的组织，为了保证更好地衔接，上游流程和下游流程之间会有一部分啮合。

根据前文所述，在流程衔接之处，应当要求流程的前后部门就输出的要求和模板达成一致，以保证衔接顺利。但在实际执行过程中发现，仅仅通过明确要求及固化模板，上下游之间还是会出现反复理解不一致、反复返工，最终影响流程整体效率。

这是因为很多专业性较强的工作，通过文档甚至通过宣讲与培训都无法实现完整准确的转移。针对这种情形，我们会给上下游流程设计重叠部分。所谓重叠，其实是指物理上的节点重合，并不是指同一个工作做两遍。通常来说，针对一个共有节点，上下游应从不同的视角进行观察和描述，并同时对这个节点作出自己的专业贡献，获取自己所需要的内容。这种重叠，我们可以称为上下游流程啮合。这种方式，可以确保大家理解一致，沟通效率最高。

一个产品的需求管理从宏观上可以分为以下三个阶段。

（1）市场需求分析：从用户和市场侧收集需求进行分析，形成初步产品包需求，主要回答产品对目标用户的价值及相对竞争对手的优势；

（2）设计需求分析：对产品包需求进行分析设计，形成系统设计规格，主要回答用户界面、需求的输入和输出及模块分解与接口关系；

（3）开发需求分析：将系统设计规格分解至具体功能模块，并从开发实现的角度进一步分析确认需求。

上述三个阶段分别对应了 IPD 体系中的不同流程、评审点及组织。

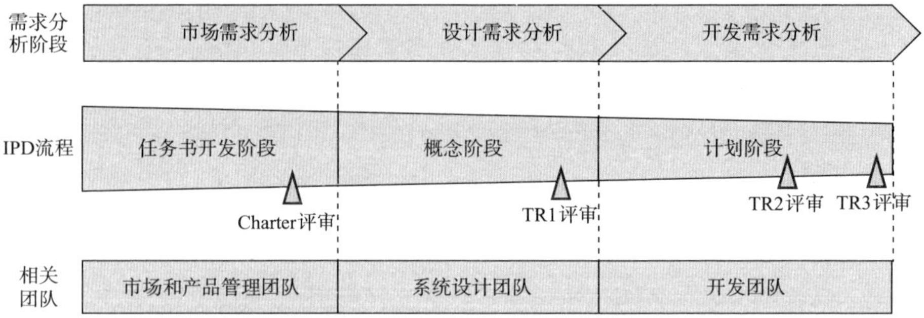

图 6–7　需求分析三个阶段和 IPD 流程、组织的对应关系 ①

如图 6–7 所示，产品需求管理划分为三个不同的流程，对应不同的组织，正体现了专业聚焦。但假如让这三个组织分别独立对这三个阶段的需求负责，将会造成两种结果：第一，前后组织之间出现大量的沟通确认，甚至推诿扯皮；第二，需求传递过程中出现遗漏或者错误。

---

① Charter：产品开发任务书，又称为商业计划书，是产品规划过程的最终交付，是对产品开发的投资评审决策依据。TR：Technical Review，技术评审点。在 IPD 开发流程中，设置一系列技术评审点（TR1—TR6），不断审视产品开发过程产出是否满足客户需求。

因此，在实际应用过程中，上述三个阶段在流程上会设计啮合点。从具体表现来看，市场需求分析和设计需求分析有一部分活动是基本一致的，开发需求分析和设计需求分析也有一部分活动是基本一致的。在这个过程中，需求的角度、详细程度在发生变化，同时也会根据市场的变化，不断调整和修正。

如前所述，这些啮合点并不是孤立的。实际运行起来的效果是这样的：系统设计团队会深入任务书开发阶段的后续环节，和市场经理或者产品经理一起分析产品包需求，并从系统设计的角度进行确认；开发团队也会提前参与概念阶段的系统设计规定定义，从开发实现的角度进行确认。

流程上的啮合不是两个孤立的阶段或活动，而是你中有我、我中有你的过程，是相互参与、并行开展的过程。在这个过程中实现上下游的完美交接。

流程啮合的设计有四个地方需要重点考虑：

其一，定义清楚上下游的啮合点。在该节点上，上游完成对下游的输出内容。

其二，定义上下游的工作内容。虽然是在同一个工作节点，但上下游的视角和工作内容并不完全相同，双方根据各自的专业定位完成对工作节点不同侧重点的分析。

其三，设计上下游的工作方式。在该节点上，上下游并行工作，相互参与，在完成输出的同时实现相互确认。在大多数情况下，是下游派出代表参与上游的工作。

其四，设计全局参与角色。跨多个阶段的啮合点，为保证各阶段产出的准确性，应设计在各阶段全局参与的关键角色。虽然通常是下游派代表参与到上游的工作中，但作为全局参与角色，由上游角色担任比较合适。如上述例子，任务书经过批准以后，任务书开发团队向系统设计团队移交任务书，其中产品管理代表及SE继续在概念阶段、计划阶段推动任务书中的需求逐步细化、落实，形成最终的开发需求。

前后啮合，本质是提高沟通和传递效率。

另一方面，前后流程的专业分工及组织跨越，可能会带来执行效率降低、执行成本提高。流程在分解的时候会尽量剥离专业要求更高的工作内容，既实现了专业聚焦和经验积累，同时也将专业要求更低的工作内容分配给成本更低的岗位，实现流程成本的降低。但在实际执行过程中发现，工作分解很难做到理想的剥离，这时候，可以通过调整流程顺序，实现前者后移或者后者前移，大大提升流程整体执行效率。

产品开发完成后，宏观上会经过三个阶段的测试：开发环境下的测试、样机环境下的测试、用户环境下的测试。这三个测试对应了 IPD 流程中的三个评审点：TR4、TR5、TR6。也对应了三个不同的团队：开发团队、内部测试团队（测试部）、外部测试团队（用户）。这三个团队也代表了不同的专业性，将测试分解成这三个阶段，恰好是对专业聚焦的体现（如图 6–8 所示）。

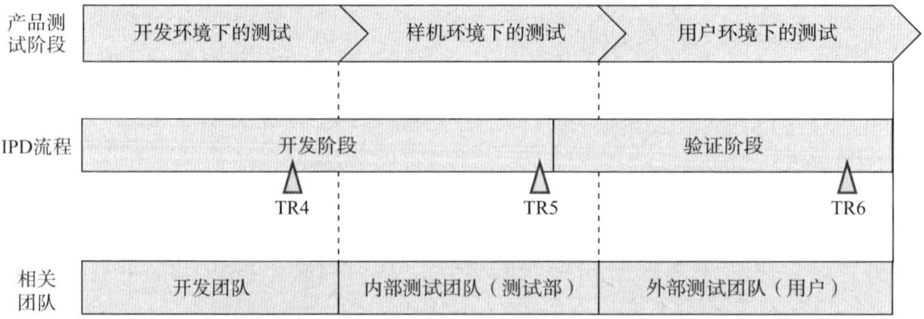

图 6–8　产品测试三个阶段和 IPD 流程、组织的对应关系

在实际运行过程中，上述流程并没有出现产品需求分析过程中的问题。相对于产品需求分析，测试阶段的交接难度不大，不会出现因沟通不到位造成理解不一致的问题。相反，为了保证测试的有效性，各个团队应当保持一定的独立性。

但是，在实际运行过程中却常常出现以下不理想的情形：开发团队和测试部忙闲不均，与此同时，产品开发周期在不断延长，因为开发提交的版本在通过 TR4 时常常被打回。开发提交的版本迟迟不能通过 TR4，开发团队便工作繁忙，测试部反而工作不饱和；而一旦开发提交的版本通过了 TR4，测试部更加繁忙，而开发团队却开始工作不饱和了。

后来，大家意识到按照专业来分解测试环节执行起来整体效率不高。具体地说，开发团队通过测试将问题基本扼杀在开发阶段，这对开发流程整体来说不是一件最高效的事情。在这种情况下，一方面会延长产品开发周期，另一方面会提高问题发现和解决的成本。

怎么解决呢？那就是让测试团队提前参与到开发阶段的测试中。在开发团队保证了系统基本功能正常以后，便将产品提交给测试部。这样一个基本正常但还有较多缺陷的产品提交后，测试部就会非常繁忙。同时，因为发现了大量问题需要修复，开发团队工作也非常饱和。

为了适应这种情形，我们将 TR4 拆解成两个节点，分别是 TR4 和 TR4A。前者对应开发初步成型的产品，后者对应样机产品。测试部工作前置，实质是降低 TR4 的标准，将原属于开发团队内部测试的一部分工作分给测试部执行（如图 6-9 所示）。

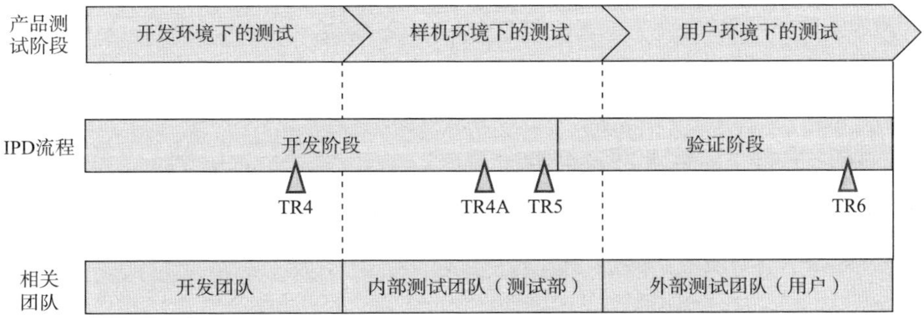

图 6-9 修改后的 IPD 流程增加 TR4A 节点

前文谈到产品需求管理分为三个阶段，这是非常完整和理想的状况。很多公司既没有产品规划团队，也没有产品设计团队，往往由几个经验丰富的专家带领开发团队直接将产品开发出来。在这种情况下，想要一步到位把产品需求管理的三个阶段做起来是不现实的。某家公司将前面两个阶段合并在一起，称为产品顶层定义阶段，在这个阶段，完成从市场需求收集与分析到产品概念设计与验证的一系列工作，并最终输出一份产品包需求和设计规格书给开发环节。在这个阶段，由研发出身经验丰富的专职产品经理负责，组建由市场、开发等部门参与的虚拟团队，并设计若干评审和决策点。通过这样的流程设计，实现基于现状的低投入、高产出的产品规划工作。当然，这样的设计需要对业务有深刻的理解，将产品的前期规划活动整合成为顶层定义阶段，缩短了周期，对应的业务特征是产品相对标准化，通常不是全新产品，而是对细分市场的新增型谱开发（如图 6–10 所示）。

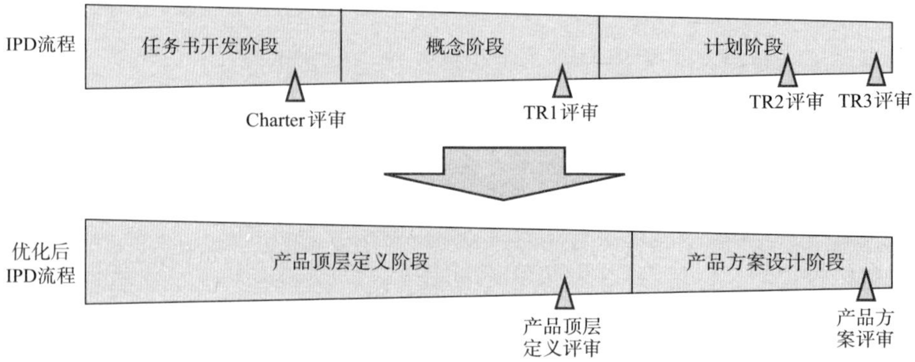

图 6–10　合并了任务书开发阶段和概念阶段的 IPD 流程

顺序调整，意味着节点合并或分离。前者如任务书开发阶段和概念阶段合并为产品顶层设计阶段；后者如将 TR4 分离成 TR4 和 TR4A 两个节点。

无论是合并还是分离，都是基于现有组织能力，选择一条最高效且切实可行的路径，以达成流程目的。

顺序调整和流程啮合有时候会同时发生，但两者目的不一样，是两个设计思路。**流程啮合主要是为了实现上下游之间复杂而专业的信息有效传递和沟通；顺序调整主要是让低成本的岗位参与到高成本专业人士的工作**

中，有效地保证前后端工作量饱和且整体流程效率最高。

两者的共同之处是都会设计上下游流程之间的交接点。但流程啮合对于交接点的设计是承接关系，往往是下游参与到上游的节点中；而顺序调整对于交接点的设计是更细的分工，往往是成本低的一方参与到成本高的一方中去协助加快工作进度。

从流程的发展演进过程来看，最初是自发的、混沌不清的；然后逐步清晰，开始组织分工并相互参与，这时需要调整顺序；再往后发展，各领域越来越专业，对应的专业组织越来越大，流程越来越独立，这时，需要设计流程上的啮合点。

总之，深刻理解流程啮合和顺序调整的本质，才能根据业务的实际情况，灵活应用，使流程发挥最大效益，并能顺利落地执行。

6.5 流程优化方法四：遵从架构与端到端拉通

专业聚焦与经验积累、业务集成与纵横拉通、前后啮合与顺序调整是三种流程设计方法。除此以外，在流程设计过程中，还要遵从架构，并做到端到端拉通。**遵从架构的目的是做到端到端拉通，端到端拉通要基于遵从架构来实现，两者都是防止流程局部优化，都是为了达到流程整体效益最佳。**

遵从架构是流程设计最基本的原则。

什么是遵从架构呢？前面谈到，流程架构要求完全穷尽且互斥。遵从架构就要求所设计的流程必须是架构上的一个节点。这有两个基本要求：

其一，如果流程在架构上找不到位置，那应该先更新架构，把该流程补充到架构中，明确该流程在架构中的位置及上下游关系。

其二，流程范围和内容遵循在架构中的定义，既不缩小架构中要求的范围，也不扩大到其他流程的范围中去。

当我们面对一个流程的时候，要思考一下，这个流程在整体架构上是放在哪里的？当我们面对一个解决办法的时候，要思考一下，这个办法有没有打乱原来的架构，是不是一个“补丁式”的解决办法？

遵从架构的提法看上去有点不可思议，因为架构不就是用来遵从的吗？但在实践过程中，我们发现架构设计好以后往往只作为顶层框架，具体流程在设计过程中常常“野蛮生长”“因地制宜”。遵从架构是为了防止设计过程中的本位主义，防止流程自发的“野蛮生长”和“因地制宜”，防止流程的局部效应，以保证整体效益最佳，并利于公司长期发展。

某公司要采购一项物资时，提出采购申请后，根据采购金额的大小，要经过多级管理者审批。随着业务发展，各采购物资归属部门根据自身的特点，对审批节点的设置提出了不同的要求，再加上采购物资分类带来不同的审批路径，整个采购过程非常复杂。在梳理该流程时，我们访谈很多业务管理者，发现很多人在审批采购申请的时候只是看一下采购内容是否需要，并主观判断一下采购价格是否合理，且各级审批者都是如此，区别只是不同的采购金额会流向不同的审批层级。

如此，从采购管理内部来看，采购申请是一个授权管理。但是，如果我们把视角放到整个公司流程架构上，就会发现公司有预算管理流程，年初对需要采购的物资已做过预算，也经过了相应的审批。

那为什么做预算的时候已经审批了一遍，在采购申请时还要审批一遍呢？这便是具体流程设计时的“野蛮生长”，缺乏架构上的总体规划，让架构形同虚设。

进一步，为什么采购申请审批应该放到预算的时候，而不是放到单笔采购申请的时候呢？因为不是从计划与预算角度来管控，单纯就某一笔采购申请作出审批判断，是无法做到有效管控的。针对某一笔采购审批，只能判断业务的真实性，不能判断其合理性和必要性。这就是流程架构的全局意义所在，流程架构代表了全局角度的先进管理，也代表了各业务模块的分工与协同。

基于架构遵从的流程设计，对信息化系统也提出了要求。如预算管理和采购申请两个流程，应该在信息化系统上打通。在采购申请流程中，系统能够关联到预算明细，并判断采购为预算内还是预算外的，然后据此流向不同的分支。

前文谈到对研发无形资产的管控要求。为了防止企业弄虚作假，审计机构会对研发支出材料进行审计。为了保证审计时合法合规，某企业根据《企业会计准则》规定，设计了“研发项目无形资产管理流程”。通过该流程，在研发立项的时候进行是否符合无形资产项目的准入评审，在项目过程中对费用支出进行是否符合规定科目的审核，在项目结项时对费用进行归集和结转，在项目结项后对无形资产进行摊销。

在分析该流程时，我们发现了两个问题。其一，无形资产针对的是产品，不是项目。而该流程是对项目过程加强管控，为什么呢？原来企业并没有产品开发管理流程，这就给无形资产管控增加了难度和工作量。比如，当一个产品有多个研发项目时，需要将多个项目的材料打包成一个虚拟项目进行管理；当一个研发项目供多个产品使用时，需要将结转后的无形资产分别摊销；在对摊销进行管理时，项目已经结项，相关资料已无人可以提供。其二，无论是项目立项，还是结项，都是产品开发过程中的一个阶段。在每个阶段都有很多工作要做，将无形资产管理单独剥离出来是否合适？如果所有流程都这样设计，那就会形成多个垂直的、离散的、单点的管理流程，整个研发就不会是端到端的流程了。

为什么会出现这两个问题呢？究其原因，是该企业缺乏产品开发流程架构，“研发项目无形资产管理流程”是在架构缺失的情况下对单个问题的“补丁式”解决办法。

当然，并非所有的管理工作都要分解到产品开发流程中去，对于一些专业性的工作可以从专业角度进行归集和设计，如质量管理、成本管理等，这也是研发管理流程架构的一部分。

某公司在审计时发现生产线上常年物料堆积如山，追根溯源，发现是生产退库流程的执行出了问题。生产退库流程的目的是将已经发送到生产线上但因计划变更或质量不合格等原因造成的多余物料退回仓库。把流程现状呈现出来后进一步发现，物料在退回仓库之前，需要征得质检人员及采购部长同意。为什么呢？通过访谈得知，如果退回仓库的物料出现质量问题，则需判定是否为供应商责任；如果是供应商责任，则商务部需限期向供应商索赔。于是，为了减缓向供应商索赔的压力，商务部要求在退库前进行审核。回到流程架构上来看，生产退库流程的定位并不包括商务部的诉求，而仅是把物料从生产线退回到仓库。至于向供应商索赔的事情，另有流程处理。为什么会出现这种情况呢？这就是流程在设计过程中没有遵从架构，局部（部门）的本位主义最终导致流程偏离了目的。

遵从架构最终会体现在组织建设上，厘清各部门职责与分工，规避交叉、空白，大家齐心协力为端到端流程服务。

端到端拉通是流程审视的重要标准，主要考察流程全局及总体是否达到效益最佳。

端到端拉通有两个导向。首先，全流程对准客户，聚焦客户价值。其次，流程内部畅通无碍，高效运转。前者确保做正确的事，后者把事情做正确。

端到端拉通通常关注以下三点。

其一，是否设置了对准客户的流程指标，局部（部门）指标是否和流程指标冲突，是否服务于流程指标。

其二，流程过程中是否存在断点，其下一个环节对上一个环节的输出是否认可。如果上一个环节的输出下一个环节不认可，即说明流程存在断点。

其三，流程是否为细分场景做了适配和裁剪，以保证对特定场景灵活高效。流程讲究统一的路径和节奏，正因为此，针对特定场景，应考虑是否有更便捷高效的方式。

某公司在东南亚一沿海国家交付了一批设备。但由于东南亚气候潮湿，该设备的某个螺丝钉经常生锈，因此，客户要求更换螺丝钉材质。获知需求后，客户经理发起了需求变更流程，该流程先后经过研发、制造、采购、物流等环节，最终历时半年多才完成更换。在对该流程进行审视时，大家觉得如此小的一个需求耗时半年多，太不可思议了，于是对流程执行情况进行了呈现和根因分析。最终发现流程在采购、物流环节耗时最长，分别停留了几个月的时间。为什么呢？进一步访谈发现，公司对物流部门的考核指标为平均配送周期和平均配送成本。这颗螺丝钉价值非常小，配送时间长一点，对配送指标结果影响很小，而且聚齐多种物料一起配送还能降低平均配送成本。于是，物流部门便拖延了该螺丝钉的配送。同样，在采购部门也设置了类似的指标，导致采购时间耽搁了。

这就是端到端流程没有拉通的典型案例。流程应针对客户设置评价指标，而流程中各部门的考核指标应支持、服务于这个评价指标，至少不能与该评价指标相冲突。

端到端的流程，在落地过程中会体现在组织的端到端上。

对于客户服务流程，接收到客户请求后，通常会遇到一些解决不了的情况，于是需要升级，甚至出现多次升级的情况。针对这种情况，大部分企业的升级方案通常是按照行政级别依次往上：专员、主管、经理、总监等。为什么按照行政级别来升级？因为行政级别越高，掌握的资源越多。但是，专员、主管、经理、总监，他们是最终解决问题的人吗？不是。所以，这样的升级流程，本质是以人为中心，以人的管理级别和资源调动能力为中心。某优秀企业的客户服务流程不是这样设计的。该企业也将服务分为一线、二线、三线，但并不是按照行政级别来定义的，而是根据与客户的距离来定义。一线是直接面向客户提供服务的，二线是远程为客户提供服务的，三线则是研发工程师。对比其他企业的客户服务流程，我们就会发现，该企业的流程才是端到端的流程，该企业的组织也是为端到端流程服务的。

端到端流程，不仅仅要求组织去行政化，同时也会产生超级角色。通过设计超级角色，来负责全流程内部复杂业务的交互过程，以提高流程运行效率。无论是跟单员，还是项目经理，都是基于这样的理念产生的角色。这样做体现了一点：在流程落地过程中，人永远是最重要的。

6.6 流程优化模型

回顾这四种方法，其相互组合，逻辑上完整地覆盖了流程设计的关键部分。**专业聚焦与经验积累主要体现在优化关键活动和关键角色上，业务集成和纵横拉通主要体现在优化活动之间的关系及团队角色上，前后啮合与顺序调整主要体现在优化上下游流程衔接及组织配合上，遵从架构与端到端拉通主要体现在优化流程全局效益及组织建设上。**结合这四种方法，得到如下流程优化框架模型（如图 6–11 所示）。

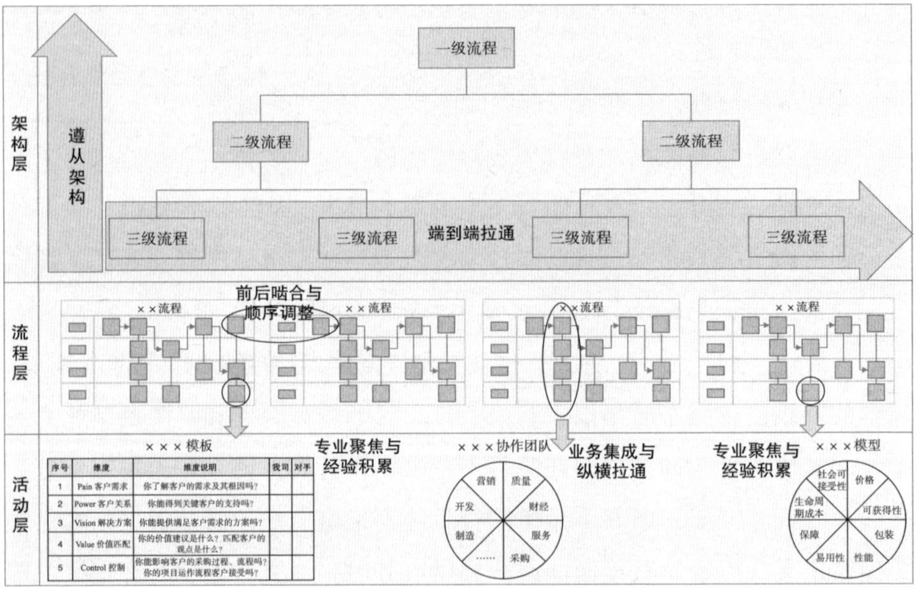

图 6–11 流程优化框架模型

四种优化方法往往结合起来使用。比如，上文提到的采购计划集成，其业务活动设计体现了多个环节采购预测信息集成，也体现了多次执行流程后的信息集成；而基于这些信息集成，是在多次计划准确度复盘经验基础上，设计计划模型，属于经验积累的部分。

第 7 章　流程管理与业务改进

7.1　什么是业务改进

企业对管理者的基本要求是发现和解决问题。那什么是问题呢？**问题是指现实情况与期望目标之间的差距。**比如，硬件生产不良率的期望目标是 1%，实际值是 1.5%，这就是问题；又如，仓库账实一致率的期望目标是 100%，实际值是 99%，这就是问题；再如，新产品开发周期的期望目标是 150 天，实际值是 180 天，这就是问题。

在通常情况下，人们感知到的问题并不具体。比如，我们问车间管理人员有什么问题，他可能告诉你不良率太高；又如，我们问仓库管理人员有什么问题，他可能告诉你账实一致率太低；再如，我们问研发管理人员有什么问题，他可能告诉你新产品推出太慢了。

管理者在分析和解决问题时，一般会有三个层次。其一，这是一个单点的问题，也就是偶然事件、例外事件。其二，这是人的问题，能力不足或者态度不对。其三，这是业务规则设计的问题，缺乏通用性、系统性。

这三个层次的问题，都可以通过流程改进来解决。对于单点的例外事件，管理者通过分析其根本原因，设计流程去规避，将例外事件变成例行事项。对于人的问题，要么是流程中的能力要求不明确或缺乏培训方案，要么是考核机制设计不到位，这也对应了流程和任职要求及推广落地打通的要求。对于第三个层次的问题，正是流程的主要价值所在，通过系统性的流程设计，全面地解决通用的业务问题。我们谈的业务改进，主要是指第三个层次的问题。

从企业整体经营管理来看，每年都会对上年度战略制定及执行进行复盘，在此基础上发现差距，进行根因分析。在根因中，有很多是关于内部管理效能低下的问题。于是，在新年度战略规划中，需要针对这些问题制定业务变革战略。**流程管理正是承接战略解码中关于业务变革与改进的工作。**

7.2 业务改进的一般过程

业务改进作为流程管理的最终目的，在设计流程管理机制时会被重点考虑。业务改进的一般过程包括以下三个阶段。

第一阶段，定义问题及目标。

定义问题非常重要，把问题定义清楚，是解决问题的基础和前提。但是，在实践过程中我们发现很多人并不能把问题描述清楚。如前所述，问题是现实情况与期望目标之间的差距，这是指导把问题定义清楚的方法。

流程指标为发现和定义业务问题提供了很好的视角，通常包括以下角度：

效率，如周期、时间……

质量，如通过率、不良率、缺陷率……

成本，如人月、工时、费用、利润……

20世纪90年代初，IBM公司陷入巨大亏损。新的CEO郭士纳上任后进行了多方面的变革，其中最著名的就是研发变革。在变革之前，对研发领域问题进行总结和分析时，他发现研发费用、研发损失费用、产品上市时间等指标均远远落后于业界最佳水平。启动变革时，IBM定下的目标是新产品上市时间缩短50%，研发费用降低50%。经过三年变革后，各项指标均被刷新：

高端产品上市时间从70个月减少到20个月，中端产品上市时间从50个月减少到10个月，低端产品上市时间少于6个月。

研发费用占总收入百分比从 12% 减少到 6%。

研发损失费用从 25% 减少到 6%。

产品质量得到提高，人均产出率大幅度提高，产品成本降低。

根据国际著名咨询公司 PRTM[①] 分析，成功进行 IPD 流程变革给企业带来的好处包括：

产品上市时间缩短 40%—60%。

产品开发浪费减少 50%—80%。

产品开发生产能力提高 25%—30%。

新产品收益（占全部收益的百分比）增加 100%。

那是不是所有的问题定义都应该严格按照上述维度精确表述呢？当然不是。按照上述维度精确表述的问题通常是最终的问题，有两种情况不必如此表述。其一，改进目标是特定的有明确范围的内容，且并非全局性的改进；其二，变革受众能够理解这个问题，问题对背后指标的影响逻辑是清晰的。

管理不是公式，管理也不是计算，管理甚至只是模糊的精确。把问题定义清楚的目的是能准确传递信息，如果问题描述所反映的事实逻辑非常清楚，就没必要严格去计算问题的严重程度。所以，以下问题表述也是可以的。比如“产品顶层设计能力不足”，这个问题反映的是产品成功率，并进而反映在产品开发浪费上；又如“缺乏端到端的 BOM 管理”，这个问题会影响研发效率、质量。类似这样的描述，虽然并非真正的问题，而是问题的原因甚至是解决问题的举措，但大家都能理解其对业务造成的影响，并对这种影响达成一致的认识。当然，要描述清楚这类问题，仍然需要数据或者典型案例支撑，至少需要业务过程中的常见现象来支撑。

是否要精确地从指标数据描述问题，也可以从另一个维度来进行区分：

---

① PRTM：Pittiglio Rabin Todd & McGrath。PRTM 是世界著名咨询公司，全球领先的研发咨询机构，成立于 1976 年。PRTM 在 1986 年出版《产品及生命周期优化法》一书，最先提出了集成产品开发（IPD）思想。

其一，从无到有的改进，其主要内容是建立某个领域的管理体系。比如，“实现 BOM 的端到端管理”，这是对标杆企业动作的学习。

其二，从有到优的改进，其主要内容是根据和目标指标的差距比对，分析并改进其驱动流程。这是对标杆企业的学习。

这两个维度，第一个不需要用精确的指标数据描述，第二个一般会采用精确的指标数据描述。

定义问题有以下几个误区，在实践过程中需要避免。

其一，描述的是现象，且现象和其反映的问题的关联并非大家所共知。

其二，描述的是细节，是业务操作人员基于个人执行角度看到的问题，并非从业务管理角度看到的问题。这种问题表现出来往往是个人诉求或者信息化改进需求。

其三，描述的是期望的措施，用措施代替问题，可能会掩盖真正的问题或者不能系统地解决问题，甚至让问题更加严重。

其四，描述的是意外事件，不具备典型性。意外事件并非例外事件，是指意想不到且不会重复发生的事件。

定义问题要注意：是业务的问题，不是个人的期望；是管理的问题，不是操作的问题；是具体的问题，不是抽象的问题。

定义问题，要把问题描述清楚，通常采用两个方式：数据和案例。通过数据，可以定量地描述问题；通过案例，可以形象地描述问题。两种方式都能准确地传递问题的信息和改进的方向。业务改进需要争取很多人参与和投入，通过数据和案例来进行描述可以让问题更具有说服力，能争取到相关方的支持。

问题是现实情况与期望目标之间的差距。但我们分析问题时往往只注重讲清现实，忽略了目标。即便讲了目标，也可能只是讲了一个长远的方向，而并非当前改进的目标。比如，我们和标杆的差距很大，这个差距并非马上可以消除的，可能需要三年到五年的时间才能消除，这时，我们需要设计一个当下可达的改进目标。

目标设计可从三个方面进行考虑：和企业历史情况相比、和竞争对手相比、和行业标杆相比。有些时候，业务改进的目标并不一定可以量化。如果不能量化，则一定要具体、清晰。

定义问题和设计目标都不是一蹴而就的事情，可能是在解决问题过程中逐步确定的，所以，在后文阐述流程管理机制及设计变革项目机制的时候，也会考虑这一点。

第二阶段：分析根本原因，找到驱动因素。

定义了问题，有时背后的根本原因一下就变得很清楚，这也是定义问题时并没有做严格要求的原因。但大多数情况下，根本原因并不清楚或者所清楚的根因并非真正的根因。这就需要一步步分析，找到根因，也就是找到最终的驱动因素。

一家大型乳制品企业的酸奶业务远远落后于竞争对手，其改进目标是提高销售额及市场占有率。最初，由于参与改进项目的人员大都有过市场管理工作经验，他们认为是广告投入不够，只要增加广告预算，提升品牌影响力，就能将顾客吸引过来购买自己的产品。但管理者对这个方案存在疑虑，因为企业其他产品的销量都要高于竞争对手，因此品牌影响力应该不是主要驱动因素。经过实地调研和分析，大家进一步发现，在大部分超市，企业产品的摆放位置和竞争对手相比不够好，这是因为渠道关系维护得不够好。然而，在那些摆放位置和竞争对手相当的超市，企业产品销量仍然落后于竞争对手。于是，大家认为是现场促销做得不够，就增加了地推人员，开展了现场品尝等活动。在一系列措施后，销量有所上升，但仍然落后于竞争对手。至此，管理者决定深入了解用户购买习惯。在经过大量的调研后发现，用户之所以购买竞争对手的产品，是因为竞争对手产品的生产日期更近。原来，因为酸奶的保质期较短，以往企业物流及铺货是以保质期为目标来安排配送资源。但是，用户在购买的时候，并非只要求酸奶在保质期内即可，而是会在同样的保质期内选择日期更近的。所以，该企业的酸奶销量总是落后于竞争对手。

经过上述一步步的调查分析，企业发现了问题的根本原因所在，针对性地优化了渠道管理流程和物流配送流程。通过优化，迅速提升了酸奶销售额和市场占有率。

从上面的案例可以看出，从问题表现到驱动因素，需要细致的分析和耐心的求证。在这个过程中，假设原因，验证假设，再假设原因，再验证假设……“假设—验证”是最基本的方法。但是，最重要的并不是方法，而是要尊重事实，不要先入为主。要做到这一点，流程变革项目的团队结构非常重要，在后文阐述流程管理机制的时候会做相关阐述。

第三阶段：设计解决方案，规划未来蓝图。

很多人认为问题定义清楚了就找到了解决办法；更多人认为根本原因分析清楚了就找到了解决办法；其实，设计解决方案的过程非常重要，决定了问题是否能够全面、系统地得到解决，也决定了解决方案是否能够推广落地。

经过根因分析后，问题的驱动因素会聚焦到一个或多个流程上。优化这些流程，规划流程蓝图，即问题的解决方案。

流程优化的关键步骤有三个，即现状呈现、改进机会分析、重新设计。

第一步，现状呈现。

现状呈现是对流程当前运行过程进行梳理和呈现。现状呈现并不是查阅现有流程图，而是去实地调研现有业务是如何运行的，既包括业务过程中的各个活动，也包括过程中所用到的方法、工具和模板，还包括过程中涉及的人员分工、能力条件及 IT 系统等要素。在实地调研时除看业务过程外，还要大量访谈流程中涉及的关键角色，倾听他们对流程运行的意见。

访谈是现状呈现过程中非常重要的内容，一般包括充分准备、开放访谈、详细总结、细节确认四个环节。访谈的目的是通过交流获得对业务更全面、更真实的了解，是由主观通往客观的一种方式，最后的结果和客观有多接近，取决于我们的准备和访谈技巧。在实践过程中，我们常常发现访谈效果不佳，具体表现在对业务现状理解较为片面甚至偏离了业务现实。为了避免这种情况，我们要重点关注以下几个方面。

其一，访谈对象应单一。一个人最好，最多带一个助理。对象只有一个人，才会把问题挖掘出来。如果对象是一个群体，那可能会出现两种情况：只有领导说话，其他人不发表意见；大家都认为可说可不说，反正有其他人在。但是，验证流程和问题的时候可以采用群体访谈的方式。

其二，不要放过细微的问题。有时候被访谈人只是顺口一提，但其隐含内容不可忽略。这些内容可能是别人不大愿意讲的，而这种问题往往是非常重要的。

其三，避免“屁股决定脑袋”。预设自己的观点，在访谈中夹杂自己的立场。这样，要么引导访谈对象朝自己期望的方向谈，要么过滤掉了和自己期望不一致的信息，最终不能客观反映真实业务。

其四，避免回避自己不熟悉的地方。每个人的经验都有不足之处，访谈不是为了表达自己的观点，而是让对方谈业务现状和问题，所以，不要对自己不熟悉的地方避而不谈。

对于访谈的结果一定要去验证，通过寻找数据和案例进行确认。当然，企业内部的变革项目一般不需要像咨询项目那样严谨的逻辑验证，但也要做到准确。企业内部变革之所以可以不那么严谨，是因为管理者熟悉企业实际情况，经过简单或局部的验证即可直达结论。

在访谈的基础上，我们可以通过工作坊的方式，将相关角色召集在一起，通过集体研讨高效、全面地把现状用流程图的形式呈现出来。现状呈现和流程呈现并不完全一样，要求越细致越好，要将业务流和信息流详细描述出来。

现状呈现的形式可以不拘一格，以下为一种常用的阶梯展开方式，也叫矩阵呈现图（如图 7-1 所示）。

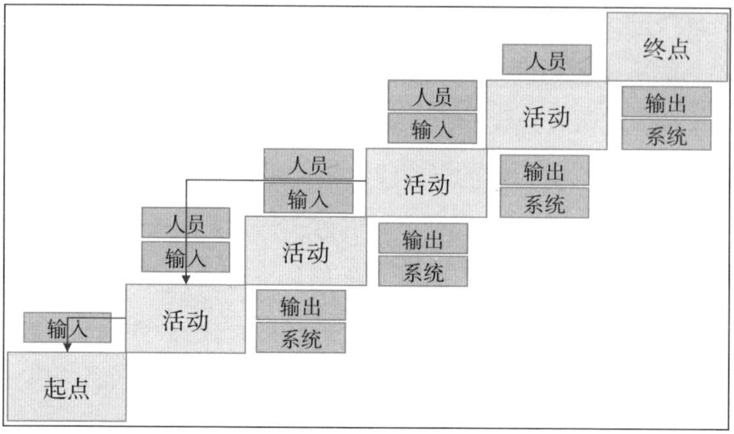

图 7–1　流程呈现矩阵法

第二步，改进机会分析。

改进机会本质是寻找与问题匹配的机会点。所以，寻找改进机会要从问题定义出发，并根据根因分析的结果，在现状呈现的基础上，开展改进机会分析。这些机会点通常来源于三个方面。

第一，访谈过程中收集的问题。这是对流程改进机会的主观发现，对这些问题整理和分析后，分解到流程的活动或者输入 / 输出上。

第二，从流程设计方法的维度审视业务过程，发现改进机会。这是静态的观察角度，对于活动层级的改进，一般凭经验即可发现，不需要专门的方法；但对于较高层级的改进，则需要专业方法的指导，具体方法可以参见本书第八章内容。

第三，从流程运行的维度审视业务过程及结果，寻找改进机会，这是动态的观察角度，既看运行过程的数据，也看运行的结果。一般包括以下四个维度。

其一，流程执行时间。统计流程执行的最短时长、平均时长和最长时长。分析最长时长产生的场景以及时间消耗最大的活动，寻找改进机会。

其二，流程执行成本。统计流程执行所需成本，包括人力成本和物料成本，分析成本消耗是否合理，寻找改进机会。

其三，流程执行人员。分析各活动执行对应的人员信息，包括所处部门、所需技能或任职资格等，寻找改进机会。

其四，信息化系统。分析各活动执行涉及的信息化系统及其功能，寻找改进机会。

执行时间和成本，不一定要绝对的量化数据，主要是分析时间和成本集中在哪些环节，然后寻找改进机会。比如，分析研发流程，发现成本集中在开发阶段，那可以思考是否把一部分工作分解出来给成本更低的测试人员做；又发现时间集中在编码阶段，那可以思考是否因为设计阶段工作没做好导致编码阶段反复太多。

执行人员和信息化系统，一方面要考虑现有人员能力和信息化系统功能是否较好地支撑了单个活动，另一方面要考虑活动和活动之间流转的时候，是否跨越多个组织或多个信息化系统，以发现组织改进和系统集成优化的机会。

改进机会分析结果，可以和现状合并呈现在一张图上，即矩阵分析图（如图 7–2 所示）。

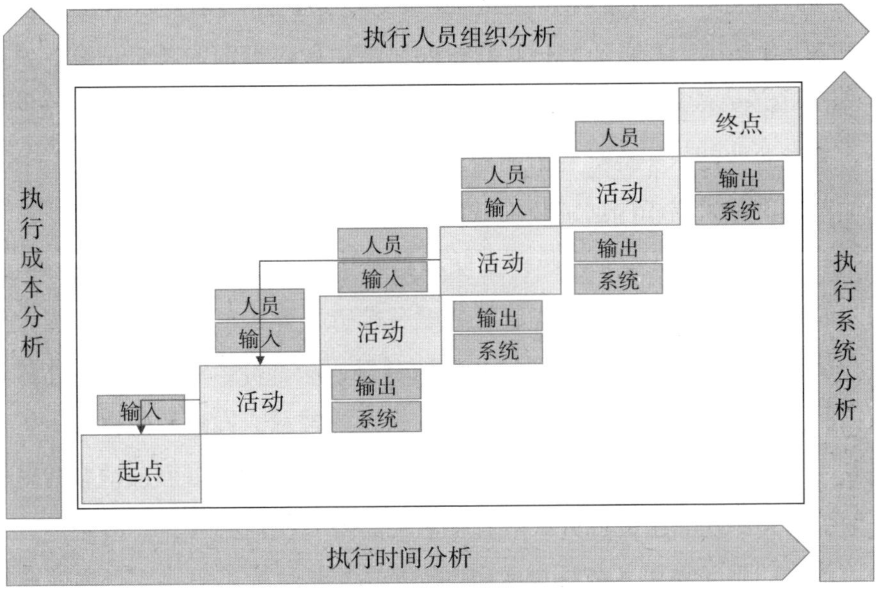

图 7–2 流程改进矩阵分析法

第三步，重新设计。

分析了改进机会，便可以针对改进机会展开流程的重新设计。流程设计的主要方法在上一章已经专门阐述，这里谈谈设计需要注意的事项。

流程设计要注意两个方面。

一方面，流程设计是一件很专业的事情，要由专业的人来负责。方法就摆在那里，不同的人设计出来的效果却是不一样的。设计过程中，以下三类人员最为重要，缺一不可：深刻理解并掌握流程设计思想的人员、了解该领域业界最佳实践的人员、了解企业业务现状的人员。设计过程中，如何把上述三类人员团结在一起，充分探讨并得出一致的结论是非常重要的。

另一方面，解决方案是很客观的，但设计却带有主观性。在实践过程中发现，解决方案常常会受到部分人员的主观影响，特别是一些部门负责人会基于部门目的对方案提出修改意见。所以，设计过程的组织很重要，要能避免流程最终成为企业内部各部门政治或利益平衡的结果。

业务改进的一般过程包括上述三个阶段，即：定义问题及目标；分析根本原因，找到驱动因素；设计解决方案，规划未来蓝图。三个阶段并不是相互独立的，也不是完全按顺序执行的，会有前后交织，甚至需要反复调整。

7.3 通过项目运作落地业务改进

通过流程优化来改进业务，其组织形式和运作方式就是项目制。

项目是为了达到特定目的的一次性过程，这正符合流程优化工作的特征，所以流程优化采用项目化运作是很自然的选择。同时，流程优化工作拥有一些独特之处，使得项目化运作成为它的最佳选择，而理解这些特征，有助于我们更好地运用项目管理工具。

首先，流程优化工作的目标和范围常常难以明确，并一直处在不断变化的过程中。这正是项目管理的优势，通过项目管理，可以更好地管理领导的期望，可以更好地统筹内部以及相关方的利益，这对保证工作产出的效率和质量都极其重要。

其次，流程设计过程需要业务人员和流程架构师共同参与。业务人员带来企业业务现实以及历史经验与教训，流程架构师带来业界最佳实践经验和参考模型，两者相互融合，才能产出最符合企业需求的优秀方案。除了流程架构师以外，流程优化工作也会有外部顾问参加。为了让多方参与并更好地协同，必须通过项目来运作。

再次，流程设计过程需要流程相关方共同参与。流程设计过程有一个很重要的目的，就是相互达成一致。所以，流程涉及的关键岗位都应该参与，流程的上下游也应该参与。如果不通过项目来运作，它往往会变成由一个负责人来制定流程，而这个流程最终很可能被束之高阁，无法推行。

最后，流程优化工作的成果持续落地应用必须有项目支撑。无论是成果推行，还是流程监控与审计，都涉及多个部门、不同人员的参与，只有通过项目，才能保证资源的投入以及相互协同推进，才能保证最终达成目的。

流程优化工作虽然适合用项目来运作，但是把流程优化项目做好并不容易，在实践过程中常常出现偏离目标或者失控等问题，通过对过去案例的总结，我们发现有以下八个“陷阱”需要规避。

其一，**目标过于宏大而抽象，不够具体**。这种项目最后往往变成了例行工作，迟迟无法落实到业务中，一段时间之后不了了之。流程优化项目通常由领导者发起，所以，提出宏大的目标是可以理解的，但项目组应该根据领导者的意向启动项目规划，进行任务书开发，以此把项目目标具体化。

其二，**目标摇摆不定**。流程优化项目通常涉及多个部门，各个部门都有自己的诉求，因此，项目容易被各个部门牵着走，表现为不同时期工作目标的不一致。这对项目最终成果的达成危害很大，既可能导致项目失败，也可能造成项目方案反复，效率低下。流程优化项目并不是满足各个部门的需求，也不是被动地根据访谈内容来开展工作，而是有规划地、主动地去解决公司全局性的管理问题。

其三，**项目方案脱离业务实际，理论上“完美”却无法落地实现**。出现这种情况要么是项目缺乏业务人员参与，要么是总体设计人员融入了太多个人经验和期望。流程优化既要有业界的优秀实践作为牵引，也要基于公司业务现实，方能确保后续成果落地应用。

其四，**项目方案缺乏总体架构设计，由局部小改进拼凑而成**。出现这种情况可能是缺乏总体架构师这一角色或者没有架构设计这个环节，或者是项目缺乏业务管理者参与。流程优化是对管理进行改进，必须由管理者亲自参与，否则无法达成预期目标。在流程优化项目中，管理者往往授权业务执行人员参与，业务执行人员的视角有限，只能就局部的操作问题进行改进，在这种情况下，项目方案容易变成零星的信息化需求，如把线下操作搬到线上，又如对某个 OA 电子流进行改进等。同时，缺乏管理者参与，便缺乏决策人员，项目方案往往“有求必应”，逐渐变得零散而臃肿。项目方案一定要从项目目标出发，思考项目对于公司价值链的贡献，而不仅仅是局部的、操作层面的改进。

其五，**项目产出文档化，缺乏落地措施**。流程优化项目的产出不仅仅是流程发布，还应该包括落地措施、对组织职责及相关岗位能力的要求、相关的培训材料及信息化系统支撑需求。

其六，**项目成果缺乏持续应用措施**。很多流程优化项目有落地措施，但在结项后，落地措施就不再应用了，项目成果缺乏持续应用。流程优化项目应产出配套的度量指标和运营措施，在结项后推动项目成果的应用例行化，并通过运营不断将其改进优化。

其七，**项目团队成员不能精诚合作，形成合力**。流程优化的项目团队需要多种角色，甚至包括甲方、乙方的角色，这些角色所从事的岗位工作、所经历的职业背景均不一样。之所以出现多角色团队，是因为流程优化的工作需要多样化的经验和能力。这对项目组织和管理提出了挑战。在实践中，常常出现由于项目组各成员之间意见不一致，流程优化变成了谁对谁错的争论，以致不能形成合力的情况。在这种情况下，一方面，项目团队建设极为重要；另一方面，项目运作流程、职责分工及相关决策评审设置也非常重要。有两点需要强调：流程没有对错之分，只有合适与否；不论甲方、乙方，项目目标都是一致的。

其八，**项目团队成员在项目结束后未能妥善安排**。流程优化项目是一类特殊的项目，其特殊性就表现在项目结束后的工作也很重要。一方面，如前所述，项目成果需要持续应用；另一方面，项目成员需要妥善的安排。流程优化项目需要从业务部门抽调骨干员工参与，这些员工由于暂时脱离了业务，其岗位被其他员工替代，等项目结束后常常发现没有适合他们的岗位了，于是便流失了。这不仅造成人才流失，也打击了流程优化人员的积极性，不利于流程优化项目的持续开展。事实上，经过项目锻炼后，这些人员既对业务有了更加深刻的理解，也培养了通过流程发现和解决问题的能力，这些人员本身也是流程优化项目产出的成果之一。流程优化项目往往会促成新的组织诞生，在这种情况下，项目成员可以进入新的组织工作。此外，项目成员也可以继续回到原部门，根据表现晋升到更高级别的岗位。

为了规避上述陷阱，需要建立流程优化机制，从项目过程、团队构成、工作方式等方面进行规范和约束。

PROCESS MANAGEMENT & BUSINESS

第三部分　建立流程管理体系

第 8 章 | 流程管理组织建设

8.1 流程管理部门

很多公司在确定开展流程建设以后，面临的第一个问题便是如何设置流程管理部门。

流程管理部门要做的第一件事情就是想清楚部门定位及职能。公司在设置部门时，分管的高层领导未必想清楚了这个问题。流程管理部门应该根据公司的现实情况，参考业界经验，明确自己的定位及职能。

流程管理部门的核心定位是通过统一管理集团业务流程建设及业务变革项目，成为业务绩效不断提升的赋能者。据此，需要具备以下几项职能（如图 8-1 所示）。

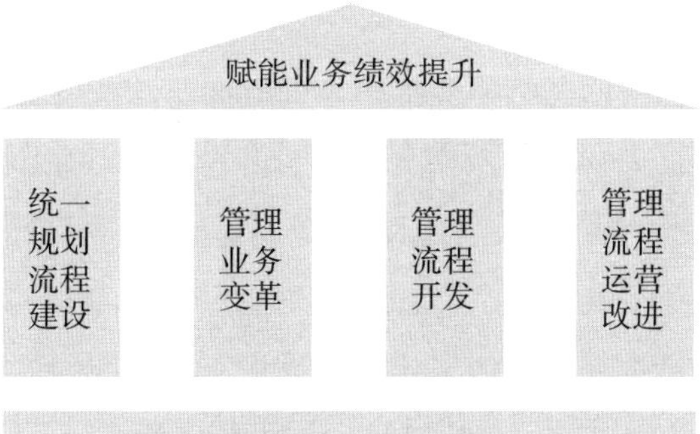

图 8-1 流程管理部门基础职能

其一，建设流程管理体系。

设计和构建公司流程管理职能，包括公司总部和各业务单元的流程管理职能，明确总部和业务单元共同建设和管理流程的协同机制。建立流程全生命周期管理机制，包括从规划、建设到运营的各个环节，并设置相应流程责任人。建设流程管理平台，通过信息化系统提升流程开发和管理效率，统一设计工具，统一查阅平台。

其二，统一规划流程建设。

承接战略变革要求，收集流程运行过程中的优化需求，组织统一分析和规划，确保流程建设整体投入产出最佳。

其三，管理业务变革。

建立统一的业务变革方法论，引导业务变革项目开展，并实质地参与项目过程，确保业务变革成功。

其四，管理流程开发。

组织设计公司统一流程架构，发布流程架构基线版本，并据此推动持续完善和优化工作。建立统一的流程开发方法及建模输出标准，贯彻落实到流程开发和发布过程中，提升流程开发效率和输出质量。

其五，管理流程运营改进。

通过日常监控及定期审计，推动流程在业务运行中得到落地，同时发现运行过程中的问题，及时改进，确保流程对业务绩效的提升作用。

上述是流程管理的基本职能范围。一方面，这些职能并非一蹴而就实现的，而是要根据公司现状及条件有选择、有步骤地建设；另一方面，流程管理并不局限于上述内容，可以根据公司特点进行扩展。

当流程管理部门成立后，其架构应该放在哪里，也是需要考虑的问题。有些企业把流程管理部门和信息化部门放在一起，因为信息化可以更好地让流程落地，而流程也是信息化的输入，两者结合可以更好地为业务赋能。有些企业把流程管理部门和战略运营部门放在一起，这样可以更好地承接战略变革的要求，开展重大的变革项目，在流程建设过程中也会有更好的推动能力。事实上，无论把流程管理部门和哪个部门放在一起，抑或独立为一个一级部门，流程管理职能和信息化、战略运营在业务上都是紧密关联、相互协作的。

设置流程管理部门，有两个职位非常重要，需要慎重选择人员。

其一，流程管理部门负责人。因为流程管理具有一定的专业性，所以很多公司通过外部招聘的方式来选择部门负责人。但与专业性相比，流程管理部门负责人的内部工作经验更为重要。为了弥补专业性上的不足，可以通过外部招聘的方式为部门负责人配置副职。总体来说，流程管理部门的负责人需要具备三方面的条件：第一方面，对公司业务及人员较为熟悉，和各业务领域具有良好的连接力和推动力；第二方面，心态开放，不拒绝新领域、新知识，能够和不同观点的人共同工作；第三方面，具有较好的沟通协调能力，可以将不同岗位的人团结起来，共同推进工作。

其二，流程管理工作分管领导。流程管理工作需要得到高层领导坚定、强力的支持才能成功。所以，对流程管理工作分管领导有以下要求：第一方面，分管领导个人要理解什么是流程管理，并思考清楚要通过流程管理解决什么问题、达到什么目的。咨询公司或者其他外脑可以帮助他思考，但不能替代他思考，更不能替代他决策。第二方面，找到业务中的快赢机会，为流程管理快速推进提供输入，并在各种场合宣传成果，扩大流程管理影响力。第三方面，对流程管理抱有包容之心，设计可以容错的组织氛围。流程建设常常面临障碍，往往会小步迭代前行，对小问题的苛责会让流程管理停滞不前。第四方面，能发现和培养适合从事流程管理工作的人才，持续建设流程管理团队。

前文说过，流程管理就是管理业务，所以，业务单元本身承担了流程管理的工作。公司流程管理部门和业务单元形成了两级流程管理职能。两级流程管理职能通过相互协同，共同打造流程建设文化和氛围，合力推动公司内部形成统一的流程管理思想和语言。在具体分工上，以下标准可以参考。

对于公司流程管理部门来说，在规划阶段，统一管理流程建设需求，在收集、分析后统一规划流程建设内容，确保各体系节奏一致，且资源能投放到最需要改进的地方；在建设阶段，派遣流程架构师参与方案和流程设计，确保建设产出符合预期目的，特别是确保产出符合公司整体利益，同时，确保产出内容符合标准化规范；在运营阶段，负责组织统一的流程审计，确保流程得到落地应用并对业务产生实质价值。

对于业务单元流程管理职能来说，在规划阶段，收集流程建设需求，参与公司统一规划过程；在建设阶段，参与具体变革项目实施和流程开发，负责项目成果在本部门的适配、落地推行；在运营阶段，执行流程日常监控，配合公司统一审计，整改监控和审计发现的问题。

在应用过程中，需要根据实际情况进一步细分和厘清，有些业务单元包含了流程设计的职能，有些业务单元仅仅负责流程执行；有些业务单元已经具备相应的管理能力，而有些业务单元可能还不具备这些能力……只有综合考虑各种因素，才能设计出可落地并运作良好的机制。此外，分工只是基础，很多工作需要相互配合协作才能完成，这也是设计流程管理机制的重点。

上述是对流程管理部门职能、负责人等的通用性描述，是显性的组织建设。但流程管理工作的特殊性，决定了流程管理部门的隐性要求也非常重要，这些隐性要求体现在工作方法和策略上。

流程管理的价值通过对业务的改进来实现，流程管理部门和其他部门协作非常重要。但这种协作并非总是受到欢迎，业务凭什么需要你？业务部门通常不喜欢有人在旁边指导、参谋，甚至监督。

加强和业务部门的协作能力，从以下三个方面出发。

第一方面，建设组织保障。包括流程管理机制保障，包括较高级别的部门定位和高级别的领导势能支持，也包括变革预算控制的权力支持，等等。后文会详述流程管理机制如何建设，在流程管理全过程中，流程管理部门要设计自己参与和控制的关键点以及和业务部门共同协作的关键活动。在组织势能方面，流程管理部门要成为高级别管理工作会议的参与者，成为管理关键动作的督办者或参与者。

第二方面，构建人际关系连接能力。企业由人组成，与人的连接是工作顺利开展的基础。因此，需要关注以下事项。

其一，组织成员优先选择可以影响他人的人，通常是指老员工。选择在各部门有工作经验的老员工加入流程管理部门，或者建立轮岗机制，推动各部门老员工到流程管理部门工作一段时间。

其二，区分对待人，争取扩大流程管理的同盟军。根据业务部门对待流程管理的态度，大致可以将其分为四类。支持类：业务部门对流程管理有较深刻的理解，会主动发起管理变革项目，按照公司统一的方式运作，也会主动要求流程管理部门参与和支持其管理变革项目；配合类：业务部门积极配合流程管理部门的工作要求，但不会主动开展流程管理工作；观望类：业务部门不反对流程管理部门的工作要求，但按照自己的方式独自开展；反对类：业务部门明确反对流程管理工作，认为流程管理没有意义，也不需要流程管理。把业务部门态度分类的目的是对其采取不同的策略，争取把反对变成观望，把观望变成配合，把配合变成支持，维持和巩固支持者，以扩大流程管理的同盟军。上文提到的轮岗机制，也是争取同盟军的最好方式。从流程管理部门轮岗回去的员工，对流程有较好的认识，和流程管理部门也有较好的连接关系，很容易成为支持者。

其三，形成良好有效的工作方法和技巧。把业务部门当作客户，流程管理工作首先要解决人的问题，要让业务部门理解你是去帮助他的，其次才能共同分析和解决问题。千万不要让业务部门感觉流程管理部门和自己是对立的。当然，没有一种统一的方式可以用来面对所有人和问题，要根据具体情况灵活地采用不同的策略。如果业务部门因为本位主义思想，不赞同对全局有利的方案怎么办？流程管理部门能够利用的资源很多，比如可以从受影响的下游流程入手，把相关的部门一起组织成一个更大的项目组，这样对达成全局方案大有裨益。和业务部门的协作，要注意不要喧宾夺主，要当好外脑做好支持，不抢业务功劳，让业务目标成为真正的流程管理主人。

第三方面，贡献专业服务和价值。流程管理工作要真正为业务带来贡献，流程管理部门要成为业务部门不可或缺的伙伴。这就要求流程管理工作要聚焦业务实际痛点，而不是做表面工作，也不是做管控工作，更不能给业务带来负担和干扰。只要真正为业务创造了价值，简化了业务工作，提升了效率和质量，改进业务关注的目标，流程管理部门和业务部门自然会建立长期顺畅的协作关系。

围绕流程管理职能建设以及和业务部门的协作关系，在实践过程中，流程管理部门的发展通常会依次经过以下三个阶段。

初级模式：归口管理流程工作，少量参与业务改进工作，各项工作以统一规范、传播思想和理念为主。这种模式和传统的制度文件管理职能相似，可称为流程文件管理模式。

中级模式：承接公司管理层及业务部门提出的业务痛点，牵头组织业务改进工作。这种模式下，流程管理部门增加了变革项目 PMO（Project Management Office，项目管理办公室）职能。

高级模式：广泛开展流程运营，并掌握运营数据，主动收集和输出管理变革要点，策划、推动和实施变革项目。在这种模式下，流程管理部门是真正的业务赋能者。

8.2 关键岗位建设

组织设置了职能后，需要岗位来分解和承担。为了更好地履行职能，需要设计和配置相关重点岗位，包括流程架构师、流程管理员、变革经理、变革项目管理员等。

流程架构师是流程管理部门非常重要的专业岗位。其主要职责包括以下几个方面。

其一，流程架构的开发和维护。和流程责任人共同完成该领域流程架构规划和设计，对流程架构的完整性和质量负责，并根据业务发展不断升级维护流程架构，使流程架构与业务相匹配，能指导业务变革开展。

其二，流程建设和发布。和业务人员共同梳理该领域流程架构下的流程清单，对每个流程的目的、范围、起点/终点、输入/输出进行评审，指导流程设计，把关流程输出和发布质量。

其三，战略解码和领域建设规划。和流程责任人一起对公司战略进行解码，从中分解和整理公司战略对该领域的业务变革要求，并规划该领域未来的流程建设与业务变革目标和路径，形成项目清单，使规划符合公司战略方向，支撑战略目标达成。

其四，项目规划和任务书开发。整合分析该领域业务的变革要求及流程优化需求，深入调研业务现状，完成变革项目任务书开发，为业务变革项目启动准备输入和条件。

其五，项目总体方案设计。作为解决方案责任人，参加变革项目，负责拉通业务、流程和IT，输出高阶解决方案，并指导方案细化和落地实施，对整体解决方案的质量负责。

其六，项目实施过程决策和评价。作为变革项目规划人员，代表项目需求方，对项目目标、内容、范围进行把关，对其中的疑问进行解释，对其中的分歧进行决策，对最终交付结果是否达到预期进行评价。

其七，流程运营与审计。指导该领域流程运营实施，设计流程审计方案，指导审计小组对流程执行遵从度进行审计，并对审计问题进行评审和决策，对审计问题整改情况进行审议。

其八，流程成熟度评估。根据统一的流程成熟度评估模型，设计该领域成熟度评估标准和方案，指导成熟度评估，对评估问题进行评审和决策，支持输出流程成熟度评估报告。

流程架构师按照领域进行分工和设置，比如研发领域、市场领域、供应链领域、财经领域、人力资源领域等。流程架构师必须兼具两种实践经验：既是该领域内有实践经验的资深业务专家，也是有丰富的变革项目实践经验的流程管理专家。以研发领域流程架构师为例，一方面要求参加过研发流程的大多数关键活动，比如从事过需求分析、概要设计、详细设计、代码构建、产品测试等，同时管理过研发项目，比如项目计划制订、项目过程跟踪、度量管理、质量管理等；另一方面要求参加过研发变革项目，比如需求管理与产品规划变革、研发质量提升变革等。

有业务经验的人未必对流程有深刻的理解，有流程管理经验的人未必熟悉业务，而业务人员和流程管理人员在工作沟通过程中要做到相同的理解并不容易。所以，兼具业务和流程两大实践经验的流程架构师非常难得。

流程管理员是流程管理部门非常重要的管理岗位。其主要职责包括以下几个方面。

其一，流程文化建设和宣传。根据公司管理特点，设计统一的流程语言和理念，通过多种方式不断提升各层级员工对流程管理的认识，在公司内部形成统一的流程文化，为流程建设奠定思想基础。这些方式包括聘请外部顾问进行培训、组织内部书籍学习和培训、组织高层发声与引导、发行内部刊物以及对变革成果进行宣传等。

其二，流程输出标准化管理。设计流程建模规范、文件模板和输出标准，并根据公司流程管理水平不断修订，使规范和标准符合当前阶段的要求。设计培训材料，对流程设计人员进行培训和辅导，确保大家理解一致，确保流程建设和输出符合统一标准。

其三，流程建设和优化。推动业务部门不断提高流程建设完整率，为业务部门提供流程认知、流程设计、流程优化等培训，并根据业务现状辅导业务部门开展流程建设和优化，提升流程输出质量。

其四，流程运营管理。跟踪各领域流程建设情况，定期通报进展及存在的问题。对已发布的上线流程进行监控，通过线上系统采集或者线下人工统计的方式，收集流程运行绩效，定期通报并建立运营数据库，为持续优化奠定基础。

其五，流程审计管理。推动落实两级审计机制，即辅导和推动各领域自查自检，对自检结果进行评审；组织公司层面的统一审计，对各领域流程或指定重点流程进行专项审计，出具审计结果并跟踪整改审计问题。

其六，流程成熟度评估。根据成熟度评估方案，组织实施各领域流程成熟度评估，收集相关材料比对评估标准并给出评估结果，对评估问题进行确认，输出评估报告。

其七，流程优化需求管理。统一收集流程执行过程中的合理化建议与优化需求，并进行初步确认、分析、归类，为流程架构师规划流程建设和变革项目提供输入。

其八，建设和维护流程管理平台。规划和建设统一的流程管理平台，以支撑流程标准化管理和流程全生命周期管理，并根据流程管理发展水平不断维护、升级平台。

流程管理员要和业务部门有良好的连接和协作关系，既能为业务部门收集需求、了解现状，也能推动业务部门接受统一的流程理念、方法，并按照统一的要求开展流程建设工作。同时，流程管理员要有业务管理经验，并参加过流程变革项目，对流程和业务管理的关系有深刻的理解，能够辅导业务部门输出高质量的流程。

变革经理是流程管理部门为业务变革所设置的管理岗位。在以下职责中，前三项是通用的变革经理职责。由于变革经理常常直接担任某个变革项目的项目经理，所以变革经理需承担变革项目经理的职责。变革项目经理的职责较多，其中尤其值得关注的是下述清单中的后五项。

其一，变革文化建设，创造变革土壤。通过宣传、培训、研讨、论坛等多种方式向企业各层级传播变革文化，形成统一的变革认识，并将认识融入管理理念和工作行为中，形成不断进取、改变的文化。

其二，变革赋能培训，培养变革者。建设变革方法论，制定变革工具和模板，针对不同层级员工设计定制培训方案并进行培训，让变革参与者应用变革管理方法和工具，更好地推进变革工作并取得成果。

其三，辅导变革项目中的变革管理。为变革项目提供辅导和支持，包括变革准备度评估、变革影响分析、变革风险管理等。

其四，管理变革项目目标。理解目标和范围，理解业务现状和项目目标之间的差距及关键举措，在项目组内统一认识。特别是，管理好领导期望，管理好关键利益干系人的期望，防止大家因为期望和项目目标不一致，进而影响项目过程。

其五，制订变革项目计划。根据项目目标，制订详细可行的项目计划。项目计划既要按照变革项目一级计划的要求设计里程碑节点，也要分解到具体的可执行、可管理的任务。

其六，推进和控制项目过程。按项目计划推进项目过程，跟踪目标及任务，及时发现问题，组织相关人员共同解决问题。管控项目异常和偏差，适时进行变更管理。确保项目有序进行并输出预期产物。

其七，管理好评审和汇报。及时组织相关人员评审项目产出内容并为评审做好准备，使内容得到充分讨论，意见得到确认和落实。及时向领导及利益相关人汇报关键交付内容的情况，对齐认识，确保大家理解一致。

其八，管理好项目成果应用。推动项目方案在业务中落地试行，推动方案中信息化内容的实现和上线，解决试行过程中的问题，确保项目成果得到应用。在项目结项后，通过专项工作推动项目成果在业务中持续应用并产生价值。

变革经理要有成功的业务变革经验，并且对公司相关的业务领域较为熟悉，既熟悉其业务现状，也熟悉其人员情况。业务变革最终要落实到人的改变上，所以，变革经理应该对人敏感，能够站在业务人员的角度思考问题，分析其变革意愿和能力，然后提出相对应的解决办法。变革经理需要深刻理解项目管理的思想和方法，能够通过项目运作的方式去推动变革开展。

变革项目管理员是流程管理部门为业务变革项目推进设置的管理岗位，主要职责包括以下几个方面。

其一，变革项目立项与启动支持。支持项目经理完成立项工作，协助项目经理确认项目目标和范围，设计合适的里程碑节点，制订项目计划，识别风险并制定预防措施，并召开正式启动会，宣布项目成员任命。

其二，变革项目管理流程宣传贯彻与引导。为项目经理、项目组成员提供变革项目流程培训，辅导项目组按照公司统一流程开展工作，确保项目组成员理解项目化运作的思想，理解变革项目管理的特点，并能结合自身项目有效灵活运用。

其三，变革项目过程资源协调。项目计划内资源出现异动或者产生计划外资源投入时，变革项目管理员协助资源协调，确保项目过程正常。特别是针对关键用户、关键评审人，以及关键决策人的投入需要重点保障。

其四，变革项目过程监控与预警。为各变革项目设置具体监控点及预警指标，密切关注项目进展，对可能发生的进度延迟风险、交付质量风险、资源投入风险等及时预警，推动项目组提前规避风险，并在风险发生后及时采取纠偏措施。

其五，变革项目周期状态报告发布。跟踪各变革项目进展，按周期发布项目状态报告，列示项目计划执行、项目主要活动开展、项目资源投入等情况以及项目产出交付件、项目风险及问题等信息。

其六，变革项目验收与结项支持。支持项目经理完成验收及结项工作，协助项目经理完成成果评估与验收确认、交付件资料打包以及结项评审。在项目各项工作完成后，召开结项会议，关闭项目。

其七，变革项目考核与奖惩。根据变革项目相关管理规定，评估变革项目过程活动及验收结果，评价项目最终绩效，并将绩效结果应用至项目经理及各项目成员。

其八，变革项目经验数据库建设。收集变革项目过程相关数据，为后续项目积累经验。包括项目基本信息（如所属领域、项目类型等）、项目过程数据（如总体周期及投入人力规模，以及项目各阶段时间分布及人力投入分布等）、项目交付情况（如项目收益、流程数量等）、项目团队成员档案等数据。

变革项目管理员要具备基本的项目管理知识，了解公司项目管理流程和平台，熟悉变革项目各阶段所需采用的工具和模板。同时，变革项目管理员需要具备缜密细致的工作风格和良好的沟通协调能力，既能够管理多个并行项目，也能够很好地跟踪具体问题解决。

上述四个岗位是典型岗位，可以根据公司流程管理的现状及职能灵活设计岗位。在流程开发和维护管理过程中，流程架构师和流程管理员相互配合，流程架构师对领域流程专业性负责，流程管理员对业务部门执行领域流程建设和落地负责。在业务变革与优化项目中，流程架构师和变革经理相互配合，流程管理员和变革项目管理员提供支撑，共同推进项目目标达成。以此，四个岗位的职责共同支撑了流程管理部门的两大职能。

流程管理部门既是一个规划部门、引导部门，也是一个驱动部门、实施部门，既要着眼未来，又要兼顾现状；既要对齐战略要求，也要协同各个业务部门联合工作。作为流程管理部门的员工，对能力要求非常高。能力高一点，对于工作成果的放大作用就非常显著。因此，流程管理部门员工的选拔和培养是一件非常重要的事情。

流程管理部门的员工可以从外部招聘，但外部招聘的比例不宜过高，上限不应超过三分之二。流程管理部门的员工也可以从内部选拔培养，部分岗位还可以由业务人员兼任或者和业务部门设置轮岗机制。无论员工来自哪里，在流程管理部门的成长都会非常快。以前的工作可能聚焦于某局部业务，当好一个螺丝钉，到了流程管理部门后，有机会从全局观察公司运营，了解各个业务模块的运作，成为跨领域专家，并掌握流程管理的方法论。这样的人才，是公司非常宝贵的资产，如果没有得到恰当的安排，则很可能流失。

为了打造稳定的流程管理团队，应该建设流程管理岗位任职资格序列及晋升机制。同时，为了促进流程管理为业务服务，并吸引业务管理者到流程管理部门轮岗，还可以将流程管理工作经历作为业务管理者晋升的条件之一。

除了任职资格牵引各项能力发展，流程管理部门的员工还应具备优秀的职业素养及合适的工作风格，我们称为流程管理人员的修养。这些修养都是从工作陷阱中总结出来的，需要流程管理部门的员工在工作中不断地提高自己。其中，最重要的六个方面如下。

其一，积极主动的工作态度。流程管理是对业务的改变，要落实到业务部门中。在这个过程中，流程管理部门如何参与、怎样履行职责，流程管理人员的态度非常重要，如果处理得不好，很容易被边缘化。作为流程管理人员，不要有被动和帮忙的心态；也不能有顾问心态，把自己当作乙方；更不要有旁观者心态，而应该积极主动地推进和参与流程管理工作。工作中的主动性依次第而分，可以分为三个层次。最上为没有条件创造条件也要推进；其中为暂时没有条件，等待机会出现再推进；最末为没有条件，那就和我无关，我只是来帮忙的。创造条件和等待条件要根据实际情况进行选择，最末一种则完全是消极的心态和行为，应当避免。当然，光有积极主动的工作态度还不行，还要有工作策略，对不同的情形采取不同的策略，而这些策略，都要依靠沟通来实施。

其二，良好的沟通协调能力。在流程管理工作中，沟通协调极其重要但难度却非常大。流程管理部门要面对业务部门领导、运营管理者、业务人员，他们每个人的诉求都不一样，每个人的特点也都不一样。在这个过程中，没有标准的方法可用，大家可以学习一些专业的书籍，并在工作中实践和总结。虽然没有标准的方法，但有一个沟通原则应当遵守，那就是“目标坚定，策略灵活”。目标坚定是由工作内容决定的，不能轻易放弃；

策略灵活是指根据对象特点选取不同的达到目标的路径和方法，不拘泥于固有的模式。

其三，优秀的奉献和牺牲精神。业务部门才是业务管理的主责部门，所以，一方面，业务变革需要业务部门来承接、开展和落地实施；另一方面，业务部门并不希望扮演不专业或者不负责的角色，不希望业务变革的成果是因为其他人而取得的。所以，流程管理部门要有奉献精神和牺牲精神，甘愿做幕后英雄。如果变革取得好成绩，成绩应归属业务部门；如果变革存在问题，应主动承担责任。这样，有利于引导业务部门参与变革并让变革持续开展下去。

其四，谦虚开放的心态。流程管理人员都有较为丰富的工作经验，这是优势，但也可能成为劣势。经验，可以让我们更好地帮助业务部门发现问题，提出全面系统的解决方案。因此，经验往往是我们引以为豪的地方，甚至潜意识里认为这是我们成为专家的象征，是安身立命之所在。但是，经验往往只是知识，并非能力，也非工作方法。过分强调自己的经验，可能会让我们先入为主，最终导致发现的问题或者提出的方案偏离了事实。无论流程管理部门员工的经验多么丰富，和业务人员相比，对业务的认知程度都不够全面和深入。保持谦虚开放的心态，才能真正倾听业务人员的声音，了解业务的实际情况，才能做到以事实为基础，不带偏见地提出解决方案。经验告诉我们，对业务缺乏敬畏之心，恰恰是经验不够的表现！

其五，敏锐的洞察能力、缜密细致的逻辑分析能力以及形象的表达能力。表达能力极其重要，无论是发起变革还是宣传变革的成果，无论是设计变革方案还是实施培训以落地方案，都需要通过形象的表达来实现。流程管理人员要有意识地建立用户思维，从受众对象的视角出发，提高针对特定对象根据项目阶段与内容设计表达方式的能力，防止“一份材料打天下”的做法。很多人认为表达能力是顾问的必备能力，甚至认为顾问的首要能力是制作精美的 PPT，这是非常肤浅的认识。无论是 PPT 还是其他形式，都只是表达的工具，内容才是表达的基础。而内容来源于敏锐的洞察能力和缜密细致的逻辑分析能力。流程管理人员要培养缜密细致的逻辑分析能力，并在此基础上形成行之有效的思考和分析模型。有很多通用的思考模型，但能否有效地使用，取决于对材料的洞察能力。这三种能力是依次递进的，敏锐的洞察能力是逻辑分析的基础，缜密细致的逻辑分析能力是形象表达的基础。

其六，全局视野，大局观念。业务人员也有自己的弱点，那就是很难摆脱长期形成的固有视角，很容易就问题谈问题，或者很容易碰到问题就绕道而行。这个时候，流程管理人员站在旁观者的角度，要能够发现更关键的问题和原因，并给出更准确的判断。这就是流程管理人员的全局视野。同时，流程管理人员不会从单个部门目标出发，给出局部最优但整体欠佳的解决方案，而是会对准公司总体目标，给出全面的解决方案。这便是流程管理人员的大局观念。全局视野，大局观念，是流程管理人员的优势和使命所在，应该在实践中不断完善。

8.3 流程责任人设置

为了推进流程建设以及保证流程落地运行，并开展持续优化工作，有必要为流程设置责任人。

流程责任人对流程的内容、执行及目标达成负责。具体来说，包括流程建设的完整度和成熟度、流程执行的遵从度及业务运行绩效结果。为此，流程责任人需要开展一系列工作，我们以一级流程责任人为例进行说明。

其一，完成流程建设。设计本领域流程架构，确保其先进性、适用性、完备性，指导下级流程责任人完成各级流程建设。

其二，推动流程落地实施。规划流程落地信息化需求，推动信息化实现和上线，根据落地要求设计培训材料，为相关角色提供培训赋能。

其三，监控流程运行情况。对流程运行情况进行日常检查与监控，发现运行中的问题并督促整改。

其四，开展流程优化。根据流程运行情况，结合公司战略解码对管理变革的要求，开展流程优化改进工作。

其五，建设管理团队。构建本领域流程管理团队，包括运作支持团队、业务专家团队、流程架构师以及各级流程责任人，并指导和管理他们的工作。流程管理团队负责大部分上述工作的执行。

上述是流程责任人的通用工作，在实际工作过程中，需要视情况而定。

一级流程责任人由公司流程管理委员会指定和任命。一级流程责任人任命后，根据流程架构依次逐级向下任命责任人，并根据业务分工在各业务单元或地理区域任命责任人。各级责任人参照上述一级责任人的工作要求，按照各自所负责的范围开展工作。

对于采用统一架构的公司来说，一级流程责任人通常只设定一个，称为全球流程责任人；二、三级流程责任人可能会根据业务场景设置多个，称为业务流程责任人。除此以外，根据流程应用情况，还可以设置区域流程责任人和 BG（Business Group）、BU（Business Unit）流程责任人，负责流程的本地化业务适配及落地推广。

流程责任人的任命是一个赋予权力与责任的过程。为了与权力和责任相匹配，更好地完成上述工作，在选择任命对象的时候要考虑以下两个方面要求：一方面，流程责任人对所负责流程对应的业务非常熟悉，对流程管理也有深刻的理解，知道如何通过流程管理促进业务绩效不断提升；另一方面，流程责任人在对应的业务范围内要有较强的管理势能和广泛的影响力，能够驱动业务部门参与流程建设、实施和优化等工作。

在选择任命对象时，往往会发现流程责任人和业务负责人是重叠的。为什么有了业务负责人，还要任命流程责任人呢？业务负责人是从业务职能角度进行管理，聚焦的是流程分解到本部门的目标以及部门内部管理，和下级业务模块的负责人之间是直属关系。流程责任人从端到端的流程角度进行管理，聚焦流程对用户的最终产出，和下级流程责任人之间虽然有工作安排和指导关系，但并非直属关系。

虽然流程责任人和业务负责人是两个维度，但是常常高度重叠，这说明业务部门设置遵从了流程架构，或者为流程设置了专门职能部门。这种情况有利于更好地开展流程管理工作，有利于流程和业务充分融合。

即便常常重叠，流程责任人和业务负责人也是两条管理线。流程责任人按层级上下管理，一级流程责任人向上汇报到流程管理委员会。上下级流程责任人之间的工作关系围绕两个方面进行：一方面，上级流程责任人对下级流程建设相关工作进行安排和指导；另一方面，上级流程责任人对下级流程建设相关问题进行决策。

在实践过程中，我们还面临两个常见的问题：什么时候任命流程责任人？是否要一次性任命各领域各级流程责任人？

根据经验，**一般不建议一次性任命各领域流程责任人，也不建议一次性任命各级责任人。而是根据各个领域具备的条件是否成熟，逐步推进任命。**

怎么判断条件是否成熟呢？

第一个条件是现有的组织能否支持。组织支持意味着为流程责任人配备了支持团队，对于一级流程来说，一般设置专门的职能部门较好。比如，一个公司有多个产品研发部门，如果集团没有统一的研发管理组织，那任命研发管理一级流程责任人则很难落地。

第二个条件是责任人是否具备相关能力。对于责任人来说，应该理解流程管理的价值和意义，知道流程管理的基本思路；对于责任人支撑团队来说，也应该具备相应的能力基础。

第三个条件是流程及管理机制是否完备。是否已经建立较完整的流程管理机制，使流程责任人的工作有章可循、有法可依。

如前所述，**流程责任人任命是一个授权赋责的过程，要求公司有授权体系支持。并不是因为候选人具备权力，所以是流程责任人，而是因为公司任命你为流程责任人，所以你有这个权力。这一点常常被颠倒过来，如果流程责任人的权力不是来自任命，就会导致其不开展流程管理工作。**

此外，对于流程责任人的任命不应太过苛刻。和管理干部任命一样，一百个干部中，能够有七八十个合格的就很不错了，对于流程责任人更是如此。

8.4 相关团队建设

为支撑流程管理职能落地，建设与服务业务、促进业务改进的流程管理机制，还需要建设一系列重要的团队。

企业应该建立流程管理最高机构，一般称为流程管理委员会。该委员会主任由企业管理团队中的高级别管理者担任，成员包括各一级流程责任人、流程管理部门负责人以及流程管理相关要素代表，如信息化、审计等代表。

流程管理委员会主要职责如下：

1. 决策企业一级流程架构，确定各一级流程边界及相互关系；
2. 决策各一级流程之间的争议事项；
3. 决策企业变革预算及分配方案；
4. 遴选、任命各一级流程责任人；
5. 接受一级责任人工作述职，评价和指导其工作。

在流程管理委员会之外，应建立独立的监督机构、审计委员会。审计委员会的主要职责是审议各领域例行开展的半年度、年度审计报告，并提出指导意见。同时，接受一级流程责任人关于内控管理方面的工作述职。

各一级流程应建立流程责任人运作支持团队。团队成员包括流程涉及的业务代表、流程架构师、信息化及审计等相关管理部门代表。运作支持团队负责领域流程管理日常工作，主要职责如下：

1. 收集领域流程建设需求，组织分析和变革项目规划；
2. 组织领域内变革项目实施及流程建设，并推广落地；
3. 组织领域内流程日常运营工作，并配合公司审计；
4. 协助流程责任人决策领域内流程管理相关事项。

各一级流程应建立领域内业务专家团队。团队成员由对领域业务某一部分有深入理解和业务实践经验的人员担任，原则上每个二级流程必须有一名专家。业务专家团队负责领域内流程建设的专业性，主要职责如下：

1. 参与领域流程架构设计，确保流程架构的先进性；

2. 参与流程管理需求分析和变革项目规划，确保需求准确；

3. 参与变革项目方案设计和评审，确保项目方案有效；

4. 协助变革方案推广落地，协助推动流程运营改进。

第 9 章 建立流程管理基础

9.1 统一流程认识和语言

什么是对流程的认识？比如，本书所描述的内容就是对流程的认识。所以，如果每个人都看这本书，就可以在流程理解上达成一定的共识。事实上，很多企业开始进行流程管理之前，都会甄选两到三部书，人手一本，组织学习和研讨。也有很多企业会请专业的老师进行理念和方法普及培训。这些都是最快速、最简单、成本最低的方式。

但是，这些都是依靠外部力量所做的事情。要想取得更好的效果，还有很多事情可以从内部开始做。

对一件事情的描述，是认识的体现。同时，描述的结果也会反过来影响大家的认识。语言是认识的体现，语言也会影响我们的认识。

所以，统一流程语言对于统一认识有很大的好处。每个企业都会有自己的文化、自己的价值观，这不仅是一套做事的行为准则，也是一套语言体系，是“自己人”的证明。流程管理也一样，也有自己独特的语言体系。不同企业的员工，口中的“制度”“规范”，其含义是不完全一样的。对于同样的工作，有些企业喜欢叫作“变革”，有些企业则叫作“改进”。这些通用的语言是一种约定俗成，一种默契，一种“暗号”。

流程管理中有哪些语言可以统一呢？

最基本的是流程的定义。

流程的定义有很多种，比如ISO9000的定义、迈克尔·哈默的定义。正因如此，每一个企业都应该给出自己的流程定义，这个定义既要包含普遍性的解释，也要把本企业的个性化要求体现出来。普遍性的解释包含了前文阐述的流程构成的基本要素，至少包含以下几个方面：流程是由活动组成的，流程有输入/输出，活动之间有相互关系，流程需要为客户创造价值，等等。个性化要求可以包含企业指定的流程管理平台和方法，以及企业领导对流程的定位和要求等。

某企业对流程的定义如下：

流程是被重复执行、逻辑上相互关联的一组业务活动序列，将明确的输入转换成明确的输出，从而实现为客户创造和向客户交付价值（产品和服务）的业务目的。流程使用流程文件进行描述，用以承载公司的业务流程架构、运营方针、政策和其他管控要求，划分上下游业务的边界、接口，定义它们之间的依赖和其他关联关系。

流程的定义是否精确并不重要，但要兼顾三个目的：有利于大家取得共识、有利于流程管理各项工作落地、有利于流程促进业务提升。这三个目的强调了不是为了流程而流程，而是为了管理而流程。在第一章流程管理定义的基础上，我们可以给出更为具体、更容易理解的流程定义，如下：

流程是管理者对业务工作开展形式的设计，由管理者组织相关人员经过研讨达成共识；流程是业务专家经验和方法的沉淀，由业务专家将外部和内部的优秀实践固化下来；流程是各部门各岗位工作的协同连接，由上下游相互确认达成一致。

除了定义，还可以统一流程的一些基本概念，比如统一对流程价值、设计原则、组成要素的认识。这些概念还包括主要流程名称。我们都知道IPD，但不是每一个企业的研发流程都叫IPD，有些企业叫作高效产品开发流程，也有些企业叫卓越产品研发流程、全生命周期产品管理流程等等。

这些概念性的词语，在工作中会频繁出现在各种沟通场合，成为高频词语，这就形成了公司的独特语系。

统一基本概念，有一个非常好的例子。华为的徐直军先生曾经写过一篇文章，叫作《谈业务、流程、IT、质量、运营的关系》①，将流程管理的相关概念及其逻辑关系用华为的语言阐述清楚，熟悉华为管理体系的人都可以在其中看到熟悉的华为风格和深深的华为烙印。徐直军先生发表这篇文章，既是为了在华为内部统一思想和理解，也是华为统一流程管理语言的结果。其中有一段是这样说的：

识别业务流非常关键，在流程、IT、质量与运营工作中，业务流是一切工作的原点和基础，紧紧地抓住业务流，就不会偏离工作的方向。流程描述的是业务流，IT 承载和使能的是业务流，数据是业务流中流动的信息，质量要求依附于业务流，质量管理基于业务流，运营也是基于业务流开展。

通常，一个公司开展流程管理的时候，会有若干宣传口号。这些宣传口号包括了高层对流程管理的定位和认识，也体现了流程管理部门的方向。这也是统一认识的方式（如图 9-1 所示）。

流程宣传口号举例

"削足适履！"
"先僵化，后固化，再优化！"
"对流程的遵从就是对质量的敬畏！"
"一个完善的业务流程，比一栋好的厂房更宝贵；举集团之力，把流程信息化这堂课补上！"
"企业运营流程本身也是个产品，需要专业部门精心研发，这个产品才有竞争力！"
"流程变革的成果必须通过信息手段进行固化，但前提是组织的变革，企业文化的变革！"

图 9-1　流程宣传口号统一流程认识②

① 引自华为内部刊物《管理优化》第 421 期。

② 流程宣传口号举例引自华为和三一重工。

但是，统一语言时，并不宜大规模造词。个性化词语太多，反而容易混淆，不容易统一。除了标签类词语以及独特价值类词语之外，应尽量采用通用的。特别是在专业领域，比如IPD，本身有一套标准词汇库，包括各个组织的命名、各个节点的命名、各个关键活动的命名……这些名称通用性很强，不要过多修改。不要为了个性化而个性化！统一是目的，个性化只是其中一个小花招，是为了更好地统一。说到底，流程管理部门在陈述工作的时候，要阐述统一认识带来了什么样的效果，而不是统一了多少个词语。

"自己人是不需要解释的"，统一语言，大家就成了自己人。统一语言的过程，就是大家达成一致的过程。统一了语言，就代表大家经历一样、背景一样。当然，统一语言，并不是建立一道防护墙，把新人拒之墙外。

9.2　统一流程表达规范

流程的表达规范，又叫建模规范。我们把流程从设计到呈现的过程叫作建模。建模规范就是流程设计和呈现过程中遵循的标准，包括流程架构和流程图的基本组成要素、呈现方式、符号、语义和规则。

统一建模规范是统一流程设计与绘图的基础，可以最大可能地保证流程图输出一致性。当没有建模规范的时候，不同的人画同一个流程，肯定会不一样。更关键的是，大家画出来以后，相互之间并不理解，因为大家使用的符号规则都不一致。统一建模规范以后，不同的人画同一个流程，还是会有不一样的地方，但大致会一样。而且，大家画出来以后，相互之间能看得懂，因为大家的符号规则是一样的。

除了相互之间可以看懂以外，建模规范还能提高建模质量。流程建模规范本身就体现了对质量的要求，它包含了一个流程图应该具备的基本要素，体现了设计一个流程图的基本思路……这些要求保证了流程图的基本质量。只要你遵守了规范，输出的流程图就不会很差。

建模规范和我们后续将讲到的流程管理平台是相关联的。流程建模是在流程管理平台上的建模，所以，建模规范就是流程管理平台的表达规范。

那怎样设计一个公司的建模规范呢？通常我们会考虑以下因素。

首先，要兼顾现状和未来。公司流程建设的现状是建模规范需要考虑的首要因素，而保持规范的通用性和可扩展性可以兼顾未来的持续发展。

一个优秀的建模规范本身蕴含了丰富的流程设计思想，比如EPC建模方法。EPC全称为事件驱动的流程链（Event-driven Process Chain），是一种非常先进的流程建模思想，但是不是先进的我们就能拿来用呢？当我们在建模规范中，明确规定流程是由事件驱动的，流程活动结束和下一个流程活动开始都必须是一个事件时，就蕴含了这样一种思想：流程是对业务加工的过程，业务加工产生信息的变化，信息的变化反映业务加工的结果，信息的状态决定业务的流向，流程是业务流和信息流相结合的过程。在这种思想的指导和约束下，流程质量就会很高。但这样一种思想是不是被大家广泛理解并接受，决定了我们能不能将这样的思想融合在建模规范中。建模规范不是给少部分人看的，而是给大家使用的；不是用来宣传的，而是要对大家的建模产生实质影响的。所以，建模规范是基于公司现实以及管理期望之间的平衡的选择。可以这样说，在考虑建模规范定位的时候，一方面考虑是否更有利于推广开来，另一方面考虑是否更有利于提高流程图的质量。在公司的起步阶段，第一个因素应该占主导地位，而在流程意识和氛围都比较浓厚的情况下，可以优先考虑第二个因素，将一些更先进的思想融合到建模规范中。

其次，要兼顾流程设计者和流程管理者的需求，同时还要考虑到流程用户的需求。流程设计者是建模规范的第一用户，正如任何产品都应以用户为中心一样，建模规范也不例外。

不同的公司流程设计者是不一样的。有些公司将各领域的资深业务专家集中起来，组成流程管理部门，流程设计者就是专业的流程管理人员。而有些公司流程由业务部门设计，业务人员才是流程设计者。大部分公司都选择了后一种模式。

如果流程设计者是业务人员，不是专业的流程管理人员，那流程建模规范就应当尽可能简单。特别是在互联网时代，人们接受专业复杂工具的意愿和能力都在降低，那简单化就显得更加重要了。为什么这么说呢？在智能手机刚刚兴起的时候，APP 还是个新鲜的东西，几乎每个 APP 都需要用户注册才能使用。但在今天，如果一个新 APP 还需要用户注册，那能推广开来吗？在互联网时代，一个能够推广开来的 APP 一定是极其简单的，很容易上手的，不需要使用手册的。

流程建模规范当然可以比 APP 使用稍微复杂一点，但也应当尽量简单。我们举个最为常见的例子来说明什么叫作简单。几乎所有的流程建模工具都提供了网关符号，也就是“与、或、异或”符号。用这三种符号来表示流程的流转条件和路径，这是一种非常准确的表达方式。具体来说，与符号表示两条路径都要执行，或符号表示两条路径执行一条或多条，异或符号表示两条路径执行一条（如图 9–2 所示）。

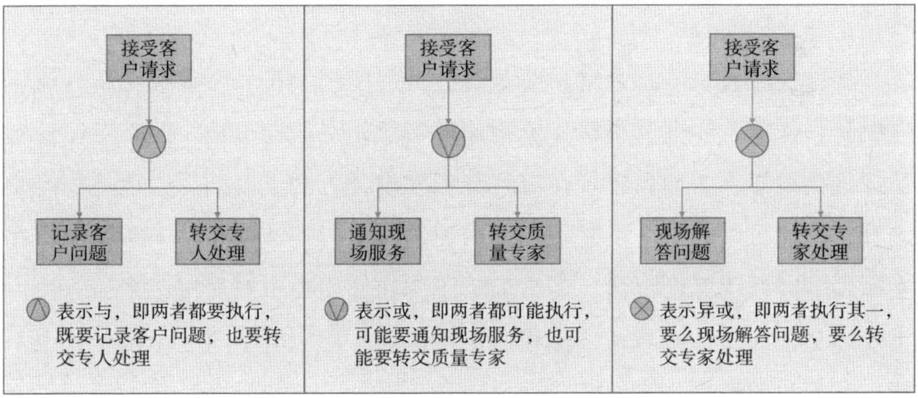

图 9–2 流程建模规范中网关符号的含义

根据上述三个符号的语法规则，还会衍生出一些规则，如一个网关符号不允许同时出现多个输入或多个输出，前后成对出现的网关符号应该一致（如图 9–3 所示）。

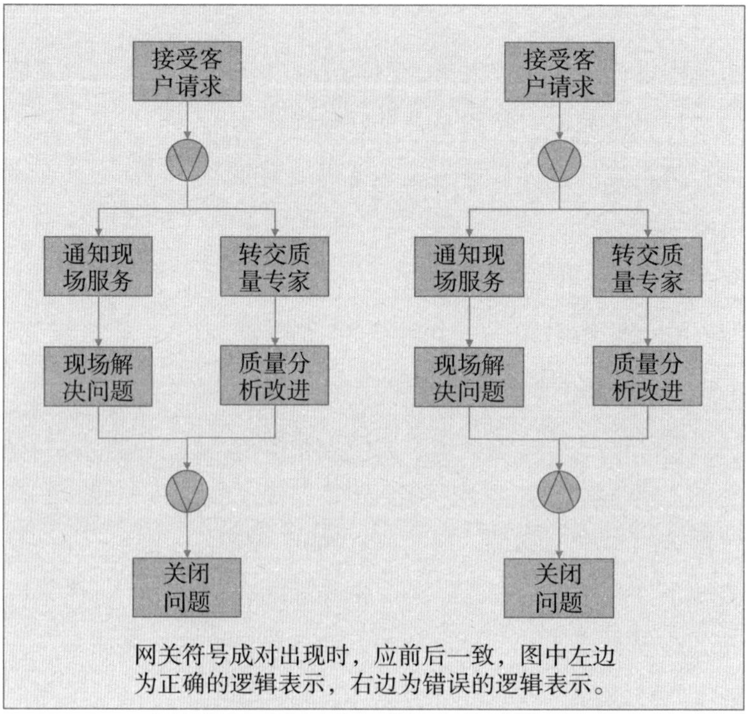

图 9–3　网关符号的衍生规则

从过往经验来看，通常和业务人员讲解完网关符号，大家会认为流程建模是一件非常专业的事情。流程建模当然是专业的事情，但其专业性不是体现在符号上，而是体现在流程分析和设计方法上。同时，从过往经验来看，我们可以花半个小时把三个网关符号讲得清清楚楚，但是，大家在实际画的时候仍然会混淆，经常为了图中应使用哪个符号讨论半天。更为重要的是，即便你画对了，流程图发布以后，用户看了这三个符号，也不能理解画图者要表达的意思。

所以，经过多次尝试以后，我在为另一家企业设计建模规范的时候，把网关符号取消了，而是使用其他语法和规则来表达。有人或许会说没有网关符号，不能准确表达流程含义。这是本末倒置。但为了准确描述一个流程，设计一个大家都看不懂的符号，这个表达还有什么意义呢？事实上，表达是用来理解的，我们设计的表达符号和规则，是以更清晰的理解为目的，而不是代替理解。所以，我们思维里面本来是怎样理解流程的，把这个理解规则化地呈现出来就是最好的建模规范。

最后，建模规范还要考虑流程管理平台的支持。建模规范就是流程管理平台的表达规范，无论制定什么样的规范，都离不开平台的支持。只有在平台支持的基础上，对其进行选择和定制，才能形成企业独特而统一的规范。

综合上述三个原则来看，**流程建模规范是通过统一表达方式，达到提高沟通和呈现效率、减少流程设计中低级错误、提高流程输出质量的目的。基于这样的目的，建模规范一定是让画的人容易上手、让看的人一看就懂的，一定是既完整可控又简单明了的。如果偏离了这个核心目标，那就是舍本逐末了。**

建模规范具体包含哪些内容呢？一般来说，应该包括以下几个方面。

第一，定义的基本概念。为了支持对建模规范中规则的理解，可以根据需要对部分概念进行描述，比如体系、视图、模型、对象、连接、符号、特性等。对这些概念的定义是后文书写规则和语法的前提。

第二，定义模型及模型组成要素。流程架构图和流程图是最基本的模型，此外，还可以包括活动分配图、角色清单及角色描述图、业务对象清单和业务对象描述图、风险清单、KPI 清单等模型。组成模型的要素包括模型由哪些对象组成、对象可选哪些符号、对象有哪些特性；此外，模型自身有哪些特性或属性等。

第三，为每种模型设计基本规则和样例。比如，哪些内容是必选的，哪些内容是可选的；每个要素填写要遵循哪些约定；要素之间的关系有哪些；等等。这些规则对应了流程发布前的规范性检查。

建模规范作为流程输出标准，具有强制性。举例来说，如果建模规范规定活动名称应为动宾结构，那所有活动命名都应采取动词加名词的形式。但是，常常会有人提出来，在某些时候用一个名词便足以表达活动的含义，而且更为简洁。针对这种情况，我们仍然要坚持规范的强制性。规范的强制性，其目的是统一认识和避免常见的错误，而并非不遵循规范的流程就一定是低质量的流程。

9.3 统一呈现流程

作为流程管理的基础，统一了认识和语言后，就要将流程统一呈现出来。

但是，关于是否要统一呈现流程的问题一直有争议。很多人认为画流程图既费时耗力，也没有太大的用处，还得花时间维护。特别是，有些流程已经固化到 IT 系统了，还有必要画出来吗？

通常，支持将业务流程呈现出来的观点会认为，业务流程呈现是流程优化的基础。这个观点并没有问题，我们在进行业务优化与变革的时候，在引进 IT 系统的时候，通常会先将业务流程的现状呈现出来。但是，这并不能说明就应把公司现在的流程都呈现出来。如果是为了优化，可以等到需要优化的时候再呈现。

于是，支持将业务流程呈现出来的观点会进一步解释说，将公司业务流程集中呈现出来，就会发现哪些流程有问题，就会对流程进行优化。这个观点也有一定的道理。但是，流程优化的输入一般不来自流程呈现过程。通过流程呈现来发现流程优化机会，大多是很小的优化，最多只是流程呈现的“副产品”。

上述解释只是希望说明一件事情：统一呈现业务流程，其目的并不是直接优化业务流程。理解二者的逻辑关系，无论对于呈现业务流程，还是对于后续谈到的流程优化，都非常重要。当然，二者也是有一定关系的。打个比方来说，流程优化就像治病救人。治病，要人的身体先患病，再诊断，然后再开处方。但是，在人没有发现患病的时候，定期体检，排查患病隐患也是很重要的。也就是说，定期呈现流程、审视流程，也能够预防或发现流程的问题，及时进行优化。

那到底为什么要把流程统一呈现出来呢?

其一，业务流程也是管理视图，统一呈现业务流程，就是统一呈现管理视图，可以为公司战略落地、业务变革、组织优化、信息化规划等总体工作提供依据。流程架构反映了公司的商业模式以及价值创造过程，基于架构分解和末级流程的端到端流程反映了业务实现方式和运作过程，这些都是各级管理者的作战地图，是管理的基础性工作。

其二，统一呈现业务流程，是达成共识的过程，是标准化业务规范的过程。流程没有呈现出来之前，不同员工的认识是不一样的，同一个员工心里、口中、手上也都是不一样的。同时，流程呈现过程也是对业务合理性的测试过程，是对流程是否能有效支撑业务发展的审视过程。业务流程呈现出来后，将指导和规范业务运行，实现业务过程的标准化和统一化。如果说业务流程作为管理视图，更多的是流程架构层面的作用，那作为指导业务运行的依据，末级流程将发挥更重要的作用。

其三，统一呈现业务流程，是实现业务经验积累和传承的重要方式。业务流程将作为组织资产代代相传。这是一个很容易被误解的观点。很多人认为把流程呈现出来，公司对人的依赖就减少了，无论谁走了，都不会影响工作的传承。这对于有些工作是适用的，但对于大部分工作来说，依靠新老员工之间手把手的教导仍然是最重要的传承方式。业务流程只是一种辅助手段，一种让新人快速了解业务并上手的学习材料。

其四，统一呈现业务流程，是实现流程运营的前提和基础。业务流程的呈现过程，将会全景式地展现公司经营目标在各个领域的分解指标，进而体现在各个流程活动中的度量数据上。而这一套指标和数据体系，构成了流程运营的前提，为持续赋能业务改善打下基础。这也是我们在第四部分的相关章节要重点阐述的内容。

其五，统一呈现业务流程，是赋能和赋责的过程。这个过程会让大量的业务骨干参与到流程建设中，也会培养大量的流程型人才。流程项目是培养流程型人才的最佳方式，但哪有那么多流程项目呢？对于大部分员工来说，在流程专家的指导下，亲手将业务流程呈现出来，是培养流程意识和学习流程方法的最好机会。也就是说，统一呈现业务流程，是统一流程认识的过程，是对业务骨干赋能的过程。同时，在这个过程中，业务骨干也将持续参与到后续流程优化过程中，成为流程管理的主体，成为真正的流程责任人。

上述五条，就是我们在推行流程管理过程中，为什么要统一呈现业务流程的原因。当然，在现实工作中，流程呈现一般是水到渠成的事情，是流程优化成果的固化。

虽然统一呈现业务流程有重要的意义，但在实际推进过程中，我们很少一次性将公司所有流程都呈现出来。管理是一种选择，在统一呈现业务流程的时候，我们也会根据企业流程管理所处的阶段以及各个业务部门的认识程度来逐步推进。

在刚刚开始进行流程管理的企业中，拥有流程意识的人员并不多，这个时候应该集中精力将第一版流程架构梳理清楚，并在这个过程中逐步传播流程思想和文化，让更多的人参与到流程建设中来。

在流程管理的发展过程中，再逐步将各个模块的末级流程以及流程相关文档补充完整。其中，涉及企业核心价值链的流程应当优先梳理，业务部门流程意识较强的流程可以优先梳理。

在流程管理发展到较好水平的时候，大部分模块的末级流程以及流程相关文档都已经梳理完成，并能进行持续维护。当然，还有一种比较特殊的情况，对于部分行业来说，企业信息化高度发达，业务相对稳定，其末级流程都已经通过信息化系统承载，这个时候，对末级流程的维护其实就是对信息化系统的维护，因此，只需要维护好流程架构及信息化相关文档即可。

我们可以看到，无论企业流程管理处于哪个阶段，统一呈现流程架构都是必需的。

统一呈现流程，就要有统一的表现形式。

流程的基本表现形式可以分为流程架构和末级流程两种。在前文阐述设计流程架构和末级流程时，曾说明过流程架构和末级流程的输出模型，这里再补充相关内容。

流程架构描述业务逐层逐级分解过程，除了前面提到的流程架构卡以外，还可以用流程架构图、流程架构台账等方式来表示。

流程架构图有多种方式，常用的有分层分级图和逻辑图。分层分级图仅展示其层次结构（如图 9–3 所示）。

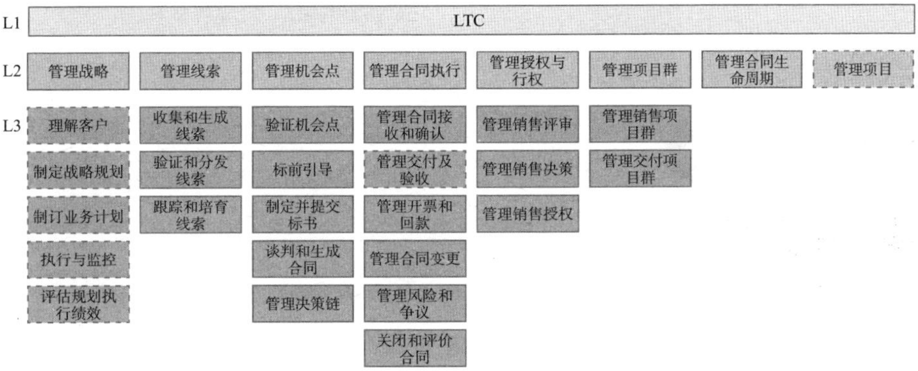

图 9–3　流程架构

流程逻辑图会把流程之间主要的关联关系画出来，更形象地展示流程架构对业务过程的表达。流程逻辑图通常会结合需要表达的重点进行定制，用来向特定对象介绍特定的内容，不是流程架构管理的常规呈现方式。

流程架构台账是用表格的形式描述各级流程架构的相关要素。包括主要活动、输入和输出、上下游流程、主要指标、流程描述等，如表 9–1 所示，并可根据实际情况增加或删除一些要素。

表 9–1　流程架构台账

编号	一级	二级	三级	主要活动	输入	输出	上游流程	下游流程	主要指标	流程描述

末级流程描述业务分解到最小一级活动的执行过程，通常用流程文件及相关方法的支撑文件来表示。关于流程架构和末级流程的表现方式，可以参见图 9–4。

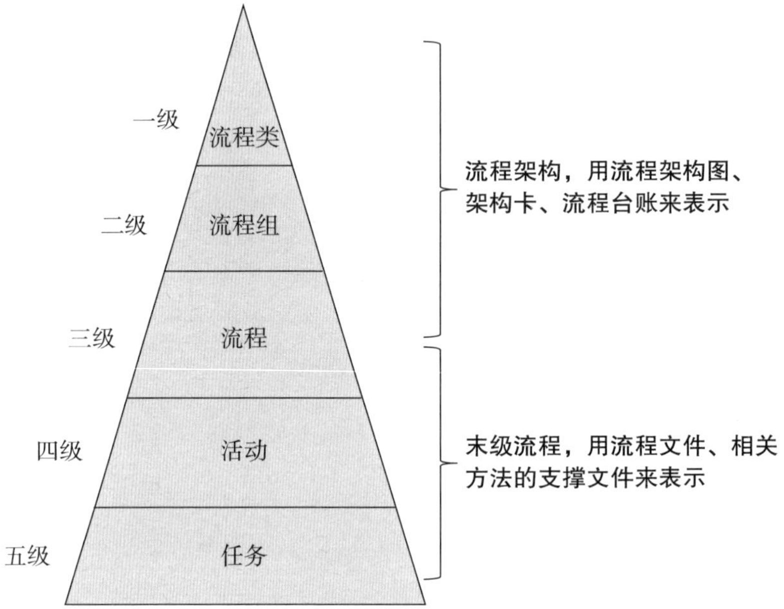

图 9–4　流程的基础表现形式

根据使用目的，流程可以扩展出更多的表现形式。

从末级流程往下看，活动是具体业务执行的载体，对于关键活动，将其方法用工具或模型的形式表达出来，形成了活动工具层。活动工具层主要体现流程和执行者之间的关系，流程对于沉淀经验、指导执行者开展工作有重要作用。

从流程架构往上看，从管理者的角度可以组成流程视图。如前所述，流程架构是根据业务分工设计的结构，但并不代表能和管理组织一一对应。流程架构只是管理组织设计的一个因素。流程视图是以经营目的及管理分工为出发点，梳理流程和组织职能的关系，建立和管理幅度相匹配的管理视图。流程视图主要体现流程和管理者之间的关系以及流程对于管理者开展业务管理的作用。

如图 9–5 所示，从采购管理分解到采购需求受理流程、采购订单发布流程、采购订单执行流程的过程是流程架构，把采购需求受理流程展开为流程图的过程是末级流程，针对流程图中某个活动设计方法和模板是活动工具层，将采购管理和财务管理设置为一个分管领导，采购和财务组成一个流程视图。流程视图不一定以一级流程为组成单位，为提高采购效率，可以将从采购到付款的流程抽取出来，组成独立的流程视图，以支持管理者不断调整和优化业务管理。

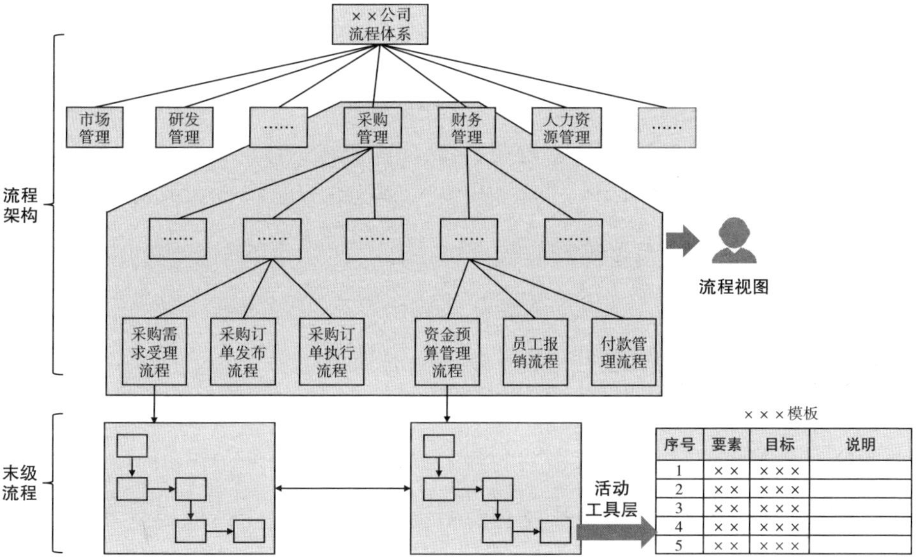

图 9–5 流程的扩展表现形式

第 10 章 建立流程管理机制

10.1 为什么要建立流程管理机制

流程的本质是业务分工与协作，流程管理就是通过流程的方法促进业务不断提升。所以，流程管理是业务部门的本职工作。既然业务部门可以开展流程管理工作，为什么公司还要建立统一的流程管理机制呢？

首先，业务部门独立开展流程管理工作，往往是单个模块的内部改进，缺乏全局视野，不会从公司总体经营绩效角度来看待问题和提出解决方案，甚至可能出现局部有改进但全局效益降低的情形。

其次，业务部门独立开展流程管理工作，容易受到短期绩效牵引，不会关注长期效益。这样会导致流程优化方案都是临时性的解决方案，只着眼于解决当下的问题，不会开展有前瞻性、战略性的变革项目。

再次，业务部门独立开展流程管理工作，受业务部门负责人个人认知的影响非常大。这样在业务部门负责人出现变化的时候，流程管理工作往往难以持续开展下去。

最后，业务部门独立开展流程管理工作，从公司角度看，缺乏统一的规划和节奏，会导致各个体系发展不均衡。一个体系的发展离不开其他体系的支持，如果其他体系发展没有跟上，也会导致体系之间的协同优化无法进行。

所以流程管理要建立统一的机制，从运动式管理向机制化管理转变。业务部门虽然可以开展流程管理工作，但是应该遵从公司统一的流程管理机制。

流程管理机制主要包括流程规划、流程建设、流程运营三部分内容。

在流程规划阶段，统一收集流程管理需求，经过调研确认后形成需求池，对需求池的需求进行组合分析后分发给不同的处理路径。其中，部分比较复杂的需求经过任务书开发后启动变革项目，另一部分比较简单的需求则形成流程清单直接进入流程开发环节。

在流程建设阶段，完成流程管理需求的设计、开发和推行。部分需求在形成项目任务书后，启动变革项目，依次完成方案设计和开发后发布并推行；另一部分需求直接经过流程开发后发布并推行。

在流程运营阶段，对发布运行的流程进行日常管理，监控流程运行效果，及时整改流程运行中存在的问题，定期开展流程审计及流程成熟度评估工作。

下面将对每个阶段的主要内容和关键活动进行详细阐述。

10.2 管理流程规划

流程规划是流程开发和业务变革的基础与起点。很多公司在达到一定规模并且管理上遇到瓶颈的时候，就会准备开展流程建设，启动的第一个工作就是流程规划。

流程规划的主要目的是通过整合分析从各个渠道得来的改进需求，从业务现状出发，统一设计未来一段时期内要建设和优化的流程。

为什么流程建设之前需要先规划呢？流程规划是建立流程管理机制、统一管理流程建设的基础和起点。业务中发现的问题，往往不是可以单点解决的，而是需要从整体以及长远的角度统一规划。某员工在离职过程中，需要进行资产交接，其中一项是办公椅交接。该员工来公司时间较长，换过几次办公位，之前分配的办公椅找不到了，根据离职管理流程需要照价赔偿。该员工提出合理化建议，要求取消离职过程中办公椅交接的流程。根据合理化建议处理流程，该建议被分发给人力资源部处理。人力资源部在接到合理化建议后，给出了解决方案，即加强员工入职培训，明确员工对于办公椅的资产管理责任，要求员工在更换办公场所时一同更换办公椅。到年底的时候，流程管理部组织统一流程规划，流程架构师整合分析合理化建议，发现了这条关于离职过程中办公椅交接的建议。流程架构师经过分析后认为，该建议反映的不是入职流程和离职流程的问题，而应该是资产管理流程的问题。因为，办公椅作为公司资产，一方面，其管理不仅仅在入职分配和离职交接两个环节；另一方面，从办公椅的特点来看，员工也无法在工作的同时履行管理的职责。事实上，经过访谈员工，很多人并不清楚自己肩负着管理办公椅的职责。同时，经过访谈相关部门，没有人能够较准确地描述公司办公椅的整体情况，能够呈现出来的只是最初的办公椅领用表。因此，办公椅作为资产存在很大的管理空白，应该从资产管理的角度来优化流程建设。

从这个案例可以看出，**通过统一规划，能够避免单点地、临时地解决业务问题，能提供系统性的解决方案**。事实上，更多的流程规划案例显示，经常会有把多个需求经过整合分析后规划成一个解决方案的情况，这正是规划的意义所在。

流程规划通常有八个输入，分别如下。

其一，现有的流程架构。如果是第一次做流程规划，则通常会将流程架构梳理和设计作为第一步，因为流程架构是流程规划的基础。当然，流程架构并非绝对的必要条件。有很多企业并没有梳理流程架构初始版本，这会对流程规划工作产生影响，但并非不能开启后面的工作。关键是要理解流程管理机制的思路，再结合企业的实际情况灵活运用。

其二，上一年度规划执行情况。上一年度规划是否得到执行，执行的效果如何，是本年度流程规划的重要输入。

其三，当年战略规划中提出的业务痛点，一般指核心业务指标与其支撑公司经营目标方面的差距。

其四，当年战略规划中提出的管理要点，即公司高级管理者认知到的明确的管理变革方向。

其五，流程成熟度评估结果。流程成熟度评估结果是对流程较为全面科学的评估，既可以作为流程规划的基础，也可以为流程规划目标提供指引。

其六，流程审计问题。流程审计问题主要是流程执行遵从度的问题，这部分问题反映了业务偏离了流程，但也体现了流程和业务现实的差距，可以作为未来优化的重点方向。

其七，流程运行绩效。流程都是为业务绩效服务的，业务绩效的结果反映了流程设计的优劣以及是否需要进行改进。

其八，合理化建议。即公司全体员工在流程执行过程中发现的问题，通过合理化建议的方式收集上来，作为流程规划的输入。

上述八个输入，前两个是原有的基础，后六个是新增的流程建设或优化需求。对于后者，又可以按来源分成三部分。第一部分，来源于高层管理者的业务战略规划，包括第三点和第四点；第二部分，来源于流程管理部门的流程运营结果，包括第五点、第六点、第七点；第三部分，来源于流程执行者的日常反馈，即第八点。

综合上述内容，流程规划的八个输入如图 10–1 所示。

原有基础：

1. 流程架构
2. 上一年度流程规划执行情况

新增需求：

3. 业务痛点 4. 管理要点	来源于公司高层的战略规划
5. 流程成熟度评估 6. 流程审计问题 7. 流程运行绩效	来源于流程管理部门的运营分析
8. 合理化建议	来源于流程执行层的合理化建议

图 10–1 流程规划的八个输入

流程规划分为三个阶段：需求管理、路径规划、任务书开发。

在需求管理阶段，对八个输入进行统一管理，整合分析，优先级排序，最终形成流程需求池。需求管理包含四个关键活动。

第一，收集需求。汇总所有输入需求，形成原始需求列表。此处的需求是原始输入，无论是数据、案例还是提出人的诉求，都要尽量保持原汁原味，防止加入收集人员的主观态度。

第二，初步调研。拿到原始需求后，应对需求提出人进行访谈或查阅相关资料，了解清楚事实和数据。这个过程是对需求内容的真实性和准确性进行确认。确认后，对每一个原始需求进行加工描述，形成初始需求，一般要描述清楚用户要解决的问题以及问题发生的场景。

第三，分析需求。根据初始需求描述内容，对业务现状进行初步分析，并对不清楚的地方补充调研，结合现有流程架构，识别流程改进点，将用户需求和建议从业务改进的角度转化为对流程建设和优化的需求。

第四，需求排序。分析优先级，对需求进行排序。转化为流程需求后，从投入产出的角度对需求进行评估并排序。评估的主要维度有两个：其一，重要性，如果变革，对业务会带到多大改变；其二，紧迫性，如果不变革，对业务有多大影响。

经过需求管理阶段，每一个需求的内容都基本明确了，并最终形成需求池。

从原始需求到初始需求，再到流程需求，并不是一一对应的关系，在过程中会进行整合或者分解（如图 10–2 所示）。

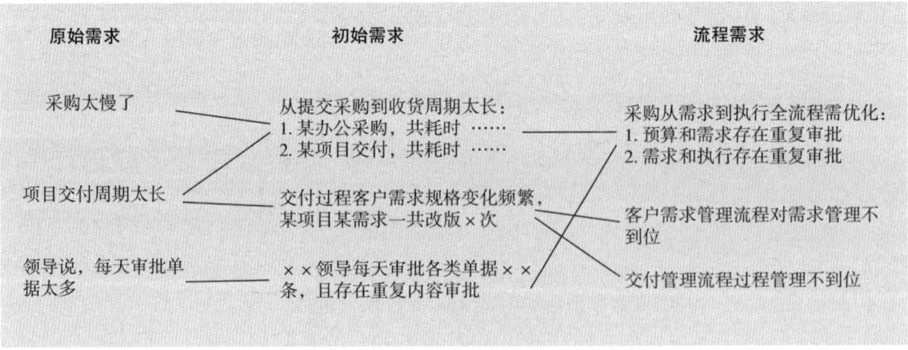

图 10–2　流程需求分析过程

在路径规划阶段，对需求池的需求进行组合分析，并规划如何实现。路径规划包含两个关键活动。

第一，组合分析。将零散的需求归并、汇聚，形成集成解决方案。组合的思路，主要是分析各个需求之间的关联关系，一般有两种情形。第一种，从需求本身的内容来看，我们可以把需求归类到对应的业务领域，属于同一个业务领域的需求一般都具有相关性，在此基础上可以进一步组合，在一个业务领域内形成多个集成解决方案。第二种，从需求所对应的业务目标来看，我们可以围绕业务目标把相关的需求组合在一起，形成一个集成解决方案。

第二，路径规划与分发。将组合分析后的需求分发至不同处理路径。总体来说，进入需求池的需求，有五个流转方向。

其一，部分非常清晰且不复杂的需求，通过增加少数流程或者对现有流程进行小幅修改即可满足，则直接流转至流程开发流程。对于这部分需求，应该输出具体的流程清单，对新增或者修改的流程进行详细描述。当然，也有可能是废止某个流程。

其二，部分需求非常紧急，且目前正在实施的业务变革项目可以承载，则直接流转至现有业务变革项目中，通过项目变更的方式快速补充实现。对于这部分需求，应详细分析其和现有项目的关系，判断其通过项目变更是否可以实现。同时，要充分评估项目变更所造成的影响，确保项目可以成功。

其三，部分需求经过组合分析后，需要启动新的业务变革项目来实现，这一部分需求将形成一份项目清单。这是路径规划的重点内容，所以，我们常常把路径规划又称为项目规划。在这个环节，既需要对业务现状做进一步梳理，也需要参考业界优秀实践经验，以此来规划项目内容。如果有必要，可以引入顾问咨询，一方面，借助顾问经验，将项目组合定义得更加清晰合理；另一方面，为后续项目任务书开发及业务变革实施过程引入顾问做准备。也就是说，项目后续是否需要引入外部顾问，在这个环节应该确定下来。这个环节不对项目进行详细分析，但应该初步明确项目目标、范围和主要内容。同时，要对项目优先级进行评估排序，除参考前面的重要性和紧迫性外，还要考虑项目所需要投入的成本，包括人力成本和资金成本，以及项目实施周期等因素（如表 10-1 所示）。

表 10-1　项目规划清单

项目名称	主要内容	项目周期	重要性	紧迫性
需求管理提升	1. 明确需求来源、方式和责任 2. 统一需求收集入口 3. 建立需求分析和管理团队 4. 建立需求管理流程，固化需求分析方法 5. 开发需求管理平台 6. 在 ×× 产品试点	12—18 个月	高	高
端到端 BOM 管理改进	1. 定义各阶段 BOM 数据结构 2. 建立 BOM 开发和维护流程 3. 建立产品数据归口组织 4. 在三大产品推行	12 个月	高	高
基于物料分类的采购策略优化	1. 建立物料分类原则，完成现有物料分类 2. 根据物料分类完成品类重要性分析和供应市场分析 3. 根据重要性和采购价值选取关键物料，建立 TCO 模型 4. 根据重要性和复杂度建立各品类采购策略 5. 实施采购 策略	9 个月	高	中
供应商生命周期管理	1. 建立供应商准入、认证、绩效管理、退出流程 2. 建立供应商评估、区分标准与方法 3. 对供应商进行分类，实施不同的管理策略和配额策略 4. 建立供应商黑名单管理机制 5. 建立供应商管理系统	6 个月	高	中

其四，部分需求暂时搁置。这种情形一般是因为内容不够具体无法给出能否实现的判断，或者这部分需求的重要性和紧迫性都很低。

其五，还有部分需求经过沟通后拒绝并关闭。这种情形是因为经过分析后认为没有必要性，或者不具备实现的条件（如图 10–3 所示）。

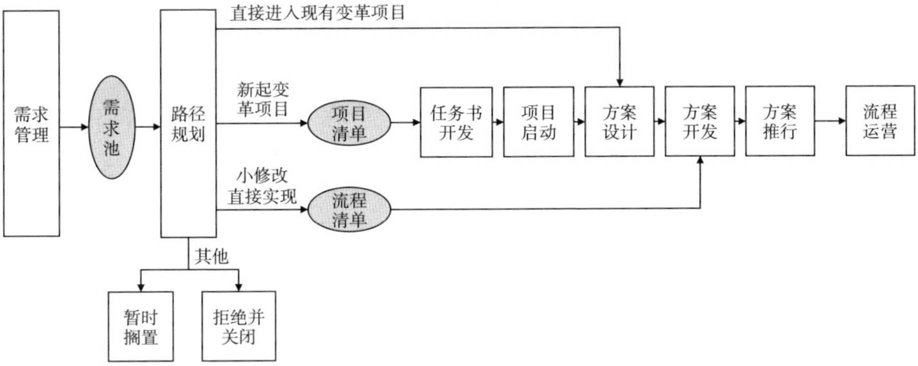

图 10–3 流程需求路径规划

经过路径规划阶段，将会明确每一个需求是否实现，通过什么方式实现等问题。如果进入项目清单，并且计划启动实施，就到了任务书开发阶段。

在任务书开发阶段，对项目清单中的项目进行独立分析，输出项目任务书。任务书开发的目标是通过现状分析发现关键业务痛点，对比最佳实践经验，识别改进机会点，进而明确项目的范围、目标、高阶方案及变革计划等内容。项目任务书需要回答“为什么要变”“变的价值”“变什么”“如何变”，为立项决策提供准确信息。任务书开发主要包括以下六个关键活动。

第一，现状分析，了解业务现状并发现主要痛点。对业务涉及的主要角色开展访谈，同时对业务过程中的交付件和数据进行研读，利用流程呈现的方法描绘业务如何运行，并收集和总结存在的痛点问题。经过现状分析，明确现存的主要问题，并为问题找到支撑数据或案例。

进入任务书开发阶段的需求都是经过访谈确认的，为什么又要进行访谈呢？首先，上阶段的访谈主要是确认需求的真实性和准确性，现阶段的访谈则是朝着问题解决的目的去的，两者目的不一样，访谈的对象和方式也会不一样；其次，在任务书开发阶段，所要完成的是一个完整的项目规划，所要输出的是一份完整的变革项目任务书，不应局限于输入的需求。在访谈阶段，不再局限于对需求的确认，而应该更加开放地了解清楚现状。

第二，开展标杆研究，对标业界优秀实践。寻找标杆，研究优秀实践经验，是快速找到差距及改进机会的好办法。通常，首先通过业务指标的完成度筛选标杆企业进行对标；其次，可以在业务流程、组织设置、数据管理、信息化系统等方面对标。

第三，分析改进机会点，根据现状调研期间收集到的业务诉求及对现状的评估分析，对比业务目标及优秀实践，从流程、组织、数据、信息化、指标设置等方面挖掘业务改进机会点。

第四，明确项目目标、价值及关键变革点，并设置初步的项目评价指标，之后与关键干系人沟通，达成一致。

第五，设计总体架构方案，输出高阶业务模型。对改进机会点进行综合分析，识别机会点之间的集成方案，设计项目总体架构方案，并基于业务现状输出高阶业务模型。总体架构方案应覆盖所有改进机会点，高阶业务模型包括初步的流程架构及主要的业务数据。这一阶段的总体架构是基于假设而设计的，在后续项目开展过程中将会被证实和逐步细化。

第六，制订变革计划。根据项目目标及内容，确定并分解项目工作任务，设计里程碑节点，确定核心组成员及关键利益干系人，制订沟通计划。

项目任务书的交付界面要清晰、准确，无论是请外部咨询公司实施还是交由内部团队实施，任务书就相当于和项目组的合同。项目任务书既是项目启动和实施的来源，也是项目成果验收的依据。

项目任务书的开发过程本身也是一个项目，应有明确的团队通过项目的方式进行，而不是一个文档写作过程。变革项目有大有小，任务书内容也随之变化，大的变革项目可能是一个项目群，在任务书中要分解成多个子项目并行开展，在这种情况下，要厘清各个子项目之间的关系，识别关键路径，明确各项目的里程碑节点。

除了上述关键活动，为了提高流程规划阶段的产出质量，为后续阶段提供更好的输入，流程规划还需要设置若干评审决策点。其中，最关键的评审决策点有两个。

第一，需求路径规划与分发评审。在该节点，应该对需求的准确性和合理性进行评审，对其重要性和准确性进行评审，并结合资源和预算进行决策，最终决定需求的流转路径。在流程需求管理和分发过程中，为了保证需求分析的客观性，通常会将需求分析和管理进行分离。具体分离方式既包括需求分析团队和管理团队相互独立，也包括在过程上将评审和决策点分开，同时也可以设计业务规则来强化分离，比如对于搁置或关闭的需求进行二次评审等。

第二，任务书评审。任务书开发完成后，要对其内容进行评审，任务书评审通常和立项决策结合起来。在该节点，重点评审以下三个方面。

其一，项目为什么要开展，即项目的受益人是谁，有什么收益价值，这些价值是否能证明项目必须启动；

其二，项目的具体内容是什么，即项目有哪些改进机会点，通过哪些变革措施来实现，这些变革是否能保证项目预期收益价值可达；

其三，项目如何开展，即项目价值什么时候可以实现，需要哪些资源和保障条件，项目计划是否可行。

任务书评审通过后，一般会进一步决策是否立即启动项目。决策点通常会将多个任务书放在一起进行。一方面，各项目之间可能存在依赖关系，需要一起考虑；另一方面，根据资源的限制条件，需要将资源优先投放到更符合公司战略目标要求的项目上。

流程管理的目标是提高业务绩效，所以业务绩效作为最终结果，在流程规划中起到非常重要的作用。一方面，业务绩效作为公司战略规划的输入，最终通过战略解码传递到流程规划的输入，也就是上述流程规划的第三点输入。另一方面，业务绩效可以引导规划方向，并为规划提供印证分析，防止规划偏离业务痛点。

流程规划主要有五个方面的输出。

第一，需求跟踪矩阵。记录经过收集、分析、分发后的需求跟踪过程。

第二，更新后的流程架构。部分需求直接形成流程清单，进入流程开发环节，这些需求将对流程架构产生更新。

第三，流程建设清单及计划。包括准备新增、优化、废止的流程清单及开发计划。

第四，业务变革项目清单。

第五，各变革项目任务书。

流程规划并不是一次性的活动，而是要持续不断地进行迭代更新，至少要保证每年回顾检视一次，修订一次。综合上述说明，流程规划有四个原则：统一管理需求、从业务现状出发、聚焦业务目标和痛点、面向未来发展。

10.3 管理流程建设

承接流程规划，流程建设有三个路径。其一，直接进入流程开发流程，这部分会包含在业务变革项目的方案开发中；其二，直接进入变革项目；其三，启动新的变革项目。这三个路径都包含在变革项目过程中，所以，本节我们阐述变革项目开展的一般过程。

变革项目开展过程可分为四个阶段：项目启动、方案设计、方案开发、方案推行。

在项目启动阶段，在项目任务书的基础上，完成项目开展前所有的准备工作。项目启动包括四个关键活动。

第一，承接目标。对项目任务书中的项目目标进行解读。一方面转化为收益指标并定性或定量描述；另一方面对目标进行分解，对应到具体的变革收益点。这个环节既要理解和承接项目任务书中对目标的要求，也要为后续项目计划制订及具体工作开展奠定基础，是一个承前启后的工作。

第二，细化计划。对项目任务书中的变革计划进行细化。一方面，将任务分解为可执行、可管理的最小单元，最小的任务一般不超过五人 / 天，特殊情况不要超过十人 / 天；另一方面，为每个任务匹配具体资源，并根据里程碑节点设计开始时间和结束时间。计划将指导项目后续阶段的工作开展，也是用来监控项目执行情况的依据。

第三，组建团队。变革项目的团队组建非常重要，直接关系到项目的成功与否。一方面，要选择合适的人，参与变革项目的人员要理解业务，并能真正代表业务，能和业务负责人有良好的沟通，同时要支持业务变革和流程建设。另一方面，要保证人员投入的工作量，变革项目人员是分阶段投入的，在设计阶段、开发阶段及推行阶段所需要的人员和工作量都不一样，需要提前做好安排。另外，在团队组建好以后，一定要正式任命，以保证其顺利地开展工作。任命的时间一般放在项目的开工会之后。

第四，召开开工会。变革项目的开工会也非常重要，开工会并非简单地表示项目启动了，也并非只是一个会议。在开工会召开前，要和项目利益干系人充分沟通，确保项目组和其相关的内容相互之间理解一致。对开工会要精心策划和准备，确保项目组成员以及项目利益干系人都参加，并通过仪式感强化项目组的存在，营造良好的变革氛围。通过开工会统一项目组成员及利益干系人，特别是项目赞助方和受益方的认知，包括项目目标和价值、项目计划、组织结构及职责分工、项目运作机制等内容。通过开工会得到各资源投入方以及业务支持部门的公开承诺。

在方案设计阶段，在项目任务书中总体架构方案的基础上，进一步详细调研和分析，输出设计方案。如果项目较为复杂，则依次输出概要设计方案和详细设计方案。方案设计包括以下六个关键活动。

第一，设计业务流程方案。对准项目目标，对改进点展开分析，通过“假设—证实”的方式不断寻找驱动因素，最终映射到具体的业务流程上。业务流程方案对上要理解项目目标和业务改进点，论证方案的可行性，对下要为流程开发提供输入，并输出优化后的流程架构及每个流程具体的改进说明。

第二，设计数据和信息流方案。在业务流程方案的基础上，识别本项目需要设计和优化的数据，确定数据定义及内容，梳理数据产生、变更、应用的各个环节，分析其存在的痛点，设计改进方案，制定数据的质量标准和规范，并最终输出数据集成及信息流拉通方案。

第三，开发信息化需求。识别变革对信息化的要求，通过信息化为业务变革赋能。基于流程架构优化分析高阶应用功能并对应用架构进行优化设计，基于业务流程分析应用功能，定义功能清单，基于信息流方案设计应用功能模块之间的集成关系，最终形成与本阶段相匹配的整体的信息化需求包。

第四，分析变革影响。评估变革对人的影响，提前洞察变革落地中的动力、阻力和风险，并制定应对措施，以支撑项目组利益关系管理，以及后续培训材料开发、赋能培训与推行策略。变革影响分析要从目标业务场景出发，识别每一个变革点，基于变革点分析带来的影响，并对应到相应的关键用户及利益干系人。变革影响分析要覆盖所有目标业务场景以及所有变革点，要沿着业务流进行评估。通常，变革影响分析会关注以下方面：工作量、效率、观念和习惯、技能、责任、权利、利益、体验等。

第五，设计组织设置方案。识别变革对组织设置的要求，通过组织调整来确保变革方案最终落地。基于业务变革引导的组织变化分为几种场景：对部门的调整，包括新增部门或者合并、分解部门；对部门职责的重新分配；对部分岗位职责和能力要求重新定义，设计新的任职资格以及汇报关系调整。组织设置既要面向变革方案落地，也要兼顾现实情况，组织调整是面临较大阻力的变革内容，要做好变革影响分析。

第六，设计推行方案。根据项目目标及计划，结合变革影响分析、组织设置方案，设计项目推行方案。一方面，推行方案要关注“事”，即项目成果在业务单元如何落地实施；另一方面，推行方案要关注“人”，即项目方案对关键用户有哪些改变，关键用户如何才能承担起方案落地的责任。其中，重点在“人”。推行方案要围绕影响变革成功的因素，设计相应的措施。围绕“人”的成功因素包括如下四个方面。其一，意识，即对变革的认知，也就是知道要变；其二，意愿，即个人支持和参与变革的愿望，通常和个人能力提升、职业发展或有效激励有关；其三，知识，代表新的工作要求及需要掌握的工具、方法；其四，能力，即应用相关知识完成工作任务的技能。在这四个方面中，“意愿”和“能力”又尤其重要，需要重点考虑。最后，推行计划要考虑如何巩固变革行为，使变革成果得到持续应用。

对于人的“意愿”，在变革项目中给予激励是最常见的做法。新的变化发生，当然应该给第一批敢于尝试的人以激励。但光有正向激励是不够的，还应该通过负向激励来形成压力，很多改变是由压力倒逼完成的。

除了激励以外，应该通过流程优化让员工的工作更有价值、收获更高的成长，这也是员工“意愿”的来源之一。

上述六个活动并无严格的先后顺序，在实际运行中，它们会相互影响，并行推进。事实上，为什么推行方案要放到方案设计阶段，而不是放到方案推行阶段，因为推行方案也是对设计方案验证的，会影响和修正设计方案。

在方案开发阶段，在设计方案的基础上完成业务流程、信息系统、培训包材料的开发。方案开发包括以下三个关键活动。

第一，开发业务流程。不管来自流程规划阶段的流程清单，还是方案设计阶段的业务流程方案，都是开发业务流程的输入。开发业务流程将改进机会点进一步落实到具体业务活动中，以及活动和活动之间的交互关系中。关于如何开发一个业务流程，前文已有非常多的描述，这里不再详述。

值得一提的是，开发业务流程应包括对业务流程的验证。

第二，开发信息系统。在上一阶段信息化需求的基础上，推动信息化部门完成系统开发。在开发过程中，做好需求跟踪，对关键节点进行评审，确保系统和业务方案相匹配并能方便地落地应用。准备验证数据和比例，参与执行系统测试验证，同时，开发系统操作手册，为培训包开发及培训实施做准备。

第三，开发培训包材料。为了确保流程落地运行并取得预期效果，应开发培训包材料。培训包材料不仅仅是培训课件，而是包括培训方案、培训课件、考核方案等在内的一整套材料。变革影响分析及推行方案确定了培训对象及特点，业务流程方案确定了培训内容，根据两者开发培训包材料。培训包材料不应简单地对业务流程方案进行通用介绍，而应对用户群进行分类，根据用户群的特点设计有针对性的培训方案和材料；同时，培训包材料不应是统一水准，而是应根据用户群的不同层级设计递进式的培训材料。

在方案推行阶段，完善人员、系统等方面的准备工作，将开发方案经过适配后落地实施，使流程建设达到预期目的，并最终将流程转交至相关运营团队。方案推行包括以下六个关键活动。

第一，业务适配。流程方案在落地前通常需要根据业务场景进行适配，适配既包括对流程做局部修改以符合业务运行实际情况，也包括对业务进行配套调整以使流程能够顺利运行。其中常见的有组织适配、工作内容适配、工作时间及地点适配等。必须注意，对流程进行局部修改时，要确保流程的关键活动执行到位、流程的各项管控规则得到遵守、流程的考核指标不偏不倚。

第二，用户培训。根据培训方案，对流程相关用户开展培训。培训以确保目标用户理解流程并掌握相应岗位所需技能为准，不局限于讲授课程的形式，可以采用研讨、演练等多种方式进行。培训结束后，应通过考核等方式对培训效果进行检验。

第三，评估准备度。适配和培训完成后，在正式推行之前，通常会进行一次准备度评估。准备度评估是对变革影响分析和推行方案的验证环节，经过这个环节，检查此次流程推行可能受到影响的人员是否都已经做好准备，特别是其意愿和能力是否都已经具备。当然，也包括流程推行所需要的其他条件是否都已经具备，比如相关管理层的支持、相关系统的开发上线、相关资源的到位程度等。

第四，推行实施。准备工作都完成后，正式实施推行。推行要按照计划有步骤地进行，可以先局部试点再批量推广。对于推行内容要进行周期性检查并总结分析，对发现的问题要跟踪解决。流程推行要讲究策略，不要用一种方法面对所有人。同时，流程推行要讲究实际效果，防止推行表面化。

第五，评估推行结果。推行结束后，总结推行结果，评估是否达到预期目的。评估结果时，要确认所有推行过程中的问题都得到了解决或关闭，还要对关键管控规则及改进点的效果进行评估，总结后续运营过程中需要注意和加强的事项。在评估过程中，观察和发现流程可进一步优化的空间，并作为合理化建议提交至流程规划的输入。

第六，转交运营。推行结束后，为确保流程持续运行效果，防止变革回潮，流程将转交给运营团队。为顺利进入运营阶段，一方面，要确定管理基线，即相关管理动作的基本要求、相关管理指标的基准值，形成运营手册；另一方面，要成立运营团队，制订运营计划。

很多公司的流程建设都是重设计轻推行，把流程经过评审并发布当作流程建设的终点。事实上，流程推行比发布更为重要。如果把流程设计好，发布后呈现出来，供相关人员查阅，就算完成了工作，那就是本末倒置了。发布只是流程落地的起点，推行才是流程真正落地的过程。为了确保推行能够取得效果，会在两个层次开展工作。第一个层次是让业务人员参与前期的方案设计和开发过程，这是最容易理解流程并对流程的推进达成一致的时机；第二个层次是在流程开发完成后，通过培训、辅导、考试等方式向业务人员宣贯。无论采用哪种方式，都要让业务人员理解流程。如果业务人员没有理解流程，可能会执行不到位，或者虽然执行到位了，但达不到预期效果。在这个环节，很多人有一个理解误区，认为流程是有强制性的，不理解也要执行。这是逻辑性错误，不理解也要执行，不代表可以不理解。还有人会搬出华为“削足适履”的口号，认为流程不需理解，遵照执行即可。这种口号有特定的针对性，不符合大部分场景。

某企业为了加强资金计划管理，根据风险管控要求调整了流程，规定每月的资金计划第一周付款不超过30%，第二周付款不超过60%，第三周要结合回款计划调整付款计划。这样一个流程，如果强制执行下去，可能会引起业务混乱；要达到预期目的，需要对项目经理进行专项能力培训，让项目经理能够区分刚性付款和弹性付款，区分重点付款和普通付款，在此基础上才能保证流程的真正落地应用。

同流程规划阶段一样，流程建设阶段设置了若干评审决策点。其中，最关键的评审决策点有三个。

第一，方案设计评审。项目设计方案包括一系列内容，对项目设计方案的评审重点关注以下三个方面：其一，方案是否承接和覆盖了项目目标，无论是业务流程方案，还是数据和信息流方案，是否能够确保项目目标达成；其二，方案是否逻辑合理、内容完整，是否体现了业务特点及竞争优势，并具有前瞻性和先进性；其三，方案是否具备可行性，是否符合业务现状，对业务现状的改变是否会得到相应部门和人员的支持，所需要的资源是否可以获取到，是否为即将到来的变革做好了分析和准备。

第二，业务流程及培训包材料评审。方案具体内容开发完成后，需要经过评审才能推行。对此评审重点关注两个方面：其一，业务流程是否完整地承接了项目设计方案，项目设计方案中的各项改进点是否均有业务流程与之对应并良好实现；其二，培训包材料是否为每个用户群体提供了必要的培训内容，是否足以满足其执行流程所需的必备知识和能力要求。

第三，方案推行及转运营评审。方案推行阶段结束，代表变革项目结束，对此评审重点关注以下两个方面：其一，项目是否达到预期目标，遗留问题是否得到妥善解决，经验和教训是否得到总结；其二，运营手册和运营计划是否详细、具体，是否具备可行性，可以支撑项目成果持续应用。

10.4 管理流程运营

流程推行上线后，将会转入运营。很多人认为流程管理是将流程发布就算完成了，或者在业务部门将流程推行落地就算完成了。但在业务运行过程中，常常发现业务并没有按照流程运行、业务绩效达不到预期甚至出现严重异常的情形。因此，有必要对流程进行持续的运营管理。流程作为产品，需要专业人员进行设计和开发；流程作为资产，需要管理人员监控和运营。

总体来说，**流程运营有两大基本目的：一方面，确保流程落地运行，达成业务目标；另一方面，发现流程运行过程中的问题，促进流程优化改进，确保业务持续达成目标。**

围绕两大基本目标，流程运营的核心工作是监控，从过程来看，监控业务运行过程是否遵从流程；从结果来看，监控业务绩效结果是否符合预期。这两类监控相辅相成，遵从流程是业务绩效的保障，业务绩效反过来可以发现流程存在的问题并促进流程优化。

流程运营包括三个部分：运行监控、流程审计、成熟度评估。

在运行监控过程中，根据运营手册，制订过程保证计划，通过检查业务活动执行情况以及流程绩效结果，发现问题并整改。通常会设置流程过程由 QAE 来承担这一工作，该角色既可由业务部门设立，也可由流程管理部的流程管理师出任。运行监控包括以下四个关键活动。

第一，过程保证。根据培训方案对新上岗的业务人员进行培训，并通过考试、考核等方式评估其是否具备上岗条件，确保流程执行人员对所需具备的知识和技能应知应会。建立相应的激励机制，提高流程执行人员遵从流程的意愿和积极性。建立两级检查机制，包括业务自查和 QA 抽查，对关键活动执行情况进行检查，及时发现存在的问题。

第二，绩效监控。根据运营手册设定的绩效指标和统计方法，定期检查流程运行结果，并与管理基线及期望目标比对。绩效结果分为三等：超出期望目标、低于期望目标但高于管理基线、低于管理基线。根据不同的绩效结果制定不同的应对举措，及时改进。

第三，合理化建议收集。员工作为流程的执行者，对流程设计是否最佳、流程和业务是否匹配、流程是否覆盖所有业务场景、流程是否易于使用等方面均有切身体会，要设计相应的激励机制鼓励员工发现问题并提出建议。针对流程运行的业务场景，设计多渠道收集合理化建议，让员工能够在流程执行过程中方便地、实时地提出建议。同时，设计问卷调查或者走访调查的方式主动收集员工的意见。

第四，问题整改。无论是过程检查发现的问题，还是绩效结果反映的问题，或者通过合理化建议收集的问题，都需要进行分析和整改。对问题分析后，可以分为两类，一类是流程执行问题，通过提高员工能力并改正其行为即可改进；另一类是流程设计问题，需要优化流程才能完成改进。对于后一类问题，如果只是对流程适配进行修改，则在本环节完成，否则，转化为流程优化需求流转至需求管理。

在流程审计过程中，对流程执行过程、运行结果及员工和用户满意度进行稽查和评估，同时评估流程和业务匹配情况及存在的缺陷，以确保流程的有效性。如前所述，在运行监控过程中包括了过程保证。流程审计是一种特殊的过程保证，和过程保证的检查相比，流程审计是周期性的、独立的、全面的检查。流程审计包括以下四个关键活动。

第一，启动审计。流程审计通常是根据年度工作计划周期性地启动。首先，要确定审计对象及范围。范围的确定有三种方式：按照流程领域划分，比如研发流程、制造流程等；按照项目范围划分，比如上年度结项的产销存项目、LTC 项目等；按照特定业务指标圈定的流程范围，比如和库存周转率相关的流程。其次，要成立审计团队，如果业务单元较多，可以采用分组的形式。每个小组既要有审计专家，也要有业务代表。最后，要制订审计计划，（如表 10–2 所示）除了时间排期以外，需要确定配合审计的相关业务人员。除了周期性审计以外，也有单项事件驱动的审计，比如公司厂房发生火灾事故、公司仓库发现持续盗窃事件，针对这些事件，应成立专项小组开展审计，以此发现公司流程管理方面的问题。

表 10–2　流程审计计划

审计组别	审计人员	审计对象	审计范围	审计计划
A 组	组长： 审计专家： 业务代表：	×× 事业部	×× 领域共三十条流程	—
B 组	组长： 审计专家： 业务代表：	×× 事业部	×× 领域共三十条流程	—

第二，设计审计方案。根据审计对象确定的流程清单，逐一设计具体审计标准，包括关键活动检查标准、过程交付标准、流程运行结果标准，设计判定是否合乎标准的方式。如果采用计分制，则明确每个分数的含义以及区分度。设计检查方式，包括访谈关键用户、查阅过程材料、提取统计数据以及跟踪流程执行过程等方式。如果采取抽查的方式，则明确抽查的范围和方式以及样本选取的要求。根据审计目的，还可以设计对流程建设的审计方案，包括流程是否具备完整的要素并满足公司统一的输出规范、是否得到及时更新和发布、是否得到业务专家评审及流程责任人审批等内容。

表 10–3 是通用的审计方案简表。值得一提的是，对于关键指标，既

可以是单个流程的指标，也可以设计多个流程的总体指标。指标既可以是具体的业务绩效结果，也可以是业务绩效的改进结果，比如故障率降低。

表 10-3　流程审计方案

流程	检查点	检查方式	评分标准	权重占比
××× 流程； ××× 系列流程； ……	关键活动； 关键产出； 关键指标； ……	问卷调查； 现场访谈； 文档查阅； 抽查样本； 系统统计； 过程记录； ……	统一维度、细分标准、对齐目标； ……	……

第三，执行审计。根据审计计划及审计方案，团队小组正式开始审计。虽然在审计方案中给出了检查的方式和标准，但在执行过程中的技巧和方法非常重要。首先，审计团队内部要集体研读审计方案，并在后续检查过程中保持沟通讨论，对审计标准达成一致认知。其次，在信息输入方面，要尽可能地全面收集相关材料；仔细倾听并记录流程执行人员及用户的反馈；调查或访谈对象要覆盖全面，做到应访尽访。再次，在信息处理方面，要仔细查阅材料，对相关的记录、表单、系统数据等一一确认，比对审计标准进行判断分析，对模糊及有疑问的地方及时讨论和评审。最后，所有审计问题需要和业务人员进行确认，确保真实有效。

为确保审计有效，执行过程应注意以下事项：

其一，审计人员要充分理解审计标准，特别是对关键控制点的检查规则要理解到位。虽然审计标准是从业务实际出发设计的，但最终要用文档来体现。如果理解不到位，很容易对两种现象产生误判。第一种现象，让审计流于表面和形式，即表面上遵守了过程、执行了活动、交付了材料，但业务实际却偏差很大，没有达到真正的目的；第二种现象，业务执行过程和结果都非常好，但和审计标准规定的形式有所偏差。这两个方面，对于前者，应该发现和指出问题，对于后者，应判断形式的偏差有多大，是否合理及可以接受。

其二，开放心态，不先入为主。在审计过程中，审计人员容易根据经验对现存现象做出倾向性的判断，而这些判断不一定是正确的。如果心中装着已有的结论，不仅可能在错误的方向上浪费大量的精力，还可能会忽略真正存在的问题。一定要区分现象和问题，注意现象和问题之间的逻辑路径是否完备。

其三，细致耐心，不放过问题。细心访谈人员，耐心查阅资料，带着怀疑的眼光发现问题，大胆假设，小心求证。带着怀疑的眼光发现问题和不带着结论求证问题，两者并不矛盾，要相互统筹好。

其四，以事实和数据为准，以人员口述为辅。原则上，口头交流获得的肯定或发现的问题都需要事实和数据佐证。

第四，审计评价与应用。审计结束后，根据结果出具审计报告。审计报告要声明审计范围、对象和审计标准，回顾审计执行过程主要活动，描述发现的问题并作出分析，给出根据评分标准得出的审计结果。审计报告经过评审后发布给相关人员，对于其中发现的问题进行整改，并作为下年度流程管理工作计划的输入。

在成熟度评估过程中，根据特定的模型和标准，对流程建设及管理水平进行综合评估，以支持管理者客观认识当前的水平及所处的发展阶段，发现薄弱环节并指导未来提升的方向。成熟度评估和审计有相关性，其内容有重叠，其过程也相似，但两者并不一样。其一，两者的目的不一样。流程审计的主要目的是发现具体流程问题，其结果除单个问题整改外主要用于具体流程的优化；成熟度评估的主要目的是评价当前的总体水平，其结果主要用于流程管理体系建设规划。其二，两者的对象范围不一样。流程审计主要针对特定范围内的具体流程；成熟度评估则包括了流程理念文化、流程建设及运行情况、流程管理机制等方面的内容。其三，两者评价的方法和标准不一样。流程审计为每个流程设计检查标准，评价具体流程的执行遵从情况以及流程设计优劣情况；成熟度评估要设计总体评价模型，评价总体运行绩效和建设与管理水平。成熟度评估包括以下四个关键活动。

第一，启动成熟度评估。一个企业即便没有显性的流程管理，其业务管理过程中及公司的管理体系都会包含流程管理的相关思想和内容。所以，企业如果打算开始建立流程管理体系，一般会从流程成熟度评估开始；或者企业已经开展了阶段性的流程管理建设，打算开启下一阶段，这个时候也会开展流程成熟度评估；当然，也有企业会以年度为单位周期性地进行流程成熟度评估，为持续的流程建设提供输入。这三种不同的情形决定了不同的方式。比如，如果企业是第一次开展流程成熟度评估，或者是在流程建设的阶段之间开展流程成熟度评估，通常会请外部专业的咨询公司来进行；如果企业是通过例行的方式周期性地开展流程成熟度评估，则通常由内部组织和人员进行。

第二，设计成熟度评价模型。美国著名管理学家迈克尔·哈默在《再造奇迹》一书中提出了流程和企业成熟度模型（The Process and Enterprise Maturity Model，PEMM），该模型包括九大流程原则，其中的五个原则称为流程能动因素，即流程设计、流程员工、流程所有者、基础建设和指标；另外四个原则是企业能力，即领导力、文化、专业技能和治理。流程能动因素关注流程设计、执行和改进，企业能力注重支持和持续改进。在模型中，每个原则用四个数字表示成熟度等级，同时，每个原则下设置了两个或两个以上的评价维度。PEMM 模型高度总结了流程建设和推进所需具备的原则和维度，具有广泛的通用性。但是在实际应用过程中，很难直接搬用，企业仍需在此基础上，制定具体的评价模型。PEMM 模型的内容可以为企业提供指导，其形式也可以供参考。企业在制定成熟度评价模型时，其维度既要考虑完备性，也要考虑公司的实际情况，防止过于教条而不能真实评估企业的水平；其等级的标准要有明确的定义，等级和等级之间要有清晰的区别，防止在评估过程中缺乏一致的标准或难以操作。

第三，执行成熟度评估。根据评价模型执行评估，一般采用两问两检查的方式。两问是指问卷和访谈；两检查是指流程建设检查和业务过程检查。问卷内容要针对不同层级的调研对象设计不同的问题，问卷调查要注意覆盖的广度。在问卷调查过程中常犯的错误是问卷设计的权重和调查收集意见的范围没有平衡好，导致结果过于片面。访谈要做好充分的准备，设计有效提纲，制订可行的计划，并对访谈结果进行总结。检查应该根据评价模型，细化具体的检查项目及检查标准，逐一核对并评价检查结果。流程成熟度评估常常引入外部资源来进行，这样可以做到更加科学和客观。

第四，出具成熟度评估报告。根据评估过程和结果，基于事实和数据，出具量化的成熟度评价报告。量化评价有两种方式：如果是单次评价，应给出评价等级，比如将成熟度分为五个等级：潜在需求、已开始、已定义、已建立、已管理，而当前评估结果为已定义级，更进一步地，如果采用五分制，应给出三点几分；如果是周期性的评价，则也可以不给出等级分类，而只给出评价分数。对于成熟度评估的关键结论，应给出案例论证支撑。成熟度评估报告应给出薄弱环节分析以及改进建议。

10.5 如何将流程管理机制落地

对流程管理机制逐层分级的阐述总结如图 10-4 所示。

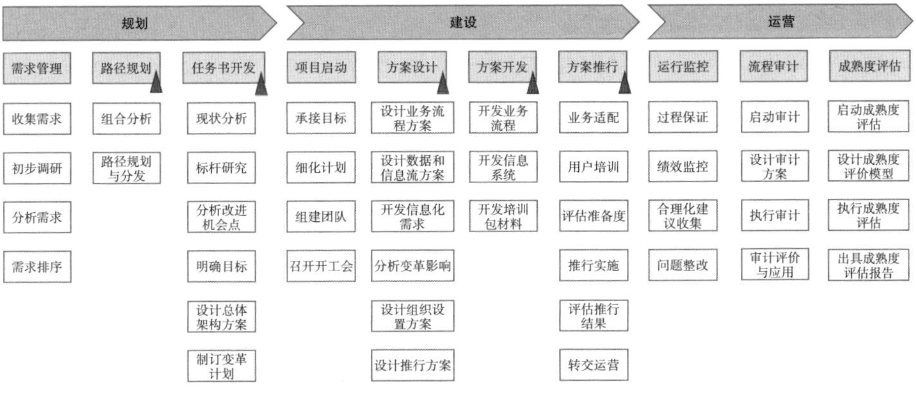

图 10-4 流程管理机制总模型

这是完整的流程管理机制全过程，其内容具有广泛的通用性，但能够完整落地的前提是有较成熟的组织和能力支撑。在实际落地过程中，要注意以下几个方面。

第一，不可机械套用，应根据实际情况来设计流程管理的相关流程，以确保可以落地实施。比如，有些公司把从流程需求直接到流程开发的场景定义为简易流程开发流程，和业务变革流程区分开来。还有一些公司把流程架构开发单独作为一条流程，作为流程规划和流程开发的中间环节。另一些公司将整个管理机制设计成两条流程：流程全生命周期管理流程和业务变革项目管理流程。

要做到不机械套用，流程管理者就要深刻理解流程管理机制的本质。比如，有些公司因为缺乏专业架构师团队，把任务书开发放到业务变革项目里面来做，通过拉长项目周期并加强项目不同阶段资源管理的方式来弥补项目规划能力的不足。对于这种情况，应先理解为什么完整的流程管理机制中将任务书开发独立出来？这样做的目的是保证项目目标和范围的准确性和系统性，进而约束后续实现方案的准确性和系统性。基于这样的理解，在将任务书开发放到业务变革项目里面时，就要注意保证项目任务书的独立性，防止受到项目参与各方的影响，偏离最初的目标或者过多地考虑某个部门的利益而影响了全局效益。

第二，结合前面对于流程架构和流程的理解，把流程管理赋能业务改进的方法、流程设计和优化的方法落实到机制中去。不要将流程管理机制设计成工作过程的一般性描述，而应该是体现流程设计专业性的集成业务流程。比如，访谈业务人员需要的方法和技巧应固化成相应的标准能力；又如，在业务流程方案设计时如何通过根因分析逐步定位到流程改进点应固化成标准规范等。

第三，结合项目管理来看，流程管理最终通过项目化运作落地，所以应将项目管理的关键节点、内容，以及优秀实践融合到流程管理机制中。比如，立结项节点、计划和实施等活动、通过项目任务书编写及召开开工会统一项目组思想。变革项目常见的陷阱应在流程中设计相应的方案来规避。同时，流程要体现项目的场景分类，比如有些公司将项目分为变革项目和流程建设项目，或者分为中长期项目和快赢项目，又或者区分为集团级项目和部门级项目。

第四，根据公司流程管理相关岗位设置及能力水平设计责任矩阵。流程管理所需要的各个角色在不同的企业中会由不同的岗位来承担，而不同的岗位反过来也会影响流程管理机制的设计。所以，明确各个岗位在流程管理机制中参与的关键活动及承担的主要职责，有利于流程管理机制后续顺利落地。

第五，为活动设计好配套的模板和指导书，辅导人员落地。为评审点设计好相应的检查表和评审规则。和产品开发不一样，变革项目及流程开发的最终用户是公司管理层及员工，所以，评审的时候主观因素占比可以大一些。因为评审人员对于存在的问题都有清晰的体会，对于解决方案也容易达成一致。但是，要注意评审者职位可能带来一定的影响，防止问题被掩盖，或者不能出台系统性的解决方案而被局部解决。和产品开发的评审相比，评审时要关注公司内部政治对方案的影响，以及对方案顺利落地的影响。

总之，流程管理机制没有放之四海而皆准的统一模式，只有在深刻理解其思想的基础上，结合公司所处的阶段、环境及发展的目标灵活运用，才能取得理想的效果。流程管理机制的建设不要陷入完美主义，也不要停留在理论上，而是要落地到具体的管理工作中，并以对业务的改进为准绳来执行和评价。

第 11 章 | 流程管理平台

11.1 什么是流程管理平台

前面谈到要统一呈现业务流程以及管理业务流程。那通过什么工具来呈现和管理呢?

我们当然可以通过文档的形式来呈现流程，最简单的流程管理平台就是用 Visio[①] 画图，然后提供一个文档管理服务器。事实上，很多公司正是这样选择的。但通过专门的系统来管理流程有很多好处：更容易统一表达规范，呈现过程更加高效，后续维护工作量更少……就像人力资源管理、财务管理等都有专业信息化系统，研发管理、供应链管理、销售管理也都有对应领域业务信息化系统，流程管理也有专业的信息化平台。

根据企业流程管理水平发展阶段的不一样，我们可以把流程管理平台分为初级、中级、高级三个等级。

初级，也就是最基础的等级，是一个企业要开展流程管理工作所需具备的最基础的信息化功能。这些功能包括对流程进行设计和建模，对流程进行审批和发布，对流程进行分发和查阅。

中级流程管理平台，在初级的基础上，对流程相关要素进行集成管理，包括制度及相关文档，包括组织、风险、信息化等体系；同时，增加了流程全生命周期过程管理，包括推行、审计、优化等内容。

① Visio 指 Microsoft Office Visio，是 Office 软件系列中的负责绘制流程图和示意图的软件，是一款便于 IT 和商务人员就复杂信息、系统和流程进行可视化处理、分析和交流的软件。

高级流程管理平台，在中级的基础上，和业务系统进行集成，统一业务规则，打通业务数据，并驱动流程运行；同时，基于业务系统集成，监控流程运行情况。

依次而言，初级流程管理平台主要是管理流程内容，中级流程管理平台增加对流程管理的管理，高级流程管理平台则融入对业务的直接管理。

流程管理平台的用户可以分为三类，分别是：

1. 流程执行者，即流程中各角色对应的岗位，这类用户几乎包括了企业所有人员；

2. 流程管理者，包括流程管理部门相关人员在内，也包括流程责任人、流程设计者以及流程优化项目的相关人员；

3. 企业管理者，包括企业的高级管理人员，也包括各级业务主管。

针对三类用户，不同等级的流程管理平台提供不同的价值（如表 11–1 所示）。

表 11–1 不同等级流程管理平台为不同用户提供不同价值

	流程执行者	流程管理者	企业管理者
初级流程管理平台	· 查阅流程：系统化而非散点式的查阅流程，既包括流程架构的整体结构，也包括流程自身基本要素	· 流程设计：设计流程架构，针对特定流程进行建模和画图，并完善流程要素 · 流程发布：发起流程审批，经过相关责任人审批后发布流程	· 全局管理业务模块：通过流程架构查阅业务全局视图，厘清和周边业务的边界与关系 · 查阅流程：结合业务对具体流程进行审视，发现问题
中级流程管理平台	· 查阅流程：集成化的查阅流程，包括相关联制度、文档，可以快速而准确地理解和使用流程 · 上岗学习：根据岗位要求学习对应流程培训包，并参加考试 · 职位晋升：根据任职资格晋升要求学习对应流程培训包，并参加考试 · 优化流程：在流程使用过程中发现问题，提出流程优化需求	· 流程集成管理：管理流程相关联制度、文档；管理组织架构、风险架构、应用架构、数据架构 · 流程推行管理：构建从岗位作业说明、任职资格设计到培训与考核的推行落地体系；设计并管理流程视图 · 流程审计管理：设计审计标准，管理审计过程及结果，跟踪审计问题整改 · 流程优化管理：管理流程优化需求，管理流程优化项目及优化案例	· 定制管理业务模块：通过定制流程视图查阅不同管理场景和视角的业务全局图，更好地理解和管理业务关系 · 多体系融合管理：基于流程架构设计管理组织、绩效、风险与内控、信息化等相关体系 · 流程审计：评估和批准流程审计情况，了解流程管理水平及存在的问题 · 业务优化：根据流程审计结果及管理期望目标，发起流程优化项目，并跟踪监控优化过程、推动成果落地

续表

	流程执行者	流程管理者	企业管理者
高级流程管理平台	·流程执行：通过平台发起、执行业务相关流程，通过高度集成减少业务系统操作，简化工作、减少工作量	·流程设计：自定义建模符号及规范；自动分析流程的规范性、完整性、合理性 ·系统集成：和业务系统集成，统一业务规则，打通业务数据，并驱动流程运行 ·流程监控：设计流程监控点、指标及规则，通过系统监控流程运行情况为审计和优化提供输入	·业务集成：打通业务边界及拉通数据流，集成管理业务 ·业务监控：监控业务运行过程及结果指标，对于局部问题及时发现并改进，对于系统性问题发起流程优化项目

11.2 初级流程管理平台

初级流程管理平台包括三大功能模块：流程设计与建模、流程审批与发布、流程分发与查阅。

表 11–2 是一份参考的功能说明，可供设计和选型时参考。

表 11–2 初级平台功能说明

功能模块	功能项（参考）
流程设计与建模	支持流程架构分层分类设计，层级之间相互关联，即上下层之间可连接进入
	支持流程架构逻辑图设计，各级流程之间可以相互引用和跳转
	支持流程架构属性配置，并可自定义属性字段
	支持泳道图式或瀑布式流程图设计，并可自定义流程图要素及图例。默认至少支持以下要素： 1. 活动，除一般活动外，还包括决策、关键成功因素、关键控制点等特殊活动； 2. 业务对象，包括输入和输出，支持文件关联； 3. 角色，支持个体角色和团队角色，支持角色描述； 4. 流程接口，支持上游接口、下游接口，并支持跳转； 5. 网关，包括与、或和异或； 6. 事件，包括一般事件、开始事件、结束事件及里程碑事件；

续表

功能模块	功能项（参考）
	7. 文件，包括模板、表单、指导书、操作指南等，并可关联附件； 8. 数据库，包括数据库表及主要字段描述； 9. IT 系统及功能，包括系统名称及功能模块描述； 10. 风险，包括风险点描述及预防措施； 10. 能力要求，包括完成活动所需具备的能力要求； 11. 连接线，支持多种连接关系，包括输入、输出、完成、支持、引用等关系
	支持流程图属性配置，并可自定义属性字段
	支持流程图元素（特别是活动）属性配置，可自定义属性字段，并可上传关联文件
流程审批与发布	支持设计流程建模规范自检规则，并通过自检判断流程是否符合相应规则
	支持自定义流程审批环节
	支持对流程架构及流程发起审批
	支持对流程架构及流程进行审批
	支持对流程架构及流程进行发布
	支持流程发布后的全文关键词检索
	支持生成流程文件，文件格式及内容可自定义
流程分发与查阅	支持对发布后的流程进行权限控制
	支持将发布后的流程分发推送至相关阅读人员
	支持相关人员查阅流程内容，并下载相关附件

不要小瞧初级流程管理平台，对大多数企业来说，初级管理平台已经足够。很多企业即便采购了更高级的系统，其流程管理水平也仍然处在初级层次。

11.3 中级流程管理平台

在初级流程管理平台基础上，如果再进一步，我们会做哪些事情呢？

从横向来看，可以增加和流程相关联要素的集成管理；从纵向来看，可以增加对流程发布后的全生命周期过程管理，这便是中级流程管理平台。

中级流程管理平台增加了四大功能模块：流程集成管理、流程推行管理、流程审计管理、流程优化管理。

表 11–3 是一份参考的功能说明，可供设计和选型时参考。

表 11–3　中级平台参考说明

功能模块	功能项（参考）
流程集成管理	支持流程和制度及相关文件进行关联管理，可构建基于统一流程架构的流程和制度集成管理方式
	支持组织架构、风险架构、应用架构、数据架构集成管理
	支持通过岗位查阅对应流程及相关联的制度和文件
流程推行管理	支持岗位作业说明书设计，并基于流程设计任职资格要求
	基于流程能力要求和任职资格序列要求，设计培训材料和考核方案
	支持基于岗位管理培训材料、培训与考核记录及任职变更记录
	支持根据业务情形、重点项目或特定用户群等管理场景设计流程视图，将相关流程集中呈现，流程视图只能引用已发布的流程，并可进一步添加业务逻辑关系和描述，且支持将各层级的流程（含活动）在同一视图上呈现
流程审计管理	支持针对流程设计审计标准
	支持发起流程审计，管理审计过程，发布审计结果
	支持对审计问题跟踪整改
流程优化管理	支持收集流程优化建议和需求
	支持对优化需求进行分发、分析和评审管理
	支持流程优化项目规划和立项，并管理项目实施过程，将现状分析和蓝图设计和流程建设进行关联，将项目成果推广和流程推行进行关联
	支持流程优化经验管理及案例库建设

11.4　高级流程管理平台

流程初级和中级管理平台都是针对流程本身进行管理，流程高级管理平台则融入了对业务的管理，通过打通各个业务系统，集成操作、统一规则、拉通数据。从这个角度来说，流程高级管理平台是管理业务系统的系统。同时，高级流程管理平台对流程本身的管理也进一步提高，包括了对流程的分析和检查。

高级流程管理平台增加或增强了三大功能模块：流程设计与建模、业务系统集成、流程监控管理。

表 11–4 是一份参考的功能说明，可供设计和选型时参考。

表 11–4 高级平台功能说明

功能模块	功能项（参考）
流程设计与建模	支持自定义建模符号，为不同类型的流程元素和对象指定不同符号
	支持自定义规则，自动分析流程规范性、完整性、合理性
业务系统集成	支持和业务系统集成流程接口，统一操作界面，简化人员工作
	支持业务规则集成，统一管理业务规则，支持例行业务自动化，并支持设计开放易维护的规则表
	支持和业务系统共享数据，以此支持流程运行和检查
流程监控管理	支持设计流程监控点，并可自定义流程监控指标和规则
	支持提取业务运行数据，自动统计和分析流程运转效率

第 12 章 构建业务领域流程体系

12.1 管理者理解 IPD 框架及精髓

在第七章，我们介绍了业务改进的一般过程，在第十章，我们阐述了如何建立企业流程管理机制。这两者的结合点，就是对于单个业务领域要如何构建流程管理体系并持续改进业务。事实上，对于第十章所述的流程管理机制，最终也要通过各个业务领域的流程管理体系来落地。

怎样构建业务领域流程管理体系呢？我们通过研发如何建立 IPD 管理体系来举例阐述。要说明的一点是，本书不是专门阐述 IPD 的，不会全面地描述 IPD 思想和内容，仅通过 IPD 的若干方面来说明作为一个业务管理者，该如何构建流程管理体系。

建立研发领域流程管理体系，首先要求管理者要理解 IPD 框架及精髓。

向领域通用的管理理念和方法学习，向最优秀的标杆企业对标，是管理改进最常用的方法。在所有领域里，研发的通用管理思想是最具有共识的，那就是 IPD；IPD 的标杆企业是最确定的，那就是华为。于是，几乎所有企业研发都或多或少地在向华为学习。但有些企业学得好，有些企业学得不好，为什么呢？

对标有两种方式，一种是对指标，另一种是对动作。对指标的时候，是根据差距分析其背后关键流程的差异，进行针对性改进。对动作的时候，是直接分析业务流程的差异，对标杆的动作进行模仿。在研发领域，由于IPD流程很成熟，所以，大部分企业对标都是对动作，这就对企业提出了要求：要深刻理解IPD框架及精髓，否则只会盲目照搬，不仅达不到预期效果，还可能朝着相反的方向发展。

事实上，管理不可假手他人。管理可以请外脑，外脑提供经验和智慧，帮助管理者理解更加深刻全面；外脑不能代替决策，更不能代替责任。理解业务的本质和精髓，是管理者的职责所在。

理解精髓，和“先僵化、后优化，再固化”并不冲突。作为管理者，如果不理解精髓，而直接先僵化，那是不负责任的行为。

管理者要理解IPD框架及精髓，具体指的是哪些管理者呢？首先是研发负责人，即企业负责研发管理的最高领导人需要理解。其次是研发各级主要管理者也应理解，至少理解本级业务内容涉及的IPD思想和活动。此外，作为一家科技企业，研发是核心业务流程，企业的最高管理者也应理解IPD精髓。

如何理解IPD的框架和精髓呢？

任何一个业务领域，总体的管理框架可分为三部分：核心思想、业务流程、管理体系。核心思想是理念和政策，是大的指导方向和原则。业务流程是研发业务分工协作的设计，是研发过程开展的逻辑和规则，通过流程承接核心思想。管理体系是核心思想和业务流程落地过程中需要重点建设的工作。核心思想回答为什么，业务流程回答做什么，管理体系回答怎么做。

对于IPD，核心思想包括七个部分：产品开发是一项投资行为、基于市场和客户需求开发产品、基于结构化及阶段—门径系统设计流程、强调跨部门协作、业务分层及异步开发、平台化开发、组件及CBB开发；业务流程主要包括五大部分：市场—商业计划流程、需求管理流程、路标开发流程、任务书开发流程、IPD流程；对于管理体系，主要包括八大部分：矩阵组织及重量级团队，绩效与激励管理，项目及管道管理，架构、技术及货架管理，质量管理，成本管理，产品数据及系统管理，优化变革及与时俱进（如下图所示）。

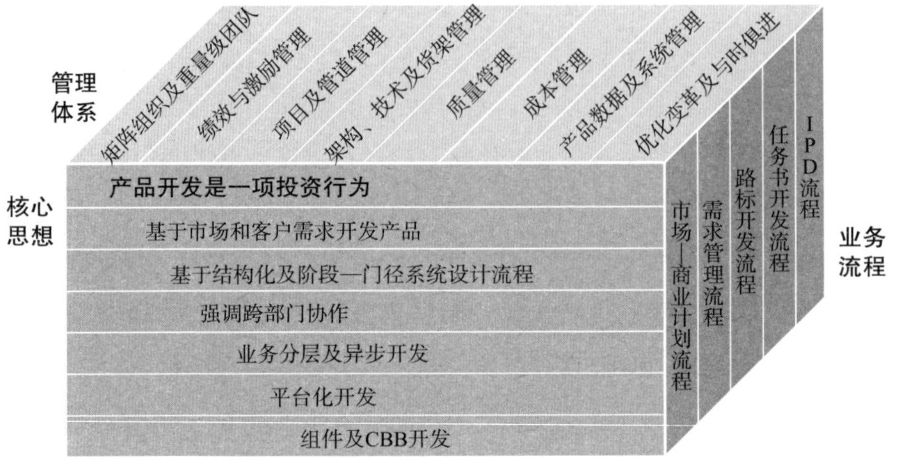

图 14–1　IPD 总体管理框架

从上图我们可以看出，IPD 是一套产品开发管理理念和方法，同时也是一个框架，将业界最佳实践融合在一起，集成化运作，确保产品开发高效成功。

上述三部分的组成要素相互关联又各有区分。比如，业务分层及异步开发，需要架构、技术及货架管理来落地；平台化和 CBB 开发有相似之处，但前者构建长期竞争力，后者强调降低复用成本。理解 IPD 框架，既要注意其关联关系，更要理解其精髓。其中，核心思想尤其重要。核心思想是相通的，企业要在核心思想的指导下，根据产品、组织等特点开发差异化流程，以及根据公司管理基础设计可落地的管理体系。

核心思想从概念和名词上已经变成研发管理从业人员的通识，但是并不是人人都能理解其精髓，更不是人人都能结合研发管理的现实情况去灵活运用。我们选择“产品开发是一项投资行为”这一点分析。

每个人都做过投资，买东西的时候货比三家，比质量、比价格，这就是投资。产品开发比购买东西复杂多了，怎么理解产品开发是一项投资行为呢？

IPD 有一个基本假设，公司资源是有限的，特别是研发资源是有限的，必须得到高效利用；市场也是有限的，竞争是充分的，公司没有垄断和资源优势。所以，产品开发是在基于充分市场竞争和有限资源投入下获取相对优势的高效开发流程。

总体来说，在选择方向上，通过组合管理对投资机会进行优先级排序，确定投资开发的产品；在具体产品开发过程中，在每一个阶段都从商业的视角而不只是从技术的视角对产品开发进行财务指标、市场、技术等方面的评估，以确定开发项目是继续还是终止。

理念决定政策。理解了这一点，将会在产品开发流程的各个地方体现出来。

对于商业机会的选择，IPD 强调市场需求驱动产品开发，而不是基于管理者或研发人员的灵感及个人喜好倾向开发产品。这要求建立市场管理流程，通过理解和细分市场，进行组合分析，制定商业策略和计划，以市场驱动研发，做正确的事，确保商业成功。为了做到这一点，企业应设计符合行业的组合决策标准（PDC，Portfolio Decision Criteria），作为投资优先级评估工具，并设置相应的决策组织和决策控制点，以追求投资价值最大化。

确定了商业机会后，接下来就是在具体产品开发行为上把事情做正确。

在产品 Charter 开发时，为保证投入产出，重点关注以下几个方面：规划方向和节奏，方向要符合公司战略聚焦，节奏要踏准市场节拍，保证产品没有浪费公司资源；确认满足客户需求，解决客户问题和挑战，保证产品符合客户期望；和竞争对手同类产品相比有竞争力，保证产品能够卖出去；能够为公司带来收益，从财务角度确认产品值得投资；清晰告诉研发产品做成什么样，指导研发第一次就把事情做对，减少返工和浪费。

在产品开发过程中，设置若干技术评审点和管理决策评审点，并设计配套的组织、责权、业务规则等管理机制，确保两个方面：对内来说，产品开发走在正确的道路上，对外来说，及时捕捉市场的变化情况，及时调整或止损不值得继续投入的产品开发。

对于技术开发，如何应用投资思维呢？公司资源是有限的，不可能所有技术都自己开发，所以，首先是对技术分类。把技术分为关键技术和非关键技术。关键技术是产品开发关键路径上不可缺少的，其中可进一步分离出独有的、领先的核心技术；非关键技术是可替换的技术，进一步可分为一般技术和通用技术。针对不同的技术分类采取不同的策略，这个策略就是投入产出的性价比。核心技术价值最高，应当自己研发；关键技术可以自己研发，也可以充分利用合作伙伴资源共同开发；非关键技术既然可以替换，就交给外包开发，因为非独家所有，所以外包成本不会很高。

对于平台开发，应区分短期和长期策略，短期以降低成本为主要目的，长期以价值最大化为主要目的。具体来说，一开始不做大平台、不做从零到一的原创性平台。平台应该来源于现有定制化项目或产品，在多个项目或产品的基础上，做归一化分析，沉淀一个小平台。这样做有两个好处，一方面是可以确保平台需求来源于客户，不是凭空规划出来的；另一方面是有客户为这个功能付费，不会浪费开发成本。在小平台做出来后，后续项目将不再全新定制，而是基于现有平台添加个性化需求，这就是逐步扩大平台价值。随着项目和产品增多，应将新功能沉淀到平台，并基于未来长期发展方向规划平台的架构和功能，逐步将小平台做成大平台。大平台是时间和资金的积累，将构建公司产品的核心竞争力，这是平台最大的价值。从小平台到大平台，从短期到长期，这就是平台的产生和应用路径，在这个过程中，处处遵循投资思维。

研发最大的成本是什么？是研发的人力成本。因为研发人员的工资都比较高。所以，研发人员是最珍贵的资源，要充分保证其创造最大的价值，这也是投资思维。这会体现在很多方面。第一方面，为研发人员创造合适的工作氛围及和产品效益相关的激励机制，确保研发人员富有激情和活力，这就对人力资源管理政策提出了要求；第二方面，将研发活动根据难易程度充分分解，让高级别研发人员聚焦在高难度工作上，将低难度工作让低级别研发人员承担，这就对研发流程设计提出了要求；第三方面，适当保证研发人员的工作节奏，既要工作量饱和，又要张弛有度，这就对项目节奏管理提出了要求。

产品开发是一项投资行为，基于管理者的认识，会渗透到研发流程设计的方方面面。当然，管理者要理解企业所处的行业、企业所有的产品，以及企业的愿景、使命和价值观。并非所有的产品研发都讲究性价比，也并非所有的企业都是资源有限，有些产品以质量为第一，有些产品以安全为第一。

上面只是一个示例，把“产品是一项投资行为”换成其他理念，或者把 IPD 换成其他领域，对管理者的要求是一样的。

管理者理解 IPD 框架及精髓，要结合企业战略目标和管理架构对于研发的基本要求和目标来思考，时刻关注研发对公司的价值贡献。只有这样，才能明白其具体内涵，理解其背后的原因。只有理解了，才能结合公司的实际情况灵活应用，才不会机械地生搬硬套，只学了个形式。

管理者理解 IPD 框架及精髓，要特别注意 IPD 和其他业务领域之间的关联关系，和战略管理是什么关系？和市场是什么关系？和交付是什么关系？和客户服务是什么关系？只有这样，才不会单点模仿，才能从系统上构建起 IPD 管理体系。

管理者理解 IPD 框架及精髓，才能上行下效，带动研发管理团队学习；才能不外行指导内行，把团队动作带偏了；最重要的是，才能有信心去建立 IPD 流程管理体系并有决心坚定不移地推行下去。

管理者理解 IPD 框架及精髓，本质是理解业界最佳实践。各业务领域管理者都应选择具有代表性的业界最佳实践学习，并掌握其精髓。

12.2　成立研发管理组织

研发要有总负责人及相应的管理机构。

很多公司设有多个研发团队，各自分别独立管理，相互之间有支撑、协调等关联关系，但没有总负责人及统一的管理机构。这样做，一方面，研发流程无法统一，导致相互沟通效率低，管理经验难以积累和复制；另一方面，难以统一规划和开发平台，提高了开发成本，并降低产品长期竞争力。

从上面两方面问题来看，统一的研发管理组织两大核心职能便是：

1. 建立并管理统一的研发流程。

2. 统筹产品规划、平台规划及公共资源建设与配置。

管理组织及其职能的建立，也是基于对 IPD 精髓的理解。IPD 的核心理念最终都会体现在流程重整和产品重整上，正对应上述两大核心职能。

其中，第一大职能是研发管理组织的基础职能，第二大职能作为研发流程本身的一部分，也可以另行单独成立组织。

研发流程管理工作，对照 IPD 框架，承接核心理念，设计主要流程，并通过建立管理体系来推行流程，开展评估和优化工作。

本书不再详细展开每一项工作，但值得一提的是研发项目管理。研发项目管理比研发流程管理具有更广泛的接受度，很多企业在尚未建立完善的研发流程之前，都是通过项目来管理产品研发。研发项目管理既是研发流程建立和优化的输入来源，也是研发流程落地的形式。

IPD 框架中管理体系的工作并非一成不变的，须根据企业实际情况设计。比如，有些企业会包含知识产权管理等。

研发管理组织的负责人应当由研发总负责人兼任，保证流程和业务的统一。

其他业务领域也应根据自身的定位，设置相应的管理组织和职能，承担本领域流程管理工作，确保管理经验得到沉淀并不断提升。

12.3 建立管理变革基线

很多企业在准备引入 IPD 的时候，在思想上没有意识到这是一场变革，也没有从变革的角度去思考和准备。这些企业往往连理解 IPD 框架及精髓都不愿意去做，而是借鉴一套标准框架、选择几个项目、边试点边改造。这种方式带来很多后遗症，甚至会让变革失败。

理解 IPD 框架及精髓，成立研发管理组织，是构建研发流程管理体系的前提。

建立管理变革基线，即为系统地开展变革做准备，是建立研发流程管理体系、持续改进研发过程和结果的基础工作。

建立管理变革基线包括三个步骤：梳理现状陈述流程、规划未来蓝图、设计实施路径。这三个步骤都要求理解并应用 IPD 框架及精髓。

很多管理者并不能清晰准确地描述现状，一般出于两个原因：其一，对研发管理本身理解不够全面和透彻，所以，理解 IPD 框架及精髓是管理研发的前提；其二，对企业内部研发业务管理不到位，排除责任心的问题，缺乏系统的框架和方法是最大的因素。

所以，上述两个原因归根结底，都要求研发管理者掌握业界最佳实践，掌握系统的流程管理方法论。在此基础上，才能结合公司实际情况，不断改进。

本书在第七章阐述了业务改进的一般过程，在本章又进一步阐述针对特定业务领域如何建立流程管理体系。其背后的思想和方法是相通的，只是在不同场景下针对不同目的采取不同的方式。在本章中，不再赘述相同的方法，而是强调一些注意事项。

梳理现状，要陈述清楚当前业务是如何运行的，包括流程、组织、数据和信息化等现状，也包括业务绩效及存在的问题；规划蓝图，从问题出发，定义清晰的近期和远期目标，并基于目标与差距设计未来管理框架及变革项目；实施路径，从变革项目出发，设计从现状到蓝图的演进路径与重要节点，以年度为单位编制计划。

三个步骤并不是完全独立进行的，把三个步骤连接在一起最重要的载体是流程架构。流程架构来源于现状梳理，在现状梳理阶段初具雏形，在蓝图规划阶段补充完善，并体现变革实施路径。

不仅如此，在后续推进管理变革和持续运营阶段，都要依托架构进行。建立流程管理体系，要坚持一张架构图跟到底的思路。

在梳理现状时，须注意以下三个方面。

第一方面，输入信息要全面。场景要覆盖完整，既要覆盖所有产品，也要覆盖产品开发所有环节及各个岗位，还要从组织的角度来验证是否完整，所有研发组织和岗位是否都已覆盖。要采集多方声音，防止领导一言堂，也防止专家先入为主。领导、专家的观点要和研发人员的实际工作进行匹配，访谈研发人员、收集项目案例和数据进行交叉验证，尽量做到客观陈述。

第二方面，以 IPD 框架为指引输出流程架构雏形。梳理现状的目的是规划蓝图，所以，要瞄准未来，参考标杆，不要自创逻辑。自创逻辑要么就是没有理解 IPD 框架，要么就是没有理解业务现状。只有在 IPD 框架基础上，把现有业务进行归集对应，才能识别出差距和空白。

第三方面，关注发现问题。既要弄清楚当下业务是如何运转的，也要采集存在的问题。问题既来源于管理者期望的差距，也来源于各角色在流程执行过程中的改进需求。通常来说，前者要关注质量、效率、成本等指标，后者要关注相互协作、非研发工作干扰等问题。要抽取典型项目，观察各阶段产出物，发现其中存在的问题；分析项目经验数据库，统计业务运行数据，既包括过程数据，也包括结果数据。在梳理过程中，同步输出数据架构及信息化实现和运行现状，关注数据架构合理性、数据一致性和准确性，发现数据管理中的职责、活动缺失及其导致的后果；关注信息化功能对于业务流的支撑程度。

在规划蓝图时，须注意以下三个方面。

第一方面，从问题和目标出发。要基于问题定义清晰的改进目标，从改进目标识别出关键改进机会，避免从改进举措先入为主，为了改进而改进。改进机会向内从业务梳理现状出发，向外从 IPD 核心思想出发，将 IPD 核心思想落实到具体的改进机会中。对存在的问题要分析根因，大胆假设，小心求证。有的放矢，避免解决方案偏离了真正的根因，达不成改进目标。

第二方面，基于 IPD 框架设计蓝图。要从广义的 IPD 端到端流程看待问题，既要避免单点改进可能带来的整体效益降低，也要避免局部视角限制了想象，无法发现全流程协同改进的重大机会。基于 IPD 框架设计蓝图，不要轻易挑战和更改成熟的框架，只有在完全理解成熟框架及实际业务的差异之后，才能进行裁剪或优化。不要过于强调业务的特殊性。绝大部分的业务场景都曾经出现过，也都有过相应的管理理念。强调业务特殊性，在大部分情况下都是对管理理念理解不够深入。在前文中提到，对于 IPD 框架及精髓的理解，要结合企业战略目标及研发的基本要求和目标，这和蓝图的意义是一致的；换句话说，要将 IPD 的核心理念体现和落实到蓝图中的关键控制点上。

第三方面，以变革项目为输出。蓝图最终要靠变革项目来实现，识别的关键改进机会最终要规划成项目。项目规划，既可以从 IPD 框架入手，打通周边接口、拉齐端到端，也可以通过方法、工具应用改进具体机会点；既要规划大的集成项目，也要有小的快速见到成效的项目；既要关注研发对外价值贡献的提升，也要考虑内部如质量、成本、效率等过程指标的改善。同时，项目规划要考虑相应的配套措施，包括考虑核心数据和信息流，开发 IT 系统固化流程；识别和配置关键组织，建设重点岗位和角色，提升流程落地的能力支撑。

在设计实施路径时，须注意以下三个方面。

第一方面，长短结合、大小结合。以年度为单位，既要考虑长远目标和路径，也要将长远目标分解到短期计划上。在变革节奏上，大的变革项目和小的快赢项目交替并行，通过小项目为大项目提供人才输入和信心支持。

第二方面，结合企业研发管理水平所处阶段。从全面建设 IPD 管理体系来看，大体可以分为以下五个阶段：开发及导入、试点及推行、建立全面体系、打通周边接口、自我监控与迭代改进。准确评估企业变革的准备情况，结合上述五个阶段规划项目实施计划。

第三方面，先局部试点，再全面推广。任何管理理念的引入，都要先选择有代表性的业务进行试点，通过试点检验方案正确性，并发现问题改进方案，然后再推广到其他业务。

管理变革基线非常重要，是管理者结合对该领域优秀实践、企业业务现状及变革方法论的理解，对未来管理期望的规划及实施计划，是推进管理变革的起点。每个领域都应按照上述方法建立自己的管理变革基线。

12.4 推进管理变革

建立管理基线后，研发管理组织应按照制定的实施路径有计划地推进变革，研发管理组织承担变革 PMO 的工作。

变革本身是一件很复杂的事情，成功达到预期目标并不容易，甚至可能走向反面，带来负面效果。前文已经总结了变革项目的八大陷阱，在这里，我们就业务领域推进管理变革综述六个方面需要强调的事项。

第一方面，从变革管理出发，在推进过程中，定期评估变革准备度，有针对性地采取改善措施。在势能上，高级别管理者应在认识到变革意义的基础上，亲自参与、宣传、肯定变革内容。在思想上，不断开展变革培训、宣传变革成果，让大家理解研发变革对工作的好处，同时也要理解公司变革的决心。在资源上，选拔和培养合格的项目经理，让研发骨干成员参与到变革项目中。在机制上，建立有效的激励措施，确保变革成员利益和个人职业发展得到保障。

第二方面，从业务内容来讲，统筹流程变革和业务内容变革。具体到研发管理，业务内容变革主要是指产品重组。流程重组一定要同步推动产品重组，包括基于用户群设计产品组合、规划分层分级的产品货架等。产品重组要融入流程重组中，比如产品规划要结合现有货架定义，要考虑对现有技术和平台的利用。

第三方面，从变革方案来讲，随着变革的推进，会发现和预期目标存在差距，此时，要及时分析造成差距的主要矛盾，增加或调整变革内容。在蓝图规划时，一般聚焦于业务痛点，对痛点落地需要的配套机制考虑不够完整。所以，在实施阶段，往往需要加强配套建设。华为推行IPD多年后，成效一直不大，经过重新分析后，对研发组织结构进行大的变革，才得以继续推进IPD体系。

第四方面，从计划执行角度来讲，要注意策略和节奏。蓝图规划和推进变革并不是严格的前后两个阶段，而是可以交替反复进行的。在推进过程中，要根据进展及时调整变革路径。在策略上，要坚持先局部试点，选择有代表性的项目先试点，并投入足够的资源确保成功。试点既可以起到榜样作用，也可以积累经验和教训供后续项目复制和借鉴。在试点过程中，还要注意培养人才，为后续全面推广准备研发管理骨干。通过试点项目，这些研发管理骨干对IPD有深刻的理解，并积累了落地过程中的经验和教训，可以作为引导员辅导后续项目。

第五方面，为持续运营做准备。每个变革项目，都应设计运营方案，并在试行阶段修正运营方案。为此，在变革实施过程中，必须在流程的各个环节设置好KCP点以及度量指标，做好数据收集。

第六方面，推动其他领域齐头并进，形成合力。任何核心业务流程都不是孤立的，都要放到整个公司价值链上结合其他领域才能发挥最大价值。IPD流程做起来后，将推动周边流程的建设。比如，推行CBB和标准化组件，需要和采购进行协同；开始产品生命周期管理后，会对销售、服务产生影响和提出要求。

12.5 持续运营监控

在流程正式运行过程中，会发生各种各样的问题，导致流程不能正确执行或业务不能达到预期目的。持续运营监控，就是通过日常例行检查和定期监审的方式，发现问题，制定整改措施，不断改进。

持续运营监控是研发管理组织的重点工作，通常设研发流程运营经理来负责该项工作。持续运营监控的基础是运营手册，在每个变革项目结束后，应把运营方案合并到运营手册中。

运营监控工作可分为三个层次。第一个层次是流程执行过程中的日常监控。跟踪各研发项目的进展情况，包括计划执行偏差、过程活动质量等内容，通常通过项目阶段过渡会议及月度例会来进行。第二个层次是研发执行层以月度或季度为单位主动开展自检工作。一方面，通过审视过程活动及交付物，检查各 KCP（Key Control Point，关键控制点）是否得到遵从，另一方面，审视各项业务指标是否达到预期，进而发现流程中待改进的地方。第三个层次是研发管理层以半年度或年度为单位抽查和监审研发项目。除上述检查内容外，还会访谈主要管理者和研发骨干，了解流程运行过程中存在的痛点。对于监审内容及结果，从体系进一步改进完善的角度出发，全面分析，寻找管理差距，为更新管理变革基线，驱动迭代改进提供输入。

如果企业设置有统一的流程与变革管理组织，则运营监控工作的分工根据情况具体安排。总体来说，运营监控按上述三个层次开展。

研发项目是研发流程的主要承载形式，所以，运营监控主要以项目为单位进行。除此以外，还会对研发数据管理、研发系统使用等方面进行检查。同时，对于各项度量数据，还会按照不同分类维度对多个项目进行统计分析。

对于运营监控过程中发现的问题，根据不同情况有不同的处理方式。如果该问题是业务未按照流程规定执行，或者只是貌似执行而并未遵从流程实质要求，则通过培训赋能及考核激励等措施强化落地管控。如果该问题是流程局部存在缺陷，比如适配不合适、场景不完整，则可以发起快速优化，对流程进行小幅调整。如果该问题涉及较大范围的调整，则需进行系统的分析，纳入新的变革基线，通过项目的方式开展优化。

不管是哪类问题，都应该分析其背后的根本原因，举一反三，制定改进措施。

12.6　体系基本成功建立的几个基本标志

业务领域流程管理体系建立不是一朝一夕的事情。回顾和分析优秀企业在实施研发管理变革的过程中，从前期的摸索徘徊、反复摇摆到后来的稳步推进、持续成功，中间存在一个突破节点，这个节点代表研发流程管理体系基本成功建立。

判断这个节点是否到来，有利于企业根据不同的状态采取不同的策略。这个节点具有以下几个基本标志。

第一，成立了研发管理专职组织，负责研发流程管理体系的建设和持续运营工作。

第二，建立了基本完整的 IPD 流程框架，建立了完善的核心业务流程，核心业务流程不仅包括产品开发，也包括基本的需求管理和产品规划，以及产品生命周期管理。

第三，建立了关键团队和角色，并有效地开展工作，确保关键活动达到预期效果。

第四，核心业务流程在主要产品线落地运行，并得到流程执行者的理解和认可。

第五，建立了流程运行评价指标体系，并对指标进行收集，对流程执行过程和结果进行监控审计。

第六，建立了变革评价指标及变革路径，对变革结果进行评估并不断迭代改进。

如果具备上述六个标志，则代表企业研发流程管理体系基本建立成功，后续重点在于扩大成果，把变革沿着正确的路径不断推向更高水平。如果尚不具备上述六个标志，则代表企业研发尚未建成基本的管理体系，既需要按前述步骤和方法加强基础建设工作，也需要全面分析关键难点在哪里，投入资源重点突破。

第13章 | 常见流程管理理解误区

13.1 对流程管理定位的认识应寄予多高的期望

流程管理既非简单的文档管理，也不是包治百病的万能药方。有些公司把流程管理定位很低，就是普通文员做的事情，有些公司又对流程管理期望太高，期望它可以解决一切疑难杂症。流程管理有很多层次，公司做到哪个层次，就能收获哪个层次的好处。所以，对于把流程管理当作文档管理的公司来说，最多只能收获井井有条的现状呈现。而对于期望流程管理解决一切疑难杂症的公司，则很可能既解决不了问题，也把流程管理放到了一个非常尴尬的境地。

把流程管理定位过低，会影响流程管理项目的成败。某公司启动流程管理项目之初，要求各个部门指派流程相关人员参加项目。我们都知道，任何一个部门都不会很闲，所以，各个部门指派的人员都是部门综合管理文员，很多还是刚刚入司的新职员。事实上，各个部门之前的流程制度管理也是由综合管理文员兼职管理的。项目启动一段时间以后，项目经理发现这些指派过来的员工对业务缺乏深入的了解，导致讨论的效率极低，输出内容也达不到预期效果。同时，由于缺乏业务实践经验的积累，经过多次培训，这些员工对于流程的认识也无法做到深刻理解。项目经理决定立即终止项目，要求各部门重新指派人选，并对人选进行了严格的面试和筛选。后来，公司流程管理项目成功后，打算在各个部门设置兼职流程管理员，除明确规定兼职流程管理员的职责外，对其工作年限、工作经验都提出了非常具体的要求，以保证流程管理工作的顺利开展。

每家企业都会面临很多问题，正如我们有很多管理手段一样。流程管理只是众多管理手段中的一种，它能够较好地统筹其他管理要素，这是它的优势，但它并不能替代其他要素。流程管理虽然不是万能药方，解决不了所有问题，但它可以是万能钥匙，是解决所有问题的切入口。某公司从事智能小区、智慧城市、机器人等领域的研究和相关产品的制造。为了应对激烈的市场竞争，实现快速扩张，公司收购了十多个产业链上下游在细分领域有独特优势的公司。但收购完成后，发现各个子公司仍然保持独立运作，无法统一有效地管理，更无法形成合力。这个时候，公司领导想到了流程管理，寄希望于流程管理能够解决集团和分公司之间的问题，并启动了流程管理项目。项目输出了一堆管理流程，但在执行的时候却无法落地，除了各分公司的不配合以外，流程本身对业务支持也存在问题。为什么会这样呢？该公司的问题更多的是人的问题，或者说是公司的政治问题。比如，客户反映一个很小的问题，但这个问题可能在 A 子公司解决，也可能在 B 子公司解决，但到底在哪个公司解决，却需要在各个子公司总经理参加的集团会议上，由董事长来拍板决定。对于这种问题，单靠流程是无法解决的。当然，不同风格的管理者，会有不同的解决办法。有些管理者喜欢平衡，认可这种存在；有些管理者会强势打破人际平衡，通过授权来解决；还有些管理者会放任这种问题的发生，并加大这种问题的影响，然后在某一个爆发点来反向推动大家反思，进而系统性地解决问题，这个时候流程就可以出场了。这就是时机的问题，如果人的问题都解决了，大家都认为这个问题需要解决，那流程可能从产品重整的角度来解决，也可能从决策体系的角度来解决，也能从组织重整的角度来解决。

总之，**流程管理是管理的要素和手段之一，既非简单的文档管理，也非解决一切问题的万能药方，但可以为解决问题提供切入口。**

13.2　为什么有些公司，流程做得很好，业务却越来越差

常常听人说，某某公司没有流程管理，业务发展非常好。或者说，某某公司流程管理做得非常好，但业务却越来越差。甚至说，某某公司引入流程变革，差点把自己做倒闭了，最后把所有的顾问请出了公司，回到原来的老路上，公司才起死回生。这些说法，言下之意当然是质疑流程管理的作用。

为什么会这样呢？

没有流程管理，其实是没有显性的流程管理。首先，流程是天然存在的。所谓无招胜有招，是说武林高手没有固定的招式，而并非说他出手伤人的时候没有招式，只要出手，招式就形成了。只要有业务，就有流程，这就是业务流程天然存在的道理。其次，流程管理有很多种方式，并非清清楚楚写下来画出来才是流程管理，并非成立了流程管理部门才能做流程管理。很简单的道理，一个公司要不要上信息系统，上信息系统的时候要不要看现在业务是怎么做的，这就是梳理业务流程现状，然后，要不要考虑哪些地方可以在系统中进行改进，这就是流程优化，最后，系统上线了，流程固化了，我们一切按系统跑，似乎感觉不到流程管理的存在，但流程管理其实已经融合在工作过程中。

公司流程管理做得好，业务却越来越差，通常有两种可能。第一种可能是，流程管理做得并非真的好。流程管理的目标是实现业务绩效达成并不断提升，这也是评价流程管理各项工作的标准。如果只是输出了一个清晰漂亮的框架，编制了一批整齐美观的流程文件，让人“看”起来觉得流程管理做得非常好，那只是表面功夫。表面功夫并非不需要，也并非不好，但因此掩盖了流程管理在关键问题解决上的缺失，在关键业务能力上的推动，就舍本逐末了。第二种可能是，流程管理确实取得了一定的成效，但其他管理要素出了问题，导致公司业务变差。流程管理只是诸多管理要素之一，并不能完全替代其他管理要素。比如，公司的激励体系出了问题，

导致员工主动性和积极性不高，还内耗非常严重；又如，公司的战略选择出了问题，导致投入产出不成正比……流程管理可以促进这些问题的解决，但这些问题并非单靠流程管理就可以解决。如前所述，流程管理虽然可以成为万能钥匙，但并非解决一切问题的万能药方。华为公司有非常完善的战略管理流程，这些流程保证了公司在哪些业务上投放资源。但是，华为公司的很多战略思想，比如“压强”原则、又如“力出一孔、利出一孔”、再如“深淘滩，低作堰”，这些都不是流程管理可以代替的，而是公司管理层的认识和选择。

把公司做倒闭了这种情况，通常是执行层面出了问题。这里的执行层面并非指某一个流程的执行，而是整个流程管理的执行。由于没有深刻理解流程管理的内涵，也没有很好地研究公司的实际情况，便依据一知半解的概念，照搬标杆企业的经验，这种简单粗暴的方式，很容易让公司陷入危险的处境。这种说法其实也说明了流程管理是一门实践性的学问。在实践中，做得好，将促进公司业务发展，做得不好，将阻碍公司业务发展，甚至给公司带来灾难。

总之，流程管理还是非常有用的管理手段，用得好，对公司业务会有很大的促进作用，用得不好，也可能会带来负面影响。

13.3 按统一的标准建设流程是否会浪费时间

很多人认为，按照统一的标准建设流程是一件浪费时间的事情。之所以这样认为，是因为遵从统一的标准确实需要投入时间，而不按统一的标准，也有可能把流程建设好。

按统一的标准建设流程，需要投入两方面的时间：一方面是学习和理解公司统一标准；另一方面是按照统一的标准输出流程。

这都不是浪费。

在优秀的公司，即便是写一份产品说明文档，也会在格式、语言等方面统一风格。事实上，这并不是浪费时间，而是节约时间。很多软件公司都会统一代码规范，细致到变量如何命名、注释如何编写，这样的规范对于单个函数或者单个模块来说，可能会增加投入的时间成本，但对于整个产品来说，会减少时间成本和提高质量。

在前文已经谈过需要统一流程建模规范，在这里，我们总结如下：

统一的标准，集成了适合公司当下基本情况的流程设计与优化方法，减少了各部门从头摸索独自建立的成本，也减少了错误的发生；

统一的标准，统一了各部门的语言，减少相互沟通的成本，也统一了各模块的流程接口，方便上下游集成拉通；

统一的标准，方便流程持续维护和优化，也方便用共同的信息化平台管理。

反过来，不统一标准，对于单个模块虽然有可能把流程建设好，但是，输出流程质量不可控的风险增大了，部分流程可能质量较差；即便单个业务模块建设好了，和其他模块之间的连通也会存在问题；也不利于后续持续应用和推广、优化。

总之，公司的流程虽然分很多模块，但仍然是一个整体；各模块分工建设，仍然要围绕整体的目标，遵循统一的标准；在各模块内部建设高质量的基础上，做到上下游之间流转畅通，才能达成整体的高质量。

13.4 怎么理解“先僵化、后优化，再固化”

在流程建设中，常常有人会搬出一个口号：“先僵化、后优化，再固化。”通常，是在推进流程建设工作不顺利的时候。工作不顺利，肯定是有原因的，也肯定要想办法解决。

“先僵化、后优化，再固化”，这是华为任正非先生在推动公司流程变革的时候逐步提出来的，其目的是统一思想、排除阻力，以最大的势能推动变革前进。在引进 Hay 公司的薪酬和绩效管理时，任正非先生说：“现阶段还不具备条件搞中国版本，要先僵化，现阶段的核心是教条、机械地落实 Hay 体系。”[①] 在 IPD 的推行过程中，任正非先生又说：“我们切忌产生中国版本、华为版本的幻想。引进要先僵化，后优化，还要注意固化。在当前二三年之内以理解消化为主，二三年后，有适当的改进。”

“先僵化、后优化，再固化”是华为的宝贵经验，但这只是经验之一。华为是不可复制的，照搬其中某一条经验，也是非常危险的。仔细分析，华为提出这个口号有两个基本事实：一方面，最高层对于变革目标及方案有深刻的理解；另一方面，当时国内企业管理理论和方法都比较欠缺，缺乏有先进管理理论和经验的人才。这两方面的事实说明了一个现象：决策层和执行层信息并不对称。

基于这样的分析，在具体实践过程中，应注意以下四个方面。

第一，**僵化是有前提的。管理者要深刻理解变革目标和方案，没有理解的僵化，是不负责任的。**当然，理解需要一个过程，管理者在不理解的情况下，针对新的管理理念和方法，可以先局部小范围的僵化，通过试验总结经验，加深理解。

第二，**僵化是阶段性的策略。僵化并不只是简单地遵照流程执行，而是包含了“矫枉过正”的思想。**在僵化过程中，对过程的形式和产出更为严格。在后续大家普遍理解和接受流程以后，可以在追求实效的基础上更为灵活。

第三，**僵化不能成为借口。既不能成为变革方案不合理的借口，更不能成为不宣贯、不培训而强制推行的借口。**工作不顺利的原因可能是多方面的，只有找到真正的原因才能解决问题。变革方案不合理，会导致推行不下去；不宣贯、不培训也会导致无法落地。当前，企业管理理念已经比较发达，大部分员工都接受过较为先进的管理思想，信息不对称的局面大大改善，和华为变革之初面临的现状有很大不一样。因此，应当力求让大

① 引自华为内部刊物《华为人报》第 116 期。Hay 是世界著名咨询公司，全球领先的人力资源咨询机构，于 1943 年由 Edward N. Hay 先生创建。华为引入 Hay 体系主要是指薪酬和绩效管理体系。

家理解变革方案，接受变革方案，然后更好地执行方案。

第四，**僵化仍然是有效的策略**。无论多么先进的理念，由于涉及思想的改变，也涉及利益的变化，变革总是不可能被所有人接受。因此，“先僵化”在理解上述注意事项的前提下仍然适用。通过“先僵化”可以更好地推进和落实流程变革的成果。但是，僵化不是目的，而是统一行动的手段，更是通过行动来提升思想认知的手段，其最终目的是“后优化，再固化”。

“先僵化、后优化，再固化”，主要的误区在于“先僵化”，对于“后优化，再固化”不再赘述。

13.5 流程管理是流程管理部门的事情

卢先生是一家大集团企业下某个事业部的总经理，在和他交流的时候，我问他，你为什么不做流程管理呢？他说，集团有流程管理部门，他们在做流程管理。我问他做得怎么样，他说应该不怎么样，没有见到效果。我想他们应该也做得不怎么样，不然事业部总经理是不会这样理解流程管理的。

我便问卢先生：“你们事业部的产品生产出来，到消费者手里的周期是多久？”

他说：“大概十五天。”

我又问：“那整个过程大概有多少个环节呢？”

他略思考说：“大阶段分为三个，每个阶段环节加起来可能有十个左右吧！”

我又说：“如果有一种方法，可以让你把环节减少为八个，周期缩短为十二天，你会用吗？”

“当然会用。”卢先生没有任何迟疑地说！

“那就对了，这就是流程管理。”

在流程管理这件事情上，很多人都把它当作流程管理部门的事情。各业务部门不敢开展流程管理工作，也不敢自行启动流程项目。这是对流程管理的误解，对流程管理部门也百害而无一利，导致流程管理部门的工作也不好开展。

在这方面，流程管理和人力资源管理、财务管理具有一定的相似性。每个公司都会有人力资源管理部门，但业务部门就不用做人力资源管理了吗？人力资源部门提供了人员招聘、薪酬管理、考勤管理等支持，但作为业务部门领导，对部门的人才结构规划设计、人才进来后的培养与使用、人才的考核与激励不应该负责吗？同样，每个公司也有财务管理部门，但业务部门就不用做财务管理了吗？财务管理部门提供了方法和平台，并对公司各部门的财务做统筹管理，但作为业务部门领导，对部门的财务预算、成本消耗以及业绩收入不应该负责吗？归根结底，人是业务部门在用，钱是业务部门在花，管人管钱是业务部门的本职工作。

从共性来说，人力资源管理部门和财务管理部门提供的是政策与平台的支持，而业务部门是政策的落实者，是平台的使用者，更为根本的，业务部门对人力和财务结果负责，而人力资源管理部门和财务管理部门为这个结果提供支撑和服务。

但流程管理和人力资源管理、财务管理又具有不同的地方。流程管理和业务相关性更为紧密，甚至可以说，对于业务部门来说，流程管理就是业务管理。流程管理不是管理流程，而是通过流程来管理业务。流程只是为业务管理提供了思想和方法，是管理手段之一。作为业务部门领导，只要对业务负责，就可以用流程的方法来改进业务。所以，把流程管理当作流程管理部门的事情，要么是对流程管理的理解过于狭隘，要么是把自己的责任推给别人。

13.6　外部力量在流程管理中的作用

流程管理工作，引入外部咨询顾问是非常常见的事情，招聘外部优秀的有经验的员工也是常见的事情。但是，对于外部力量，无论是如何看待其作用，还是如何发挥其作用，都存在不小的争议。

首先，外部力量对于流程管理工作非常重要，有独特的价值贡献。

其一，这种价值体现在业务优秀实践上。引入外部优秀实践是流程变革的客观需求，是业务改进最常用的方法。外部优秀实践来自哪里？引入外部咨询顾问，或者招聘有相关行业经验的员工，都是最直接的获取方式，也是最高效的方式。

其二，这种价值体现在流程管理的经验和方法上。外部咨询顾问通常具有丰富的流程管理经验，特别是在如何开展变革项目的实践经验方面，可以帮助企业快速推进变革项目，避免变革路上的各种陷阱。

其三，这种价值体现在身份的独特性方面。人们常说“外来的和尚好念经”，这句话是有道理的。外部力量陈述的理念、方法更容易得到高级别管理者的认可，同时，外部力量身份的客观性不容易引起内部各部门的对立。所以，外部力量有利于推动内部开展流程管理工作。

其次，外部力量的使用常常达不到理想的效果，这正是对外部力量存在争议的原因所在，所以，在使用过程中要注意以下事项。

其一，注意甄别外部力量的能力和经验。无论是引入咨询顾问还是招聘外部人员，都应围绕企业要求严格筛选和甄别，防止引入的外部力量不能胜任工作。能力和经验，哪一个更重要，要看具体的应用场景。一般来说，咨询顾问以经验最为重要，而招聘外部人员则能力最为重要。

其二，在具体应用过程中，要结合企业实际情况。外部力量代表外部经验，经验固然重要，但如果和实际情况不吻合，那便无法产生有效的价值，最终产出一套无法落地的方案，有害无益。

其三，坚守管理的本质和初心。咨询顾问的目的和企业管理者的目的不一定完全一致，特别是长期目标不一定一致。企业管理者的目的是解决问题，改进业务，咨询顾问的目的是满足企业管理者的期望，而且往往是短期期望。这两者表面上是一致的，但如果管理者不能坚守管理的本质和初心，则可能会出现“头痛医头、脚痛医脚”的局部方案或短期方案。

最后，在借助和使用外部力量的过程中，建立自己的团队，变外部能力为内部能力，变外部人员为内部人员。**咨询顾问的使用，本身就是一笔投资，产出多少取决于投入多少，所以，一定要配备相应的人员共同工作，实现能力转移。**对于招聘的外部人才，要促进和企业内部文化、环境的融合，创造条件留住人才。对于企业管理来说，有经验的、能够全面系统地解决问题的人才是最需要的。

13.7 老员工在流程变革中的作用

当流程工作遇到困难的时候，人们往往会寻找借口。借口无外乎两个方面，一方面是事的问题，另一方面是人的问题。对于前者，人们搬出华为的“先僵化、后优化，再固化”，希望强迫别人接受自己的方案。对于后者，人们会搬出另一个说法：当年华为引进流程管理的时候，“不换思想就换人”，撤掉了很多干部。

流程变革当然会带来干部的有上有下。一方面，变革最终都会带来权力的重新分配，有些新部门会产生，有些部门会削减甚至撤销；另一方面，流程变革除了要改变业务过程以外，还会改变人的思想，而人的思想是最难改变的，事实上，换人比换思想要容易。

但是，管理并不是一件容易的事情。如果总是选择容易的路径，那可能会带来更大的麻烦。当我们与对方思想不一致，甚至发生争吵的时候，我们想换掉这个人就好了，换上一个认同我们思想的人，这个工作就顺利多了。

然而，任何人都是独一无二的，你找一个新人过来，他可能在流程变革上更加积极，但是在业务理解、公司忠诚、人际连接上都不如老人。

无论做什么事情，老员工在公司的优势都是不可替代的。老员工是伴随着公司发展而成长起来的，对公司业务有最深刻的理解。而支持流程变革成功的要素中，除了要掌握流程变革的理论和方法论以外，还需要对业务有全面而深刻的了解。只有把流程变革理论和业务实际相结合，才有可能成功。我们说流程变革要从实际出发，老员工本身就是最大的实际。

事实上，**对于流程管理部门来说，老员工正是不可或缺的资源**。我从未见过一个全新组建的流程管理部门能够运作成功的。那些启动流程变革的公司，在成立流程管理部门的时候，首先都会遴选一批老员工加入。这些老员工对公司业务、组织、人际关系都非常熟悉，对公司忠诚度高，有一定的大局观，这些老员工是流程管理能够取得成功的重要保障。

除了老员工本身是变革的依靠力量以外，不撤换老员工，或者为老员工谋好发展通道，也是为了减少流程工作推行的阻力。流程变革需要争取所有能够争取的力量，而不是四面树敌，才可能成功。前面提到有些公司流程变革差点把公司做倒闭了，这种情况通常也是人事变动很大的公司。

当然，这并不是说老员工就不能撤换。只有那些思想无法改变，同时还公开反对流程变革的人才必须被撤换掉，因为他已经为组织带来了负面影响。当然，如果一个人在公开场合支持流程变革，在实际执行过程中却处处捣乱，也是应该被撤换的。最重要的，对于流程管理中的核心岗位，比如流程责任人，那必须是在思想和行为上都支持流程变革的人。

流程经典著作《再造奇迹》[①] 里曾说，公司向高效流程企业转变的初期会呈现出“20-60-20”规律。约 20% 的员工会用流程变革，他们会积极参与流程项目。同时，无论你如何有理有据地解释流程的优势，也总会有 20% 的员工对此表示抗拒。还有 60% 的员工会保持中立和观望的态度。这 60% 的员工是流程管理争取同盟军的重点，20% 表示抗拒的员工中有部分也可以逐步转变，真正需要淘汰的只是其中的一小部分。

---

① ［美］迈克尔·哈默、丽莎·赫什曼：《再造奇迹》，陈汝曦译，科学出版社 2012 年版。

图书在版编目 (CIP) 数据

管流程就是管业务：深入浅出实践流程管理 / 曹灿武著. —北京：中国法制出版社，2021.11

ISBN 978-7-5216-2179-2

Ⅰ. ①管…　Ⅱ. ①曹…　Ⅲ. ①企业管理—业务流程 Ⅳ. ① F272

中国版本图书馆 CIP 数据核字（2021）第 193980 号

策划 / 责任编辑：刘悦（editor_liuyue@163.com）　　封面设计：汪要军

管流程就是管业务：深入浅出实践流程管理

GUAN LIUCHENG JIUSHI GUAN YEWU：SHENRU–QIANCHU SHIJIAN LIUCHENG GUANLI

著者 / 曹灿武

经销 / 新华书店

印刷 / 三河市紫恒印装有限公司

开本 / 710 毫米 ×1000 毫米　16 开　　印张 / 16　字数 / 221 千

版次 / 2021 年 11 月第 1 版　　2021 年 11 月第 1 次印刷

中国法制出版社出版

书号 ISBN 978-7-5216-2179-2　　定价：59.00 元

北京市西城区西便门西里甲 16 号西便门办公区

邮政编码：100053　　传真：010-63141852

网址：http://www.zgfzs.com　　**编辑部电话：010-63141819**

市场营销部电话：010-63141612　　**印务部电话：010-63141606**

（如有印装质量问题，请与本社印务部联系。）